Romance Espírita

CÓDIGO ROJO

ANA CRISTINA VARGAS

Dictado por el espíritu
José Antonio

Traducción al Español:
J.Thomas Saldias, MSc.
Trujillo, Perú, Febrero, 2024

Título Original en Portugués:
"Código Vermelho"
© Ana Cristina Vargas, 2019
Traducido al Español de la 1ra edición portuguesa, Junio 2019

World Spiritist Institute
Houston, Texas, USA
E-mail: contact@worldspiritistinstitute.org

Del Traductor

Jesús Thomas Saldias, MSc., nació en Trujillo, Perú.

Desde los años 80s conoció la doctrina espírita gracias a su estadía en Brasil donde tuvo oportunidad de interactuar a través de médiums con el Dr. Napoleón Rodriguez Laureano, quien se convirtió en su mentor y guía espiritual.

Posteriormente se mudó al Estado de Texas, en los Estados Unidos y se graduó en la carrera de Zootecnia en la Universidad de Texas A&M. Obtuvo también su Maestría en Ciencias de Fauna Silvestre siguiendo sus estudios de Doctorado en la misma universidad.

Terminada su carrera académica, estableció la empresa *Global Specialized Consultants LLC* a través de la cual promovió el Uso Sostenible de Recursos Naturales a través de Latino América y luego fue partícipe de la formación del **World Spiritist Institute**, registrado en el Estado de Texas como una ONG sin fines de lucro con la finalidad de promover la divulgación de la doctrina espírita.

Actualmente se encuentra trabajando desde Perú en la traducción de libros de varios médiums y espíritus del portugués al español, habiendo traducido más de 300 títulos, así como conduciendo el programa "La Hora de los Espíritus."

Índice

- CAPÍTULO I 8
  - AGONÍA 8
- CAPÍTULO II 11
  - CÓDIGO ROJO 11
- CAPÍTULO III 15
  - NUEVA VISITA 15
- CAPÍTULO IV 24
  - ¿PARA QUÉ VIVIR? 24
- CAPÍTULO V 30
  - ESPERAR 30
- CAPÍTULO VI 39
  - ESTABLECIENDO RELACIONES 39
- CAPÍTULO VII 42
  - LA JUVENTUD 42
- CAPÍTULO VIII 48
  - EL TEATRO 48
- CAPÍTULO IX 54
  - SOBREVIVIENDO 54
- CAPÍTULO X 63
  - EL APRENDIZAJE EN EL SEMINARIO 63
- CAPÍTULO XI 68
  - ¿NOBLE O ESCLAVO? 68
- CAPÍTULO XII 75
  - FORTALEZA O DEBILIDAD MORAL 75
- CAPÍTULO XIII 82
  - LA VISTA DESDE EL PALCO 82
- CAPÍTULO XIV 89
  - EL CAMINO DEL PODER 89

CAPÍTULO XV 96
   LEVANTANDO LOS CIMIENTOS 96
CAPÍTULO XVI 99
   ENFRENTAR LOS RESULTADOS ADVERSOS 99
CAPÍTULO XVII 105
   ASCENSIÓN 105
CAPÍTULO XVIII 114
   REINANDO 114
CAPÍTULO XIX 119
   CUANDO SE LIBERA LA FURIA 119
CAPÍTULO XX 123
   EL PACIENTE 123
CAPÍTULO XXI 128
   TERAPIA 128
CAPÍTULO XXII 135
   OBSERVACIONES 135
CAPÍTULO XXIII 138
   EL SACERDOTE 138
CAPÍTULO XXIV 150
   EL PROFESOR 150
CAPÍTULO XXV 162
   IRENA 162
CAPÍTULO XXVI 169
   ¿MARÍA O MUJER? 169
CAPÍTULO XXVII 180
   LA VIDA OCULTA 180
CAPÍTULO XXVIII 188
   REVELACIÓN 188
CAPÍTULO XXIX 194
   PREMIO 194

- CAPÍTULO XXX 202
  - RUMBO AL PODER 202
- CAPÍTULO XXXI 211
  - PODER Y PASIÓN 211
- CAPÍTULO XXXII 222
  - CONFESIONES 222
- CAPÍTULO XXXIII 229
  - PADRE PÍO 229
- CAPÍTULO XXXIV 238
  - CONFESIONES II 238
- CAPÍTULO XXXV 245
  - ENFRENTAMIENTOS 245
- CAPÍTULO XXXVI 251
  - PERSONA ACTUADORA 251
- CAPÍTULO XXXVII 255
  - PERSONA ACTIVA EN POLÍTICA 255
- CAPÍTULO XXXVIII 264
  - "¡NO TENGAN MIEDO!" 264
- CAPÍTULO XXXIX 270
  - MI REINADO 270
- CAPÍTULO XL 274
  - LA SOLUCIÓN 274

A VECES, NOSOTROS SOMOS NUESTROS PROPIOS DEMONIOS CUANDO NO CUESTIONAMOS LOS HECHOS BAJO NUESTROS OJOS Y ACEPTAMOS CIEGAMENTE LA OPINIÓN GENERAL.

DEDICO ESTE LIBRO A QUIENES SE ATREVEN A CUESTIONAR.

CAPÍTULO I

AGONÍA

- Sombrío - le dije a Ricardo que caminaba con Georges y conmigo por la amplia avenida del ala más compleja de la institución. Ricardo arqueó levemente las cejas y se encogió de hombros, expresando con gestos lo que pensaba de mi breve observación: "¡Buenas noticias!" Conocía bien la mente aguda e irónico de su parte, pude entenderlo fácilmente.

- Resultado inevitable - nos dijo Georges -. La vida es lógica. No hay dobles raseros. La conciencia despierta y se manifiesta en todos nosotros, en algunos antes, en otros después; sin embargo, siempre se manifiesta. Cuanto mayor sea la desconexión entre nuestros pensamientos y acciones, y esta fuente universal, mayor será el sufrimiento y el dolor en este inevitable despertar. Creo que lo está haciendo muy bien. Pudo haber creado mecanismos de escape, de negación, de locura, o permanecer atrapado en las creencias que albergaba y que resultaron en el presente bajo nuestra observación. Puede ser peor.

-¡Ah, Georges! ¿Podrías, por un momento, ser menos sensato? - Pregunté en broma -. Confieso que me conmueve lo que vi.

-¡Ah, José! ¿Podrías ser menos por un momento... cómo diría... me faltan las palabras - se rio Georges, perdiéndose en el intento de imitarme y luego pinchándome:

- Compasivo con los famosos.

- La sabiduría popular dice que a mayor altura, mayor caída. Conozco esta verdad - me recordó Ricardo en mi defensa -. Georges, fuiste preciso en tu análisis. La vista de su condición me apenó. Es una tortura indescriptible la que enfrenta.

Serio, con el ceño fruncido, Georges miró a Ricardo, quien sonrió, le dio una palmada amistosa en el hombro y le corrigió:

-Auto tortura, lo sé. Fue una fuerza de expresión. Allí se señala, se castiga. Espero que no sea inútil. Pero, como dije, tienes razón, Georges. A pesar de todo, su estado es bueno.

- Y – estuve de acuerdo, pensativo, todavía impresionado por su agonía.

Inesperadamente, mi mirada se posó en el manojo de llaves que Ricardo tenía atado a su sotana. Él todavía lo usaba también el círculo eclesiástico. Eran llaves viejas, gastadas y grandes que parecían de cobre y hierro pesado. En algunos lugares brillan, en otros están oxidados. Eran simbólicos y representaban sus múltiples errores y vicios morales convertidos en llaves para abrir jaulas interiores. Experiencia transformada en aprendizaje, en herramienta de trabajo para otros. Hay esperanza.

- Se quedó en silencio, José. ¿Por qué? Ya he estado en esta ala algunas veces de las que puedo recordar. Sé que a veces es tu musa inspiradora, aunque su belleza sea paradójica: cruda y sensible. Algunas de las historias de tus novelas provienen literalmente de aquí.

- Es hermoso tener un nervio expuesto – respondí, mirando hacia la mencionada sala -. Esta visita me dejó introspectivo. ¡La piedad es un sentimiento complejo! Todavía no lo tengo puro, no me acerco a los ángeles, ¿sabes? Esta experiencia me mostró cuánto necesito todavía purificarla. Me puse en su lugar. Estas ondas de vibraciones que emanan de la multitud que lo rodea son horribles. ¡Enloquecedoras! No pude ver lo mismo que tú, Georges. No estaré tranquilo contigo, Ricardo.

- Sí, yo entiendo. En una palabra, ¿cómo describirías lo que viste? - Me preguntó Georges.

- Dolor - dije sin dudarlo.

¡Sí! Era exactamente la diferencia entre él y los otros casos que conocí en esa sala y convertí en novelas. Sí. Allí me había enfrentado a la huida, a la negación; el dolor, las reacciones enfermizas; sin embargo, él no encajaba en esas situaciones; sintió y experimentó el dolor conscientemente. Se castigaba a sí mismo. Creía que necesitaba sufrir mucho.

- Definición exacta: es el dolor de una conciencia expuesta - resumió Georges -. Él es inteligente...

- Testarudo, astuto y frío - añadió Ricardo, refiriéndose al paciente que habíamos visitado.

- Eso ya no me importa - le dijo Georges a Ricardo -. Esto requiere más tiempo y sabiduría de la que tengo. Las leyes de la vida se encargarán de ellos a su debido tiempo. Mi trabajo es intentar rescatarlos de este estado mental de flagelo y aislarlos, en la medida de lo posible, de estas vibraciones.

- Lo molestan, pero también lo atraen - dijo Ricardo -. Les da de comer. Por increíble que parezca, ¡simplemente le gusta! Hay momentos en los que disfrutas escuchándolos y parece que retomas la identidad de la que te liberaste hace poco.

Llegamos al portón que dividía el espacio entre esa zona y los jardines de la institución. Solícitos, dos conserjes abrieron.

No intercambiaron palabras amistosas con Georges.

Avanzamos al taller de Georges en la institución. Sobre la mesa había un extenso expediente y reconocí la firma de Ricardo. Sin pedir ni esperar aprobación, me acerqué al mueble y recogí el material. El título *"Código Rojo"* captó inmediatamente mi interés. Sabía que se trataba del nuevo paciente. Solo podría ser.

CAPÍTULO II
CÓDIGO ROJO

- ¿Lo leerás? - Le pregunté a Georges.

- No ahora no. Prefiero conocerlo tal como se presenta ante mí. Los toques culturales de la humanidad encarnada me bastan.

No puedo decir que no sepa nada sobre él, pero espero desterrar estos restos de mi mente. Él ya no está, la persona que era. Este trabajo lo solicité a Ricardo de manera preventiva. Veo mejoras en él; sin embargo, aun no tiene las condiciones para afrontar un viaje al alma. En este momento vemos cuánto sufre. Enfrentarse a sí mismo... todavía puede llevar un tiempo.

- Dialogar con él no es fácil - intervino Ricardo, parado frente al gran ventanal que daba al jardín. En un gesto muy característico, mantuvo la mano en la barbilla y reflexionó. Lo noté en la mirada perdida en el horizonte. Mientras permanecíamos en silencio, Ricardo volvió a hablar:

- Pero tiene conciencia, lucidez e inteligencia. El día no es fácil, pero sí productivo. Él sufre mucho. Curar el dolor moral no es sencillo. No es un dolor físico. No hay posibilidad de conformarse y aceptar lo que no tiene otra forma de ser. El dolor moral empuja, las fuerzas cambian. Ellas son intolerables.

Los más inconscientes de sí mismos niegan el dolor, huyen a la locura; sin embargo, son conscientes. Este dolor apuñala. Con cada golpe, una parte de nosotros se muestra. No me sorprendería una mejora repentina de su estado de ánimo. Después de este trabajo y por haber acompañado algunos años de su última encarnación, diría que es capaz de reacciones inesperadas. El gran riesgo para esto es la posibilidad de una reacción favorable y repentina, como imagino que podría suceder, es la personalidad dudosa.

- ¿Cómo lo encontraste, Ricardo? - Pregunté, mientras hojeaba el dossier y leía información al azar.

- Bueno, bueno, José Antonio, en el lugar obvio: en los palacios de la Santa Madre. Viví allí durante siglos y seguí muchas cosas, en el campo y fuera de él. Su última temporada allí fue triste. Lo vi huir y regresar innumerables veces. No encuentra ni paz ni silencio. Lo seguí. Ha soportado años de intensa auto tortura, sin tregua, agravada por el clamor de una legión de fans y seguidores fanáticos, que no saben lo que hacen ni en qué creen. Son irreflexivos. Los múltiples que aprenden de otros algunos artículos de fe, pero que no piensan en ellos, no cuestionan los límites.

- Entiendo. Repiten rituales, algunos conceptos, creencias superficiales. Un chino sabio diría que son criaturas confusas - comenté recordando una llamada de Confucio -. Y nuestro Código Rojo piensa y aprende de los demás, ¿o no?

- En el pasado reciente pensó mucho - respondió Ricardo -. Con otros aprendió el arte de la manipulación. Era un maestro; Como sabes, ese entorno es propicio. Los corderos no se reproducen entre lobos. Ahora sufre las consecuencias. Mientras estuvo encarnado, profundizó en la experiencia del ego. No había lugar para nada más. Resultado: quedó sorprendido por el conjunto de sus acciones y pensamientos, que fueron compartidos entre la multitud. Ahora gritan lo que les hicieron creer, el fomento de un comportamiento irreflexivo, y les sale el tiro por la culata.

- Mecanismo automático de justicia. ¡Perfecto! - Le comenté.

- Emitimos y recibimos devoluciones en proporción exacta. ¡Sabías leyes de la vida! Ningún tribunal o legislación humana sirve de comparación con la acción y comprensión de la justicia divina.

No hay juez, ni acusado, ni víctima indefensa. No hay castigo ni absolución, no hay carceleros ni presos. Solo nosotros mismos, ajustados o desadaptados a las leyes de la vida. Movimientos de conciencia en busca de evolución y armonía.

Él es el dolor personificado en este momento; sin embargo, nadie lo juzga ni lo castiga. Es la cosecha de uno mismo lo que tiene lugar.

Me callé. Durante unos segundos nos quedamos en silencio, pensando en él y en todo lo que contenía su historia reciente, y ciertamente no los cubrimos todos. Para cada uno de nosotros, un aspecto de ese drama llamó más la atención y, aun juntándolos, no agotamos el contenido.

- Cuando entendemos que este proceso comienza y termina dentro de nosotros, el cambio se impone como la única solución - reforzó Ricardo -. Por eso digo que no me sorprende una mejora repentina. Es inteligente, no aguanta más la tortura en que vive. Lo traje porque creo que, lejos del clamor y viviendo un tiempo de descanso, comprendería este proceso y abrazaría la necesidad de un cambio interior.

Georges escuchó nuestra conversación, absteniéndose de abordar cualquier pregunta sobre su nuevo paciente y el ejercicio de lo que dijo que haría: lo conocería por sí mismo.

Pero tengo demasiada curiosidad y mi trabajo es divertido. me sentí una atracción irresistible para aquel hombre que lloraba y aullaba ruidosamente en el suelo de la solitaria y oscura habitación del ala en cuyas paredes del largo pasillo Georges había hecho pintar la provocativa frase "Cuando el dolor enseña." Desde que comencé a seguirlo, entonces, no vi a nadie preguntarle por qué esas imágenes de tanto sufrimiento humano. La respuesta estaba en la pared.

- Como no necesitarás este material para tu trabajo, ¿podrías prestármelo, Georges?

Un brillo travieso iluminó los ojos oscuros de Ricardo, y su expresión decía: "Sabía que no me resistiría." Georges miró y yo sentí lo mismo y me sentí como un niño pequeño rogando a sus mayores que le dieran un juguete. Me reí para mis adentros, abracé el expediente del Código Rojo y dije:

- Confieso que necesito conocer esta historia. Ahórrame el trabajo de investigarlo nuevamente.

-Te cuento que mi trabajo es objetivo. Hay una gran red de personas y hechos que permean su historia y que no activo - me advirtió Ricardo -. Está incompleto.

- ¡Excelente! - Respondí.

Georges meneó la cabeza y, sonriendo, dijo:

-¡Ligero!

Le di las gracias y me fui sin despedirme. Mi voluntad fue suprema y me llevó directamente a mi taller. Olvidado de todo y de todos, solo el Código Rojo ocupaba mi mente, despertando reflejos en mí. Mi nuevo trabajo fue diseñado.

CAPÍTULO III
NUEVA VISITA

Vi pasar el tiempo. Conocía los días y las horas y, aunque era inmune a sus efectos materiales, el expediente de Ricardo me había fascinado. Una vida llena de misterios, secretos y batallas mentales. El hombre era un soldado, un excelente estratega. Construye un ego duro y crea, tal vez, una persona y un yo real.

El trabajo de Ricardo fue meticuloso, preciso, pero aun faltaban asas en ese rompecabezas. Pude ver la línea principal que conducía a los hechos, pude deducir razones, objetivos y sentimientos; sin embargo, esto fue insuficiente. Georges había optado por el camino opuesto. Preferiría que las personas revelen sin sus motivos, sus sentimientos, objetivos y pensamientos internos, ya que son la causa de los acontecimientos externos. Conociéndolos, es fácil predecir acciones, ya que revelan intenciones, voluntad. Tenía mucha información, que a pesar de estar incompleta, fue útil.

Ahora sabía el motivo de la tortura y medí adecuadamente el sufrimiento actual. No era una forma de locura; era real, claro, cálido e intenso como la luz del Sol en los trópicos. Ser testigo de su sufrimiento me había apenado. Después de leer el dossier, vi la magnitud abismal de ese sufrimiento y la magnitud de los errores cometidos por ese espíritu. Emitió esa energía, esas ideas, que se difundieron a su antojo, sin frenos, en ondas místicas crecientes. La ley dice que todo lo que emitimos vuelve a nosotros. Bueno, se enfrentó a la ley del retorno. Había creado un monstruo y creado a sus cuidadores. En relación con este trabajo, reconozco que fueron y seguirán siendo muy competentes. Por mucho que él fuera, los cuidadores del monstruo no pensaban en el mañana, en la vida después de la muerte. Conozca la ley del retorno, no lo que se rieron al ser informados y lo tiraron a costa de los místicos y supersticiosos.

¡Oh, si pudieran ver! Si vislumbraran la acción de esta ley en las experiencias de su amigo del pasado, seguramente cambiarían el curso de sus propias existencias. Diariamente y con celo, el monstruo, alimentado por los cuidadores, creció incluso después de la muerte física del creador y se volvió contra él, al otro lado de la vida, devorando su fuerza y voluntad.

Romper este ciclo era fundamental para él y para todo aquel que quisiera ser libre: liberarse del dolor, del sufrimiento y ser tan feliz como la Tierra lo permitiera. Reinventarse a sí mismo. Cambiar. Tomar conciencia que somos el foco emisor y generador de todo lo que nos rodea. Sabiendo esto, necesitamos alinear nuestros pensamientos, sentimientos y acciones en la dirección que deseamos y fortalecer la voluntad de romper el viejo patrón, destruyéndolo, rechazándolo, no acogerlo, ya que las viejas ondas emitidas regresan a nosotros en algún momento, oprimiéndonos e induciendo en nosotros la necesidad de cambiar. Esto se llama inclinaciones, tendencias.

Me levanté, recogí el material y me dirigí hacia la sala de Georges. He recorrido este camino tantas veces que creo que hay un rastro magnético que conecta nuestras habitaciones.

Me acerqué, como de costumbre, y la puerta estaba abierta.

Escuché a Georges tararear suavemente y entré en la habitación.

- ¡Hola, Georges!

- ¡Oh! ¡He aquí que vuelves al mundo social otra vez! ¿Cómo estás, José?

- ¡Fantástico! Mi mente se repone.

-¡Ah! ¡Qué bueno! ¡Déjame adivinar! Devoraste la vida del nuevo interno. Puedo ver el Código Rojo corriendo hacia tus ojos, pero recuerda, no quiero saber lo que lees. Los hechos me interesan poco, ya que son inmutables. Lo que cambia es el corazón y la mente del hombre.

- De eso quiero hablarte, Georges. Necesito seguir tu trabajo con él. Su experiencia es muy rica, pero, incluso con todos los misterios, secretos y duplicidades, no me satisfará si no puedo desvelar lo que íntimamente generó todo lo que leí y lo que veo. Y el puente, ya sabes, entre el pasado glorioso y éste presente miserablemente sufriente. Si tuviera que describir simplemente el momento actual y justificarlo con base en lo que sabemos del pasado, muchos interpretarían la justicia de la vida como un acto de castigo, como un castigo divino, no como un fruto directo de sí mismo, creado y cosechado por esto. Sabes que todavía hay mucha dificultad para comprender este mecanismo automático de justicia basado en la conciencia del ser y que funciona independientemente de su voluntad. La culpa consume a muchas personas, que no comprenden el motivo de ella. Algunos ni siquiera saben por qué se culpan a sí mismos, pero se culpan de todo y de todos. Otros todavía piensan que quien cometió un error realmente necesita luchar por ajustar cuentas con el pasado, y sabemos que no podemos y éste es el camino. Esto no puede servir como excusa para mantener la ignorancia o pereza.

- "Oh, oh, oh, oh" - gimió Georges, burlonamente -. Entiendo, José. Hablas así significa grandes dosis de pasión por el trabajo que quieres realizar. Lo sé, pero no puedo garantizar nada. Sabes que también dependerá de si permite tu presencia. No sé cuándo, cómo o incluso si podré responder. A diferencia de ti, soy completamente ignorante cuando se trata de él.

- Exceso. Con solo mirar a alguien, obtenemos información sobre él – respondí sentándome en un sillón.

- Aquí, en esta sala, en las salas donde los atendidos son solo trabajo, aprendí y asimilé la conexión que la apariencia puede ser una ilusión. Realmente no creo lo que veo *a priori*, José. Recuerda a Johannes, a quien conociste con Antonio; Marieta, que se creía Rosa Caveira; de nuestro amiga Tiago, quien muchos todavía creen que es un esclavo. [1] Para bien o para mal, las apariencias dan información incompleta. Todo en él podría ser una fantasía, una creación mental. Reafirmo mi ignorancia; sin embargo, tiene mi permiso para seguir sus cuidados. Tienes el no interferir, lo cual es una gran virtud, amigo mío.

Sentí que la satisfacción me iluminaba. La sonrisa de Georges confirmó mis sospechas. No tenía como, no tenía forma de negar que la vida de aquel hombre había prendido fuego a mis pensamientos y despertado mis ganas de conocerlo, analizarlo y escribirlo.

- ¿Cuándo empezaremos? - Pregunté, con muchas ganas de disparar.

Busqué las manijas que me faltaban en ese rompecabezas. Sin saberlo, Georges había borrado una de mis sospechas:

- Todo en él podría ser una creación mental; sin embargo, era solo sospecha. El caso es que no sabía cuál era la verdad en esa vida, y solo él podía contarlo. Necesitábamos darle dichos, entonces le pregunté:

- ¿Cuál es tu plan terapéutico con él?

Georges se rio, me miró divertido y respondió:

- ¿Para él? No lo sé todavía. Para ti, podemos empezar ahora.

Riendo, levanté mis manos en alto y dije:

- Confieso que mi ansiedad es cien por cien curiosidad. Anhelo satisfacer un deseo y una manifestación infantil de pasión. ¿Qué puedo hacer? Todavía lo llevo conmigo. ¿Es una enfermedad grave, mi querido doctor?

- No. Expresaste correcta y coherentemente lo que sientes, por lo que hay esperanza para tu caso. Lidiarás solo con la frustración de esperar el momento adecuado.

---

[1] Referencia a personajes centrales de las novelas *Locuras del alma*, *Intensa como el mar* y *Esclavo de la ilusión*, todos de autoría del espíritu José Antonio.

Asentí con la cabeza en señal de acuerdo. Ese tiempo sería rico e importante para mí. Trabajo completo, sin frustraciones.

- Esperaré. Cuéntame sobre tu nueva visita, por favor - pregunté levantándome, ya que había escuchado pasos acercándose a la puerta.

-¡Gracias!

- ¡Ciertamente! Se te notificará.

Me despedí con un saludo y listo. En el pasillo me encontré con Chiara, intercambiamos algunas palabras y ella me despidió cortésmente:

- Lo siento, pero no puedo hablar ahora. Necesito a Georges. Vine a buscarlo. El nuevo alojamiento lo empeoró mucho.

- Vámonos – dije rápidamente -. Estoy siguiendo el servicio.

Georges abrió la puerta de la sala donde mi precioso caso. El sonido de un llanto angustiado y la visión de Ricardo parado frente a la entrada de una habitación me golpearon al mismo tiempo.

El ex obispo del Véneto tenía las manos entrelazadas delante de él y, con expresión paciente, miraba fijamente la habitación. Mueve la cabeza hacia nosotros, abre las manos y se va decaído, desolado.

Georges tomó la delantera y avanzó rápidamente y se detuvo junto a Ricardo. Mirando atentamente por la ventana cuadrada que había en medio de la puerta, preguntó:

- ¿Desde cuándo?

- Reciente, pero tiene la sensación del infinito y la eternidad del dolor - respondió Ricardo -. · Esperaba que él estaba ganando esta remontada, pero yo estaba equivocado. Es muy fuerte e intenso todo ello. Es un ego insepulto que actúa en la sociedad, que se renueva y empeora. Y él... todavía no lo ha logrado encontrar la fuerza interior para resistirse a sí mismo.

-¿No hay cambios en la manifestación de la crisis? - Preguntó Georges a Ricardo, observando atentamente las reacciones del hombre amparado en apuros. Su llanto perturbó algo en lo más profundo de mi ser. Aquel mito tirado en el suelo, temblando en un fuerte grito, decía mucho de los valores que aun cultiva la sociedad humana. ¡Oh, si tan solo pudieran verlo y oírlo!

- No. ¿Vas a entrar? - Cuestionó Ricardo mirando a Georges -. ¿Vas a intentar hablar con él? No logré nada, a pesar de nuestra facilidad para sintonizarnos.

- Entraré - respondió decididamente Georges. Ricardo inmediatamente le dio acceso a su amigo.

- ¡Éxitos! - Le deseó en el pasillo.

Georges escuchó y pasó. La persona protegida estaba en el suelo, en posición fetal, acurrucada en el ángulo que forma la unión de la pared del fondo y el lado izquierdo. Los muebles eran una cama intacta y una silla. Georges tomó la silla y se sentó, párate junto a él.

En medio del llanto, con voz ahogada, ronca, ahogada por la emoción, repitió su petición:

- ¡Haznos parar! ¡Haznos parar! ¡No puedo soportarlo más! ¡Haznos parar!

Volvió la cabeza de un lado a otro, se tapó los oídos y la desesperación se intensificó, llevándolo a gritar:

- ¡Haznos parar! ¡No soy un santo! No soy un santo... - repitió varias veces, pareciendo sentirse aliviado al escuchar su propia voz declarando: - ¡No soy un santo! - Habló cada vez más fuerte hasta que estalló de nuevo en un grito convulsivo y doloroso de pura agonía.

Georges se levantó de su silla, se acercó a él, se inclinó, tocó suavemente la cabeza del hombre y le dijo:

- No hay santos, ni tú ni ningún ser humano son santos.

El llanto mostraba signos de debilitamiento, de cansancio. Escuché sollozos y su respiración agitada, cuando Georges insistió:

- No hay santos. Tú no eres un santo, ninguno de nosotros lo somos.

Mientras lo acariciaba lentamente, sin importarle su aparente desconocimiento de sus cuidados, Georges repetía de vez en cuando: "No hay santos."

Al notarlo más tranquilo o quizás agotado por la crisis emocional, lo invitó:

- ¿Te gustaría hablar conmigo?

Lo vi relajarse, recostado boca abajo sobre el té, estirando las piernas y sollozando, mientras intentaba recuperar algo de equilibrio. Con el rostro escondido entre las manos, respondió con voz sarcástica:

- No, quiero silencio. Necesito silencio. No soporto que la gente me llame de todas partes, grite, grite mi nombre. Esto me vuelve loco. No puedo pensar, descansar, nada. El infierno no puede ser peor. Las voces de esta multitud resuenan en mi mente. Quiero silencio.

Georges hizo una última caricia en la coronilla de la criatura torturada y estaba ensayando su respuesta, cuando volvió a hablar:

- ¿Se enteró que…? Comió de nuevo. ¡No! ¡No! No...

Golpeó con el pie y sentí su cuerpo rígido y tenso. No pasó mucho tiempo antes que empezara a llorar de nuevo. Él gritó. El sonido que hizo sonó como un aullido.

- Aparta tu mente de estas vibraciones - instruyó Georges, quien, recordando que su paciente no entendía lo que había dicho, reformuló:

- Escúchame... puedo ayudarte a permanecer en silencio, pero necesitamos tu colaboración.

- ¡Toda! Te daré lo que quieras - respondió, alejando las manos de su rostro y permitiéndose mirar valorativamente y de reojo a Georges, dejando al descubierto parcialmente su rostro.

Vi uno de los ojos azules, que estaba rojo e hinchado. La piel clara estaba sonrojada. Su cabello corto y rubio estaba pegado a la cabeza. Estaba bastante materializado. Su discurso me hizo pensar que probablemente no era consciente que vivía como un espíritu liberado del cuerpo.

- ¿Qué deseas? - · Insistió, preocupado por los momentos de silencio en la conversación.

-. No quiero nada. No es necesario. Aquí tengo todo lo que necesito.

La afirmación tuvo el extraño efecto de crear dudas en la pregunta sin respuesta. Claramente, se reflejó en la parte de su rostro que nos permitió ver. En sus ojos se podía ver el pensamiento: "Si y gratis, no sirve. Quieres promocionarte usando mi nombre."

En el mismo momento, se tapó los oídos y volvió a su posición original, encogiéndose como un feto. Comprendí que la tortura íntima comenzaba de nuevo. Lo oí susurrar y, a pesar de su voz ronca y ahogada, la orden era imperativa, autoritaria, enojada:

- ¡Haz que se detengan!

- No tengo el poder de silenciar el mundo y mucho menos de controlar tu mente, amigo mío, pero puedo ayudarte a vivir mejor. Comprender dónde estás y las percepciones que tienes ahora...

- ¡Maldición! - Gritó el hombre, interrumpiendo a Georges, mientras se retorcía entre el dolor punzante, la furia y el orgullo -. ¡Haz algo! Haz que detengan este clamor. ¡No puedo soportarlo! ¡Odio eso! ¡Cielos! ¡Cómo odio eso!

- Cálmate - pidió Georges -. Este estado de ánimo no te ayudará. ¿Quieres dejar de escuchar estos gritos? Solo hay una manera: apartar tu mente de ellos. Aleja tus pensamientos del mundo donde viviste en tu última visita a la Tierra.

- ¡Eso es imposible! No me dejan olvidar ni por un segundo quién soy y lo que creen que viví.

- Bueno, pensé que eras tú quien estaba sufriendo; sin embargo, debí haber visto muy mal la situación. Cuando vine aquí, lo te vi tirado en la tierra, gritando, pidiendo silencio, diciendo que no eres santo. No te vi sufrir - dijo Georges -. Solo puedo ayudarte si quieres. "Ellos" es un concepto indefinido para mí. No sé quiénes son ni qué sienten. No puedo hablar con ellos. No es conmigo. "Ellos" es algo que no existe, ¿sabes?

- ¡¿No?! ¡Debes ser otro loco! El mundo está lleno de ellos - refunfuñó enojado.

Georges no se dio cuenta, lo escuchó y continuó:

- Y eres tú y tu verdad los que importan. Es con este conjunto que debemos trabajar para liberarlo de esta tortura en la que vives. "Ellos" no son parte de la ecuación.

- ¡Tonterías! Todo está hecho por "ellos" - respondió el paciente.
¡Ellos son la causa de todo! Tienes que tener poder. ¡Se necesita! La vida no tiene sentido si no es así. Viví para "ellos."

Georges se rascó la cara y deduje que había elegido sus palabras para no estropear lo poco que había logrado en el enfrentamiento. Afrontamiento para el cual el paciente no demostró estructura interna.

- ¿Qué defines como "vivir"? - Preguntó Georges. Ricardo asintió positivamente y vi una leve sonrisa.

Una risa de aprobación ilumina sus rasgos masculinos. También admiré la capacidad de Georges para centrar el problema en una pregunta simple y objetiva: ¿qué es vivir?

El hombre se movió, se sentó, apoyó la espalda contra la pared, se pasó las manos por el rostro y luego las frotó contra la tela blanca de su ropa. Respiró hondo y, con expresión de irónica complacencia, hizo notar por tono de voz y postura, preguntó:

- ¿Quién eres? ¿Cómo se llama este hospital psiquiátrico? ¿Sabes desde cuándo están aquí?

Con todo el orgullo que llevaba dentro, nos evaluó de arriba a abajo. Lo imaginé y me divertí con la idea. ¿Qué estaba pasando por su mente? Un obispo con atuendo clerical; yo, con mis preferencias remotas, con trajes de principios del siglo XIX, y Georges con su vestimenta nativa centroamericana, completamente reñida con sus rasgos galos. Sí, para alguien con su mentalidad éramos lo inconcebible.

CAPÍTULO IV

¿PARA QUÉ VIVIR?

- ¡Quiero hablar con el responsable! ¿Dónde está el director? - Él insistió.

Georges se sentó tranquilamente en el suelo de la sala, cruzó las piernas en posición de loto, dejó descansar los brazos sobre ellas, lo miró a la cara y respondió con calma y seriedad:

- Soy yo. Puedes llamarme Georges. Estoy aquí para ayudarte, si quieres y aceptas. Este lugar no tiene nombre, querido. No me gustan las etiquetas.

El asombro y la irresignación en los ojos del cliente aumentaron.

- ¿Cómo es que no tiene nombre? ¡No hay lugar sin nombre! Y se requiere identificación. Y no creo que seas el director de este hospital. No pareces un médico.

- A mí tampoco me pareces un santo - respondió Georges con calma -. ¿Tu ropa te convertía en lo que teóricamente representas?

- Todo el mundo sabe quién soy. Identifícame. Reconoce mi autoridad. Y el mayor logro de mi carrera.

- Otros dicen muchas cosas de ti, incluso que eres un santo. Pero justo ahora gritabas lo contrario. Y tú, ¿quién dices ser?

- Tú sabes quien soy.

- No, no lo sé - respondió Georges -. No te conozco. Sé tu nombre y tengo información sobre lo que hiciste mientras estuviste encarnado, pero eso no me dice quién eres. Tu ropa tampoco me lo dice. Puedes cambiártela. Y si no son un tipo de uniforme obligatorio, como el que llevas, lo máximo que me dirá es que tu gusto personal y quizás te agreguen más. Alguna información sobre tu personalidad; sin embargo, todavía no me dicen quién eres. Ni esta vibración externa, loca, que grita sobre su santidad y le rinde idolatría, todo esto me dice muy poco o nada sobre ti. Y lo mismo puedes decir de mí. No sabes nada sobre mí. La apariencia no me convierte en médico y ni siquiera la Medicina y su práctica definen quién soy, solo lo que me gusta hacer. Los humanos somos mucho más que estas cosas, que por cierto, son bastante transitorias.

Nuestro asistente observó los más mínimos movimientos faciales que hacía Georges mientras hablaba y no le quitaba los ojos de encima. Sus ojos azules se entrecerraron y solo vi brillar al trío cuando se volvió hacia Ricardo y le tendió la mano, ordenándole:

-· Ayúdame, cardenal.

Ricardo se acercó a él, le dio la mano, pero él no hizo ningún esfuerzo, lo que lo llevó a ordenar:

- ¡Levántame!

- ¡Póngase de pie! - Respondió Ricardo manteniendo la mano extendida.

- ¡Levántame! - Insistió el paciente autorizado.

- ¡Póngase de pie! - Repitió Ricardo, imperturbable.

- Obedéceme. Me debes obediencia - aseguró el atendido, dirigiéndose a Ricardo.

- Absolutamente no. Aquí, en el mundo en el que vivimos ahora, nada de eso importa, amigo mío. Sus títulos lo siguieron hasta la tumba, no más allá. ¿Comprendido? Y sabes dónde está. Yo fui quien te trajo aquí, ¿recuerdas? Si estás confundido, puedo ayudarte. Recuerdo perfectamente nuestro encuentro en la ciudad eterna.

Ricardo apartó la mirada de la persona a la que estaban atendiendo y miró a Georges dando plazo de aprobación de su intervención.

- Por favor continúa, Ricardo - autorizó a Georges.

La persona atendida cerró los ojos en clara actitud de tolerancia, de rebelión de aquellos a quienes trataba como enfermos.

El gesto revelado que buscó reunir fuerza interna para apoyarnos o liberarse tú mismo de nosotros. Él, erguido, decidió levantarse y lentamente se levantó, sacudiéndose la ropa con la mano. Luego se dirigió a la puerta y luchó por abrirla, sin éxito. Y, antes que Ricardo dijera nada, habló con la entonación autoritaria que empezaba a reconocer como característica de él:

- ¡Estoy atrapado, pero no debería verme obligado a aguantarlos!

Por favor, vete. Quiero estar solo.

Georges asintió, me mostró la salida e invitó a Ricardo a acompañarnos.

El triunfo brilló en los ojos de nuestro asistente. Según su percepción, le obedecíamos, lo que le daba el mando. Ricardo identificó esta reacción, se detuvo bajo el marco de la puerta, lo miró y le dijo con calma:

- Lo sé - y caminó delante de Georges, quien sonrió y sacudió la cabeza divertido, como si estuviera lidiando con una rabieta.

Escuché que la puerta se cerraba y lo miré a la cara a través de la pequeña ventana con barrotes en el centro de la puerta.

- Emblemático - murmuré para mis adentros.

- Sí, cerró, o mejor dicho, sigue cerrado. No se trata de libertad, solo de mando. Todavía no tienen las condiciones para ser libre. Tenemos que esperar.

- Sí, sí. Se cree atrapado y todavía necesita cosas muy materializadas. No se dio cuenta que la puerta estaba abierta y podría haber salido. Nos ordenó que nos fuéramos y se encerró con sus propias manos. ¡Cuán reveladoras son las actitudes humanas!

- Mucho - asintió Georges con la mirada fija en la espalda de Ricardo, justo delante -. Vamos a ver a nuestro amigo. Cambió mucho, pero ¿notaste cómo usó la intimidación en un rápido juego de poder con el... santo?

-¡Claro! No pudo evitar simplemente salir de la habitación reconociendo que no había nada que hacer y que aun no era el momento. Ricardo le dejó claro que no le obedecía y lo retó a salir del limbo en el que se encontraba. Ricardo es muy inteligente. Usó una buena estrategia.

- No sé si actuó conscientemente - respondió Georges -. Quizás fue un choque de egos, aun reflejo de las encarnaciones que terminaron para ambos. Eran el cardenal y el santo, no espíritus conscientes. A Ricardo le va muy bien; sin embargo, como a todos, todavía le queda un largo camino por recorrer. El santo está un poco atrasado en este punto, al menos en lo que respecta a la toma de conciencia de la vida. La revolución de la ignorancia aun no le ha alcanzado - bromea Georges -. Esperémosla. Sin él, amigo mío, es muy difícil ayudarlo. ¡Incluso diría imposible! Ella necesita operarse antes que yo. Lo esperaré.

- ¡Revolucionarios! - murmuré, sonriendo y recordando – mi reciente exposición de Layla.

- Yo soy. Ya me escapé de la pelea, ¿sabes? No es un precio bajo ni es fácil ser revolucionario en lo que respecta a la evolución humana.

- Estaba pensando, Georges... Expresé lo que tenía en mente - aclaré -. Recordé que Layla ha estado hablando mucho de la revolución del amor, y ahora dijiste que hay que esperar a la revolución de la ignorancia.

- Estos son movimientos internos e individuales de conciencia en evolución, José. Me gustan las opiniones de Layla y disfruté escuchándola. Además, ha pagado este precio en sus últimas existencias y sin sufrir. La admiro. La revolución de la ignorancia precede con mucho a la del amor. La revolución de la que habla Layla aun está a años luz de la necesidad que recibimos. En ella, la sabia madre naturaleza todavía trabaja para provocar la revolución de la ignorancia. Necesita admitir que no es dueño de la verdad, que no tiene todas las respuestas, cuestionarse y reconocer como cierta la existencia de la duda y la fugacidad como beneficios. En definitiva, la revolución de la ignorancia es el nacimiento de la humildad en el alma humana. El tema y el proceso de construcción y finalización son largos, muy largos. Podría estar equivocado, pero no vi ni un atisbo de ello en nuestro amigo. Miremos, y mientras tanto, cultivo el mío: estoy aprendiendo sobre él. En este momento lo observo y busco signos de humildad, peticiones reales de ayuda y ganas de aprender.

- Entiendo. De lo contrario, será otra persona que buscará alivio y no ayuda.

- Exacto, José.

- Buscan aliviar el peso de la certeza, de la verdad, del saberlo todo, ¡y eso es muy pesado! Tiene el peso de lo imposible - mentí -. Me gustó la expresión "revolución de la ignorancia." Es un tema muy rico, Georges. Es una revolución a largo plazo y que será vivida por muchas encarnaciones por nuestra humanidad, por todos nosotros.

- Así es, y cuanto más profunda sea nuestra revolución, más aceleraremos nuestra evolución intelectual y, posteriormente, moral. La humildad nos predispone al aprendizaje. Nuestro asesor dice que debemos cultivar el espíritu de los estudiantes y lo entiendo, qué es vivir la revolución de la ignorancia frente a todo lo seguro. Declarar "no sé" - es liberador y, al ser una declaración razón sincera y consciente, después llega el punto final y la mente se abre a la observación y análisis de lo desconocido.

Estudio, aprendizaje, experimentación: crecimiento.

Pensativo, Georges guardó silencio y luego se echó a reír. Pasó su brazo por mis hombros y dijo alegremente:

- También me gustó una expresión que acabas de utilizar: "el peso de lo imposible." Y el caso de esta criatura sufriente que acabamos de visitar. Lleva el peso de lo imposible en su alma. La ruina de la casa dividida. Está experimentando un momento de división y quizás estuvo dividido mientras estaba en el cuerpo material. Ahora; sin embargo, todo está a la vista y no tiene forma de esconderse de sí mismo. Es torturado por la imagen creada, por su criatura.

- Como el médico y el monstruo, como Frankenstein - cité y, recordando algunos hechos narrados en la investigación de Ricardo, continué: - ¡Estoy de acuerdo! Es una casa dividida. Sí, entiendo lo que dices sobre el peso de lo imposible. La santidad es una construcción de la cultura religiosa occidental en relación reciente y hay divergencia. Es cuestión de creer, no hay refutación.

- Tiago. Si es declarado santo, todo se transformará para millones de personas. Creerán sin darse cuenta de todo el proceso legal, político, religioso y económico que tiene lugar justo debajo de sus narices. Y parte de una forma mecánica de vivir, dependiendo de acciones y decisiones de terceros, de estructuras lejanas, sin libertad.

- ¡Libertad! Querido amigo, ¡qué tema! Sí, esta es una extensión. Ser libre es más que ir y venir o tomar decisiones.

Miré hacia adelante y a cierta distancia vi a Ricardo rodeado de algunos de los que había ayudado y traído al grupo. Georges siguió la dirección de mi mirada, sonrió y dijo:

- El choque con el santo molestó a Ricardo. Buscó trabajo con prisa, ya que lo necesita para calmarse.

- Entiendo. ¡Y la función terapéutica del trabajo! A veces todavía hago eso - lo reconocí.

- Zona segura. Todo aquel que descubre el sentimiento de ser útil recurre a trabajar con terapia, y ésta resulta muy eficaz. Trabajar obliga al individuo a entrar en una cantata con otros, a actuar para la sociedad. Esa es la lucha contra los egoístas. La inercia te alimenta.

Llegamos al área que demarcaba el ala donde estaba el atendido y el sector donde estaba la habitación de Georges. Noté que Chiara lo esperaba cerca de la puerta. Es hora de terminar la reunión. Me retiré y regresé a mi lugar de trabajo.

CAPÍTULO V

ESPERAR

Una gran cantidad de hechos y experiencias ocurrieron en esa reunión. La conversación con Georges había enfriado mi ánimo al investigar la historia de la persona atendida, a quien, a falta de otro nombre, comenzamos a llamar Santo.

Entendí que quería algo más que relatar hechos; quería el sentimiento, el pensamiento detrás de esa historia, pero su condición no me permitió invertir en la realización de mi "proyecto." Era su vida y, sobre todo, sus intereses, lo que merecía mi respeto. Esperé y, entre muchas actividades, ese trabajo quedó en el fondo de mi mente y en información almacenada, guardada entre otras, olvidada, hasta que Ricardo volvió a mencionarlo cuando descansábamos y meditamos en el jardín de la institución material vinculada al grupo.

Salió el sol, el rocío cubrió el césped, extendiéndose un aroma agradable y los pájaros cantaban con confianza y alegría. Los trabajadores encarnados aun no habían llegado.

El espacio era completamente nuestro, lo que lo convertía en una perfecta extensión del complejo espiritual donde habitamos; El movimiento fue pequeño y algunos espíritus deambulaban con curiosidad. Estaba claro que, sin tener idea de dónde estaban, los demás estaban reflexionando. Unos trabajadores encarnados, semi liberados del sueño, trabajaban hablando y guiando a unos espíritus agrupados bajo un frondoso árbol.

Observándolos, Ricardo comentó:

- Recuerdo lo importante que era para mí el trabajo que realizas. Nunca habría confiado en ellos sin este enfoque, sin este conocimiento previo que se produce con tanta naturalidad.

- La vida material es un montón de restos, fragmentos, que conectamos con un hilo, el hilo de la realidad. O mejor dicho, de nuestra lectura de los hechos. Un encuentro mediúmnico es otro ejemplo de esto, Ricardo. Nadie confía en un extraño y comparte con él secretos que solo Dios revelaría. Este momento es un fragmento de una historia más grande entre esos espíritus, así como la revelación misma que hace una lectura personal - comenté… - E incluso estos recortes de nuestros recuerdos están incompletos, inacabados, imperfectos, tal como somos. Los míos fueron dolorosos. Tenía mucho miedo de enfrentarme a ellos, hui, los evité… y creo que por eso siento tanta empatía por el Santo. Puede que esté soñando despierto, pero creo que puedo apreciar un poco lo que está pasando, José.

- Sus historias comparten experiencias comunes - señalé -. Aunque, según recuerdo, son muy diferentes. ¿Lo has visto últimamente? ¿Cómo está el Santo?

- Igual. Sigue experimentando un gran cambio de humor. Hay momentos en los que parece consciente y dispuesto a cambiar, pero pronto el coraje para enfrentarse a sí mismo desaparece y se pone la vieja máscara, protegiéndose de sí mismo. Lo entiendo ¿qué es vivir la dualidad entre la fragilidad y la fuerza del coraje? Tienes que matar a la criatura y eso no es fácil. A veces ni siquiera sabemos cuándo somos nosotros y cuándo es la criatura.

Es como llevar la sotana por obligación durante tanto tiempo. ¡Después ya no sabemos ponernos nada más! Y casi una segunda piel - respondió Ricardo, abrazándome y mostrándome las telas de su propio vestido con una sonrisa.

- Esta creación mental es tan común, Ricardo, experimentar la autenticidad tiene un precio relativamente alto. Para todo en la sociedad existe un texto preparado, un guion, un rol definido, lo que se llama "lo que se espera que se haga." Hay muchas expectativas en las personas, y las alimentan, sin darse cuenta que el camino hacia la felicidad es vaciarlas y abrirse al conocimiento y aceptación de uno mismo. Liberarse de ese texto decorado para que lleno de "tiene que ser", "tiene que ser", "siempre ha sido así" y muchas otras expresiones que conllevan expectativas. También luché mucho contra la criatura.

- ¡¿Tú?! - Exclamó Ricardo, y pude sentir su sorpresa.

- Sí, yo. Durante varias encarnaciones, mi trabajo ha sido público, mi arte es público. Tengo satisfacción de concebirlo, de materializarlo, pero lo hago pensando siempre en mi lector y en ser comprendido. No les creo una identidad; sin embargo, a menudo sucedió lo contrario: algunos lectores crearon una imagen de quién sería yo. Cuando encarné, me enfrenté a muchas "criaturas" que intentaron tratarme como a una sotana. ¿Entiendes?

- Claro. Esto puede ser más agotador que lo que experimenté. Creé un personaje, una reputación pública para ocultar mi verdadero yo. Había que luchar contra la imaginación de los demás. Un ejercicio y una lucha que se renovaba con cada persona que aparecía en su vida.

- Sí, así fue. Y contra una legión sin rostro y con una fuerza abrumadora llamada mafia.

- Entonces, entre los dos, combinando nuestras experiencias, quizás podamos acercarnos a comprender la lamentable situación del Santo - resumió Ricardo con un suspiro -. Pero la criatura que él generó y alimentó también alimentó e inspiró a la multitud, que hoy grita por él y le quita cualquier posibilidad de paz y silencio. ¡Se atrevió demasiado! Creó un círculo vicioso, una espiral de tortura.

- Y ahora no puede liberarse de ello. Ha creado un monstruo mítico y tendrá que movilizar fuerzas heroicas para destruirlo.

Estas son las guerras titánicas, Ricardo.

- Internas. Hay ocasiones como esta en las que lejos de él, analizando la situación, puedo decir que sinceramente me compadezco y comprendo el sufrimiento del Santo; sin embargo, hay otras en las que me irrita. Lo siento apagando el viejo fuego que consumía a mi criatura. Aun quedan brasas, José. Puse en jaque el momento en que decidí ayudarlo y confieso que he tenido ganas de devolverlo a donde lo saqué. Me impone su lucha interna, esta es la conclusión a la que llegué. Me obliga a fortalecer mi individualidad, mi verdadero yo. No el político religioso maquiavélico que fui una vez, ni el buen tipo ahora, sino simplemente yo con mis limitaciones e intenciones de ayudar.

- Y así es, Ricardo. Es la ley. Lo que tenemos dentro se materializa en lo externo. Para no vernos afectados por la guerra titánica que se desarrolla en su interior, necesitamos fortalecer nuestro yo interior y hacerlo cohesivo para dominar la situación e imponer el orden. Y también necesitamos analizar el fenómeno de la resonancia, amigo mío. Su experiencia y la energía que exuda el Santo resuena en nuestras experiencias pasadas. Acabas de decir: sopla brasas. ¡Es eso!

- Me he estado preguntando si no sería una buena decisión colocarlo en atención médica. ¿Qué piensas, José? Aun no he hablado con Georges. Sé que es su área; sin embargo, me siento más cerca de ti en este caso, creo que es por el expediente.

- Y Georges ni siquiera lo miró - me lamenté en tono de broma, sonriéndole a Ricardo. Sabía que a él también le costaba aceptar la negativa de Georges y su desprecio por el minucioso trabajo -. ¡Pero sus argumentos son irrefutables! Necesitamos conformarnos y aceptar que él tiene razón. Pensaré en tu sugerencia. Sabes que Georges debe apoyar muy bien esta petición.

- Sí, lo sé, pero creo que le vendrá bien enfrentar su orgullo. Me parece que no puede medir el sufrimiento miserable en el que vive. Quizás materializado podrá afrontarlo y encontrar la fuerza para trascender esta etapa. Al fin y al cabo, tiene un intelecto muy privilegiado y necesita utilizarlo para evitar el sufrimiento.

- Ricardo, Ricardo... esto solo pasa cuando hay madurez.

La corta espera terminó y las actividades en el recinto material tuvieron su comienzo. No volvimos entonces al asunto porque no era el momento. Posteriormente, reflexionando solo y analizando la situación a la luz del conocimiento que tenía de las experiencias recientes de nuestro cliente, a veces llamado el Código Rojo, a veces el Santo, estuve de acuerdo con la sugerencia de Ricardo y me fui buscando a Georges - algo nada difícil, al fin y al cabo, si había una puerta que estaba casi permanentemente abierta era la de su habitación, opuesta a la mía, que se mantenía casi siempre cerrada, reflejo del trabajo que lleva cada uno afuera. A menos que esté prestando un servicio específico, todos los demás trabajos que realiza los realiza con la puerta abierta, así que entré y encontré la sala llena y muchos compañeros preguntándole orientación y traerle noticias. Me acerqué a la gran pared de cristal que daba al jardín, idéntica a la mía y a la nuestra.

Ellos eran los asesores, quienes a pesar de estar ubicados en diferentes alas de la institución, eran idénticos en ese detalle de permitirnos a cualquiera de nosotros tener una observación global de lo que pasaba en el área externa, y yo esperé, mirando el movimiento y paz reinando en ese espacio verde.

- ¡José! De todos modos, amigo, estoy disponible para ti - dijo Georges, parándose a mi lado. Absorto en la contemplación, no había notado que la habitación estaba vacía, así que me volví hacia él y le sonreí, anunciándole inmediatamente a qué venía:

-· Quiero discutir contigo la idea de Ricardo para el Código Rojo.

- ¿El Santo? Su situación se ha estancado y continúa fluctuando, debido al sufrimiento que le provocan las peticiones de sus fans y seguidores, quienes le envían pensamientos, los más irracionales, algunos con peticiones realmente conmovedoras. No está en la más mínima posición de ayudar a nadie en estos momentos, ni siquiera a sí mismo, y esto le lleva a arrepentirse de lo que hizo, pero no por el daño que generó y genera en otras personas la leyenda que alimentó. Esto le hace arrepentirse de sí mismo, porque ahora los escucha. En el asunto era fácil, al fin y al cabo, llegar hasta él era para pocas personas. La gran contingencia humana fue impulsada por los medios de comunicación, por la máquina publicitaria de la que formaba parte, y tuvo sus súplicas, que le dirigió con sinceridad e ingenuidad. Súplicas que fueron leídas o vividas sumariamente por una legión de consejeros y luego quemadas, ignoradas. Aquí, el Santo está desnudo, desesperado, sin ese ejército que lo seguía para servirlo y alejar al pueblo de quienes solo usaban la fe, el dinero o el trabajo, ofreciéndoles consuelo a cambio del ácaro. Un consuelo para niños. No sabe, no controla y, en consecuencia, no manda, no afina su propia mente según su voluntad, por lo que, si esto tiene el beneficio de despertar un débil arrepentimiento, todavía no bastaba con hacerlo. Entonces le quita la máscara del personaje que creó. Si no se angustia por las llamadas, se viste como el personaje. Todavía no lo conozco, ni siquiera lo he visto, José.

- Lo sé. He ido a visitarlo, o mejor dicho, a observarlo. La mayoría de las veces no nota mi presencia. Ricardo es menos sutil y he sido testigo de algunos enfrentamientos que serían cómicos si no fueran una triste realidad. Ricardo se ha preguntado si valdría la pena llevar al Santo a cuidados mediúmnicos. He considerado el asunto y me gustaría saber su opinión. Eres responsable de su cuidado. Solo soy un asistente curioso con segundas intenciones en su trabajo.

Georges permaneció pensativo unos instantes y observé la expresión concentrada de su rostro.

- Hay algunas posibilidades. Confieso que, basándome en mi experiencia, considero que; sin embargo, podría ser una experiencia enriquecedora. Creo que tenemos los requisitos para atrevernos a tal medida en este momento, las condiciones que permiten este logro y que será útil para todos, pero creo que será sobre todo útil para la maduración del equipo encarnado. La visión y el contacto con el Santo y su realidad rompen las ilusiones humanas. Le pediré a Laura que planifique la visita y te lo haré saber.

- ¡Gracias! Le daré la noticia a Ricardo.

Salí de nuestro breve encuentro reflexionando sobre los comentarios de Georges y maravillándome una vez más de la perfección de la vida, que nos permite aprender y servir incluso cuando desconocemos este objetivo. Todo va para mejor, y esa es la dirección.

Unos días después, me encontré con Georges, Ricardo, Laura y Santo esperando que el equipo rojo se organizara y comenzara las actividades. Se podía ver en el rostro de nuestro asistente que no se daba cuenta, pero estaba aliviado. Era comprensible, porque en esa sala no se hacían eco los llamamientos, los llamamientos y los gritos del mundo exterior que tan fácilmente llegaban a su mente. La barrera electromagnética se lo impidió, y los encarnados allí reunidos no pensaron en él.

La rápida visita del grupo encarnado al ala donde se refugiaba el Santo se había producido el día anterior, mientras dormía. Un relato tan breve, pero imprescindible para el trabajo a realizar. La idea era verlo, sentirlo, recibir pocas y breves instrucciones de Georges sobre el caso para facilitar la concordia y no comprometer la espontaneidad necesaria para todos. Nuestro asistente no los anotó. Cada encuentro mediúmnico es una actividad de autodescubrimiento y autoconocimiento cuando las experiencias se utilizan para la reflexión personal.

Una vez iniciada la reunión, notamos que la corriente magnética aumentó, armonizando a los participantes. Laura observó y dirigió las actividades con perfecta discreción. La organización y tranquilidad del ambiente revelaron su presencia y trabajo. A su lado, Georges prestaba toda su atención al asistente, que estaba bajo la atenta atención de Ricardo. Su alivio fue conmovedor. Parecía pálido, exhausto, vagamente perdido, extraño por la ausencia de la habitual tortura mental. Por primera vez miró a Ricardo sin desesperación ni arrogancia y le preguntó:

- ¿Dónde estoy? ¿Puedo quedarme aquí?

Ricardo se agachó y vi que el pedido lo conmovía. Aclaró con inusual ternura:

- Estás en una de las salas de nuestra institución en el plano físico. Mira a tu alrededor, observa. No tengas miedo. Es un lugar de encuentro consciente entre los dos planos de la vida para aprendizaje mutuo y ayuda.

El Santo obedeció por curiosidad, pero no mostró ningún interés por lo que vio. Fue muy sencillo para él. No podía ver la actividad espiritual, ya que su percepción era idéntica a la de una persona encarnada recién liberada de una sala de tortura. Quería disfrutar del silencio.

Ricardo notó la reacción del Santo y guardó silencio. No era la primera vez que presenciaba reacciones como esa. Como era de esperar, lo vio deslizarse por la pared hasta sentarse en el suelo. Él era superado por el agotamiento de la lucha conmovedora con el sufrimiento que él mismo se había creado.

El grupo rojo finalizó el período de estudio y redujo significativamente la iluminación, dejando una tenue sombra y el suave sonido de la música clásica con arreglos de sonidos naturales, que invadieron el ambiente. Nos unimos en oración y la energía del lugar adquirió una significativa connotación de fraternidad y aceptación. No pasó mucho tiempo para que la expansión periespiritual de la médium designado para la comunicación alcanzara un alto nivel para el acercamiento de la persona atendida.

Los sonidos del viento y las olas del mar, que se mezclaban con la música, lo hicieron llorar. Para él era la sensación de escuchar los sonidos del paraíso. El sentimiento de elevación rápidamente se mezcló con la autocompasión y el llanto adquirió un tono de desesperación. Su vibración y pensamientos fueron fácilmente captados por el médium, lo que permitió impregnarlo de la energía del Santo, atrayéndolo irresistiblemente hacia sí. La energía que ella exhalaba era como el calor del sol, como un lugar confortable, como agua para los sedientos, e, instintivamente, sin darse cuenta de lo que pasaba, se unió a la médium.

El contacto con la energía vital, con el sistema nervioso y la mente de la médium le ofrecieron una sensación de bienestar largamente olvidada, haciéndolo llorar y clamar con mayor intensidad pidiendo silencio.

Reproduciendo las sensaciones del Santo, el trabajador encarnado lloró desesperadamente. Temblando bajo la vibración de sus emociones, el cuerpo de la médium habló y movió la cabeza en negativo:

- ¡No soy un santo! ¡No soy un santo! ¡Haz que se detengan! ¡No soy un santo! ¡Quiero alivio! Ya no soporto escucharlos. ¡Haz que se detengan!

En el curso del servicio, repitió información conocida. La crisis emocional del Santo no permitió en ese momento un diálogo esclarecedor. La intención realmente era que fuera más tarde. Fue solo otro polvo, no todo el tratamiento. Luego de una catarsis emocional y momentos de lucidez, el Santo fue alejado. Para cualquiera que no esté familiarizado con los efectos del trance magnético, parecerá sedado. Como resultado de la experiencia, el Santo regresó tranquilo y obediente a la sala, sin escuchar las voces que lo torturaban. Sabíamos que era un efecto temporal poco común, pero esperábamos que fuera beneficioso para su conciencia, algo que Georges exploraría después del tratamiento.

Mientras lo sacábamos de la habitación, registramos el análisis del grupo y la declaración de la médium relatando la experiencia. Sus palabras iniciales fueron:

- Solo vi a alguien en el suelo... Lo que me llamó la atención fue que llevaba unos zapatos rojos y que su ropa pesaba mucho. Algo en sus hombros le molestaba, y los zapatos también le molestaban. Yo quería quitarme los míos. Sufrió demasiado...

CAPÍTULO VI
ESTABLECIENDO RELACIONES

Georges esperó a que Laura ayudara al paciente a calmarse y luego se fue.

El celador miró a Georges con una mirada tranquila, lúcida y fría, y me pareció familiar. Era el mismo que había identificado en imágenes del pasado contenidas en el expediente. Me di cuenta que él no notó mi presencia; solo vio a Georges y Ricardo.

- ¿Como se siente? - Preguntó Georges, sentándose en el sillón junto al paciente.

-Aliviado – respondió expresando en voz alta lo que se podía ver en sus ojos.

- Eres consciente de tu situación, ¿verdad?

- Sí, lo soy. Estoy muerto y sorprendido - confesó el paciente.

- ¿Por qué sorprendido? - Preguntó Georges, ignorando cualquier corrección o aclaración sobre la afirmación que él estaba muerto.

- No esperaba nada. Borrarme como una estrella.

- ¿Recuerdas cómo moriste?

- Claro. Elegí la paz. Elegí dejar la vida en un apotético acto final. Seguí cada escena, cada vestido, cada escenario de mis funerales y los confié a mi fiel consejero. No espero verlos, pero miré cada segundo. ¡Fue glorioso!

En ese momento, un brillo apasionado iluminó los ojos del trío. Quedó absolutamente encantado con sus recuerdos fúnebres, con la pompa del funeral. Fue como presenciar un gran acto teatral.

- ¿Elegiste la paz? ¿Podrías contarme sobre esto? - Preguntó Georges.

- Estaba gravemente enfermo. Una enfermedad horrible que poco a poco me destruyó, dificultándome mis movimientos, mis gestos, mi memoria. Ya no podía lograr el mismo desempeño y retrasé lo más posible esta elección. Amaba vivir, amaba mucho mi vida, ¡porque era extraordinaria! Sin embargo, sabía que la escena final se acercaba. No temía a nada, así que no temía a la muerte. ¡Viví intensamente, vorazmente, satisfecho! Por eso, cuando me di cuenta que no había nada más que hacer, pedí té y no acepté las sugerencias de mi consejero. Quería innovación, cambio, naturalidad; sin embargo, ese final decrépito, en una residencia de ancianos, en silla de ruedas, en el anonimato, no era para mí. Sí, eso me asustó. ¡El té era mejor! El sueño eterno, la nada, significa unión con el todo, sin juicio, sin identidad. ¡Tener piedad! Ser aclamado hasta el final. Ese era mi deseo y eso es lo que hice. Mira: las opciones eran: pedir o recibir sin conciencia. Mira, al preguntar, pude mantener el control, hacer y vivir el último acto. Lo pedí y lo acepté con calma y consciente que estaba haciendo lo mejor y lo correcto. El fin de la agonía, sin dolor, sin escándalo alguno. Solo se apagan las luces. El médico me aseguró que no habría sufrimiento, y no lo hubo. ¡Fue perfecto!

- Escuchándote tengo la impresión que estudiaste y ejemplificaste cada minuto. ¿Actuabas así, como si tu vida fuera un espectáculo de teatro, como si vivieras en un escenario? - Preguntó Georges, en un tono parecido al de su paciente.

- Sí lo hice. Mi vida también pasó detrás del escenario. Lo escribí, produje, dirigí y conduje.

- Te encanta el teatro - dijo Georges, observando al paciente.

- ¡Mucho! ¡Mucho! - Confirmó enfáticamente, brillando de nuevo brillo apasionado en los ojos -. ¡Es la máxima potencia! ¡Es embriagador!

- ¿Y te dedicaste a las artes? ¿Te diste cuenta de tu pasión?

- Lo mejor que pude - respondió escuetamente.

- ¿Te gustaría hablarme de esta pasión? ¿Cómo la descubriste? ¿Cuándo empezó? ¿Cómo la viviste? ¿Qué placer te trajo o te trae? - Preguntó Georges.

- Es una larga historia. Te cansaré - respondió el paciente, con visible falsa modestia. Si no fuera por la expresión seria de Georges, me habría reído. Pero mi amigo trabajó y yo me controlé permaneciendo en la oscuridad, en silencio.

Con verdadero interés y conciencia, Georges participó en la escena y pronunció perfectamente su sencillo discurso:

- Absolutamente. Por favor dime. No tengo prisa. En estos momentos mi principal interés es escucharte, estoy plenamente convencido que la historia de tu vida es una obra fascinante, también soy un aficionado a la dramaturgia y las artes escénicas, y prometo escucharte con toda mi atención. Soy un espectador experimentado, puedes confiar en mí - noté una nota alegre y amigable en la voz de Georges, mientras se inclinaba hacia adelante, acercándose a la persona atendida. Él sonrió y continuó:

- Tal vez, como todas las pasiones, no me importa. Si tu trabajo me cautiva, detente y te hago unas preguntas, eso es todo. Tengo tanta curiosidad como un niño.

Vi sonreír al ser atendido y recordé las muchas imágenes que había visto de su última existencia terrenal. Reconocí la sonrisa que reservaba para las personas íntimas y admiré la capacidad de seducción de Georges para ganarse la confianza de sus pacientes. Y su naturaleza, su agilidad mental, valora rápidamente cómo abordar a alguien que le ayude. El famoso tiro a la vista.

- Ya que insistes...

En un gesto de agradecimiento, Georges rápidamente le tocó el hombro y volvió a su posición original, dispuesto a escucharlo.

CAPÍTULO VII
LA JUVENTUD

Yo tenía 19 años. Era una mañana de otoño fría, soleada y luminosa, como solo se ve en mi país. Era temprano. En compañía de mi padre, terminé mi desayuno, recogí mis libros y bajé apresuradamente las escaleras cuando vi a través de la puerta entreabierta del edificio el vacío de la calle. Lo encontré extraño. No había alma viviente, solo la luz del Sol. De repente oí el ruido del motor de un camión, eran muchos, y a lo lejos oí voces que gritaban consignas en alemán. Me quedé paralizado en las escaleras y abrí la boca para llamar a mi padre, pero no pude emitir ningún sonido.

El escenario político y social no era el mejor desde hacía algún tiempo. En el colegio, los profesores comentaban el avance nazi en Alemania y el miedo que representaba el ascenso al poder de alguien como Adolf Hitler. Sus planes no fueron ignorados. *Mein Kampf*[2] era un texto claro, limpio, impactante, tan claro era el pensamiento de su autor, y nosotros éramos parte de esa macabra historia planeada. No había manera, lúcida, de no temer lo evidente que, día a día, las noticias nos mostraban más cerca de casa: la invasión. Otro más en nuestra historia.

El sueño o delirio imperialista de Hitler comenzó con nosotros, y fue apenas dos semanas después del fatídico 1 de septiembre y su devastadora noticia. El primer ataque relámpago de la Luftwaffe, la fuerza aérea alemana había lanzado bombas sobre la frontera polaca. A pesar del tenso clima político, en las calles ninguno de nosotros esperábamos la guerra. Se habló de ello

---

[2] Título del libro en dos volúmenes escrito por Adolf Hitler.

en las escuelas, en los partidos políticos, en la iglesia, pero no sentí que la gente lo estuviera esperando y no creíamos que nos llegaría. No tenía idea de qué, cuánto ese día y los años siguientes definirían el curso de mi vida.

Los combates se desarrollaban en la frontera y se habían producido bombardeos en Wielun y Danzig. En un pequeño país que, en ese momento, todavía se enorgullecía de tener tropas de caballería, creíamos en la seguridad en la capital a pesar de las dolorosas imágenes de aquellos ataques que circulaban. Más de 1.200 personas murieron en cuestión de minutos en la invasión de Wielun. Por mi mente desfilaron rápidamente imágenes de fotografías periodísticas, muertos, llantos, desesperación e incredulidad escritos en los rostros de los supervivientes.

Vivíamos en un barrio cercano al centro de Varsovia. Los camiones avanzaban y mientras luchaba contra el silencio vi el rojo y el negro de las lonas de los camiones y los uniformes de los hombres armados. Con esfuerzo logré subir hacia atrás sin quitar la vista de la calle y de la horrible procesión que inmediatamente odié y corrí hacia la puerta. Mi padre, todavía con su delantal de tareas domésticas, abrió la puerta y yo habría entrado si él no me hubiera apoyado.

- ¿Qué es eso, muchacho? - Murmuró mi padre, asustado, abrazándome. Después de mirarme a la cara, me preguntó: - ¡Estás pálido como un cadáver! ¿Qué pasó?

Señalé las escaleras y la calle y con esfuerzo balbuceé:

- Ellos... llegaron, padre.

- ¿Están aquí, Lolek?

- Los nazis - respondí -. Están afuera. Vi pasar los camiones.

- ¡Dios mío! - Papá me abrazó, y sentí su terror en ese gesto.

Él; sin embargo, se recuperó pronto, me soltó y rápidamente encendió la radio. Nunca comíamos con la radio encendida, porque mi padre era muy disciplinado, tenía un horario para todo, incluso sentarse en su sillón junto a la radio y fumar mientras escucha las noticias. Ese no era el momento, aun así corrió hacia el dispositivo, y la voz del narrador, en tono solemne y cuidadoso, llegó a nuestros oídos confirmando la ominosa noticia de la invasión de nuestro territorio.

- Conserva tus libros. Hoy no saldrás de casa - me ordenó -. No es seguro. Bueno, Dios sabe cuándo será. Aunque era mi día favorito en la escuela, no pensé en cuestionarlo. La literatura estaba en los libros y podía tenerla en cualquier momento. Mi querido maestro León tendría otros días para enseñarme. Fui a la pequeña habitación que contenía todo lo que hasta entonces me pertenecía, un mundo pequeño, pero, en la esfera de los sueños, mi mundo era enorme, lleno de luz y sonido. Ese día, cuando todo empezó, no sabía la diferencia entre un deseo y un sueño, no sabía la fuerza de mi deseo y cuál sería capaz de realizar.

Regresé a la habitación y mi padre hizo un gesto imponiendo silencio y otro, invitándome a sentarme en el sillón junto a la radio. El dispositivo gozaba de primacía en nuestro humilde salón.

Me senté y, con el alma fría, escuché las noticias: el ejército ruso había invadido Varsovia por el este y los nazis habían invadido el este, el extremo opuesto. La ciudad estaba dividida, indefensa y vigilada, ocupación sin resistencia. Especularon sobre la reacción del Gobierno polaco: rendirse o escapar. ¿Cuál sería la acción del gobierno? Mientras tanto, instruir a la población civil a mantenerse a salvo. La rutina de la ciudad cambió. Lo que funcionó cerró; lo que no abría las puertas se quedaba con ellas cerradas. En ese minuto; la vida era el bien supremo. Nada valía más.

Fue un septiembre excepcionalmente triple, y eso nos hizo comer más. Fue una alegría, lo recuerdo. Pero ese día, no comimos. Poco después, nuestros vecinos, un matrimonio de ancianos, tocaron a nuestra puerta y nos pidieron escuchar las noticias con nosotros, ya que no tenían radio. Más tarde se nos unió la familia que vivía en el apartamento de la planta baja. Doña Gertrudis, la vecina anciana, nos ofreció sopa, pero nadie la aceptó. Tuvimos el estómago revuelto debido al miedo. Por la tarde hacía frío, el cielo estaba nublado y soplaba un viento frío con fuerza. Encendí la chimenea y mi padre dijo:

- ¡Cuidado! No quemes toda la leña en un fuego innecesario, como es tu costumbre. Necesitamos ahorrar. No. Sabemos si mañana habrá leña en la ciudad.

Hubo un murmullo de asentimiento en la sala. Ya habían vivido otras guerras; yo no. Doña Gertrudes, no sé si estaba preocupada porque no comía nadie o si quería entretenerse, fue a su departamento y regresó con una humeante taza de café y galletas. Cuando entró me dijo:

- Lolek, trae las tazas. Necesitamos ser fuertes. No tiene sentido pasar hambre el primer día. Comamos y oremos, hijo mío. Esta invasión también pasará.

Obedecí; sin embargo, apenas nos servimos, noté que nadie podía comer. Comprendí que el nudo que se me formó en la garganta desde el principio también apretaba a los demás. La cafetera se vació en segundos, pero las galletas, por muy apetitosas que parecieran, quedaron prácticamente intactas.

Luego, cuando nuestros vecinos regresaron a sus casas cansados e impotentes con la noticia hirviendo en sus mentes y en un caos emocional, fingí que todo era normal y ordené la sala, como era mi rutina diaria. Ese día encontré una galleta mordida y abandonada junto a la radio. Nunca olvidé esa galleta, su imagen junto a la vieja radio de válvulas. Tanto avanzó la tecnología en el siglo XX que recordar una radio de válvulas parece cosa de la antigüedad.

Aquella galleta mordida y abandonada fue muy representativa. Le habló a mi alma sobre cosas profundas y recuerdos dolorosos del pasado reciente que no había experimentado, porque nací después del final de la Gran Guerra y cómo estos recuerdos, sumados a los hechos del día, arrojaron un pesado manto de miedo sobre el futuro. Ese día entendí que el miedo es un sentimiento ligado al futuro.

Tenía 19 años y amaba la vida, a pesar de los disgustos que ya había experimentado. Era un huérfano cuya madre había muerto hacía cinco años. Yo tenía hermanos, que también estaban muertos, y todo esto había hecho que mi padre envejeciera prematuramente. Tenía el pelo gris, había perdido mucho peso y parecía mucho mayor de cuarenta y tantos años. Mi padre había perdido gran parte de su alegría en los últimos años y era para mí para quien vivía. Me decía eso todos los días y yo lo amaba y, por supuesto; sin embargo, él no era mi razón para vivir. Sufrí sus muertes, por supuesto, pero este dolor no cubrió la vida. Seguí viendo que había luz y que el mundo me llamaba. Había mucha gente interesante que conocer, mucho que aprender, mucho que hacer, aunque no sabía exactamente qué, y aun quedaban todos los placeres de la vida.

¡Dios mío! De repente, esa galleta mordida me hizo pensar que tal vez mi vida podría volverse así: la promesa de un algo nacido que no continuaría. En ese momento hice un pacto conmigo mismo: sobreviviría y haría lo que fuera necesario para llegar lo más lejos posible de aquella guerra que se desarrollaba ante nuestros ojos. Cuando tomé esta decisión, entendí la mirada triste y pensativa que mi padre me tenía durante todo el día. Tenía miedo que me reclutaran en el ejército. Y yo, que no había pensado en esa hipótesis obvia, me asusté, porque era real.

Fui a la habitación de mi padre y lo encontré sentado en el borde de la cama sin zapatos. Tenía los pies en el suelo frío y vestía calcetines de lana cosidos muy viejos. Me apresuré a envolverlos con un jersey que vi doblado sobre un taburete y le toqué las rodillas para llamar su atención. Fijando la vista en él, declaré solemnemente:

- Papá, no te preocupes. No te abandonaré. No iré a la guerra, ya, porque no quiero, no nací para eso.

- No tendrás elección, hijo mío – respondió con voz triste –. Yo tampoco la tuve. ¿O crees que un hombre va feliz a la batalla? Solo aquellos que nacen para matar pueden sentirse así; sin embargo, ante el deber, no tenemos otra opción, Lolek.

- Lo hemos hecho, padre – insistí, convencido de mi decisión -. Lo haremos, sí. No empuñaré un arma y mucho menos viviré en batallas. ¡No! No iré, papá.

Recuerdo que sonrió. Una sonrisa pálida, como cuando sale el Sol en los días nublados, tímida y débil. Mi padre me abrazó y susurró contra mi hombro:

- Hijo, en tiempos de guerra, todos nos convertimos en soldados, si no de los hombres, de Dios.

Dos mundos tocándose sin darse cuenta, así fue ese abrazo. Mientras mi padre veía un futuro oscuro y sin opciones, yo vi mi salvación. Esas palabras fueron el faro en la niebla y guiaron mis pasos futuros.

CAPÍTULO VIII
EL TEATRO

A pesar de las dificultades causadas por la invasión, por la huida de los gobernantes, por la división de nuestra ciudad entre los ejércitos soviético y alemán, nosotros, los ciudadanos comunes y corrientes, necesitábamos continuar la vida, adaptarse a la situación y pretender que todo continuaba normalmente, pero nada continuó. Había un clima de tensión en el aire, tan fuerte que, varias veces, pensé encontrar mi pecho atrapado entre cables imperceptibles tendidos a lo largo de las calles. Aquí y allá, en callejones y rincones oscuros, la gente susurraba y miraba. Las mujeres cargaban bolsas con comida, y las chimeneas de las casas no paraban. Nunca había visto hacer tantas conservas, jaleas y galletas. No existían en aquella época alimentos industrializados, al menos no con la abundancia y variedad que encontramos hoy. Las mujeres parecían hormigas obreras cocinando, tejiendo y almacenando alimentos, ropa y medicinas caseras, sirviendo de nidos para el largo invierno humano que se avecinaba. Las abuelas, con sus vestidos negros, caminaban rápido, hablaban y gesticulaban mucho, acompañaban a sus hijas, nueras y nietas y les enseñaban a sobrevivir.

Se apresuraron a recordar las historias del pasado reciente de la Gran Guerra y otros conflictos armados de los que habían sido testigos, pues sabían que esa experiencia podría ser valiosa para la nueva generación, que se enfrentaba a la mortífera máquina de guerra superará ese momento por primera vez.

¡Mientras peleaba, comí lo mismo en ese momento! No quería ceder ante el miedo. Mi padre se dividía entre las noticias, las conversaciones con los vecinos y el trabajo al que se aferraba como salvavidas a la cordura y al miedo. Mientras tanto, su enfermedad avanzaba. Lo vi debilitarse y lo sentí aferrarse a mis fuerzas. Algo extraño, pero me recordó a las plantas que se pegaban a los manzanos y seguían chupando la savia del árbol. Sentí que mi padre se aferraba a mí de manera similar, y si antes de la invasión el futuro que veía era solo el día siguiente, después de la invasión ese futuro dejó de existir. La melancolía se apoderó de mi padre.

Mi válvula de escape fue la escuela y sobre todo el grupo de teatro, TKKT. Allí el mundo era diferente y cualquiera podía ser quien y lo que quisiera: Julio César, Thor, un personaje cómico o trágico, que hablara como Stalin, Hitler o hiciera elocuentes los discursos del rey George VI, del que esperábamos ayuda. No había límites. Éramos huérfanos, estudiábamos historia, teatro, política, ensayábamos y nos sentábamos en las butacas del teatro a escuchar a nuestro maestro, el profesor León.

El teatro era muy importante en la cultura polaca y se podía decir que el arte era la pasión nacional por excelencia. Nuestro pueblo apreciaba el teatro y respetaba a sus artistas, sin importar si pertenecían a grupos de mambembes, que representaban comedias en folletones en los barrios, o eran los grandes nombres de la dramaturgia polaca, visceralmente conectados a la resistencia y la lucha por la independencia del país, siempre y cuando comenzará la sucesión de invasiones a nuestro territorio. Quizás éramos el último vestigio del vibrante reino polaco de la Edad Media y el Renacimiento.

El caso es que la dramaturgia y el teatro mantuvieron una posición de vanguardia en nuestra historia, escribiendo y representando en nuestra lengua materna y utilizando subterfugios para comunicarse directamente con el pueblo y animarlo a resistir. Nosotros, los actores polacos, nos hemos convertido en malabaristas de la comunicación con las masas. Para escapar de la censura, eternamente presente en invasiones de nuestra historia y llevadas a cabo por rusos, austriacos y prusianos desde el siglo XVIII, la escuela polaca se ha hecho reconocida en la formación de actores capaces de interactuar con el pueblo y transmitir, incluso a través de gestos, un mensaje contundente, no capturado por los invasores.

No renunciamos a nuestra lengua materna. Nosotros no; sin embargo, debido a su origen eslavo, esto constituyó una barrera para comunicarse con el resto de Europa y brillar en los escenarios internacionales. El actor polaco tenía un fuerte sentido del patriotismo y de su papel político, y sabíamos que la comunicación era nuestra mayor herramienta y arma.

Nuestro grupo también tuvo una fuerte influencia de la escuela ética soviética, el teatro monumental, el teatro de masas, grandes mítines, eventos, desfiles y marchas. El querido maestro León elogió mi talento para actuar frente a una gran audiencia, pero ese día se mostró solemne. Su rostro pesado y su mirada torturada ahora estaban llenos de inmensa tristeza. Ahora con innegable enojo, y fue en esa mezcla de emociones que invitó al grupo a sentarse, ya que necesitábamos hablar:

- Amados míos, hay noticias que no sé dar, ni cómo recibir. Lo que tengo que comunicarles es de este tipo, por eso pido comprensión a todos y digo que tendrán la mía, aunque confieso que no sé si eso valdrá de algo.

Esas pocas frases silenciaron al grupo y garantizaron plena atención al anuncio del maestro. Sentimos que no era algo natural, no tenía forma de ser. Esperamos con gran expectación. Sentada a mi lado, Halina, mi joven novia rubia, tomó mi mano y la agarró con fuerza. No hice ningún gesto para consolarla o darle apoyo, ya que mi fuerza interior casi llegaba al fondo de mi pozo, aunque exteriormente nada revelaba esta fragilidad. El profesor bebió un galón de agua, se pasó el dorso de la mano derecha por la boca, respiró, profundamente y nos enfrentó hablando en un estallido:

- Witkiewicz se suicidó. El funeral será mañana.

En el grupo estallaron exclamaciones de incredulidad y el murmullo se estableció el día. Halina saltó de su silla como si estuviera sentada sobre un manantial, y vi su delicado rostro palidecer y sus ojos, tan azules como los míos, mostraban una mezcla de intensas emociones. Witkiewicz era nuestro ídolo. El vacío que esa noticia había causado en todos fue breve, casi inmediatamente llenado por el dolor, la revuelta y un sentimiento de profunda impotencia intelectual. Era como si le hubieran cortado la cabeza a un cuerpo y lo obligaran a seguir viviendo; sin embargo, no era ficción, era realidad. Dolorosa realidad. Éramos este cuerpo sin cabeza con la fatídica sentencia de seguir viviendo sin importar lo extraño que fuera este orden.

- No sé qué decirles. Perdónenme por no poder consolarlos. Es un hecho crudo, duro, incomprensible para mí ahora mismo y no he encontrado otra manera de comunicarlo. Nuestras actividades se suspenden por tres días para el funeral de Witkiewicz. Ninguno de nosotros tiene el cerebro para hacer nada en este momento.

-¡El mío está hirviendo! - Protestó Halina, con su voz fuerte y modulada expresando tonos de emociones encontradas -. No sé si llorar o si podré golpear al difunto. ¿Por qué lo hizo? ¿No dejó ninguna explicación? Profesor, ¿está seguro que fue un suicidio? No faltarían personas interesadas en asesinarlo estos días.

- No lo sé, Halina. Recibí la noticia cuando llegué al teatro. La dirección me dejó a cargo de esta triste misión de informar a todo nuestro elenco de actores, directores y demás profesionales. Están preparando la ceremonia. Quizás tus preguntas sean respondidas más adelante, en las horas oscuras que viviremos durante esta despedida.

- ¿Y Gombrowicz? ¿Ya regresó de Argentina? - Gritó Halina.

- No - respondió secamente el profesor -. Le envié un telegrama, pero personalmente no espero con ansias su regreso a Polonia.

- ¿Crees que se escapó? - Pregunté sin disimular el desprecio que me provocó la idea.

- Sí, lo creo - respondió León con firmeza -. Y no lo condeno. Como yo, él también experimentó otras invasiones. Queridos míos, estos no son tiempos fáciles. No se dejen engañar. Si el hambre y las enfermedades aun reinan en las calles de nuestras ciudades como resultado de la última Guerra Mundial, sepan que esto empeorará mucho. La resistencia requiere fuerza moral, mucha conciencia y la certeza que se puede sobrevivir al dolor. Son tiempos que nos transforman.

Algunos se vuelven más solidarios, compasivos y humanitarios; otros se endurecen, se enfrían, se vuelven duramente realistas; y hay quienes se desesperan, se cansan, se amargan y hasta huyen de la vida. No los condeno y me gustaría, en el futuro, espero que mis alumnos hayan aprendido esto de mí. Necesitan ser perseverantes y amar la vida, aprender que pueden sobrevivir al dolor y encontrar la mejor transformación que nos pueda aportar.

Me quedé pensativo. Respetaba mucho la opinión de León y, más que eso, lo admiraba. Él estaba muy por encima de mí, por eso lo admiraba y confieso que, años después, llegué a envidiarlo por el coraje y la fuerza moral que había demostrado en su vida. Terminó sus días en Auschwitz. Cuando recibí esta noticia habían pasado muchas cosas, y el dolor de los días de invasión de mi patria y de mi vida me llevó a elegir islas y caminos que seguí. A mi manera, honré al maestro de mi juventud y tal vez he construido una cuarta opción de querer ser yo en esos tiempos.

Enterramos a Witkiewicz, Gombrowicz no regresó de Argentina y, a pesar de la ausencia de nuestros grandes pensadores, nuestro grupo sobrevivió. Estábamos bastante confinados en los ensayos y la censura alemana no tardó mucho en alcanzarnos. León, al igual que sus abuelas, nos enseñó el arte de la resistencia, pero el esfuerzo empezó a pasar factura. Comenzaron las deserciones. Muchas familias huyeron con lo que pudieron, y esto a menudo se limitó a sus propios cuerpos, abandonando Polonia en grandes oleadas de migración hacia América. Huían del horror de la guerra que se anunció con la invasión de nuestra patria y en la que, rápida y de forma incendiaria, participaron los alemanes. Era un presagio del futuro y era siniestro. Primero vimos al monstruo.

Las enfermedades avanzaron. Cada día la desesperación era mayor. Abandonados por nuestros gobernantes, quedamos a merced de los alemanes, desorganizados para resistir. Éramos un pueblo esclavizado. Así me sentí.

En esos días oscuros, mi padre falleció. Lo encontré muerto una fría mañana de aquel otoño infernal. ¿De qué murió? En ese tiempo; eso no era preocupación; cómo era vivir. Cuando regresé de su entierro, los vecinos se despidieron, y León abrió la puerta del departamento, que había pasado a mi responsabilidad, y dijo:

- Ven pronto, Lolek. Enfrenta la realidad. Cree que hay momentos en los que la soledad nos hace fuertes y la presencia de amigos solo pospone lo inevitable.

Se puso el sombrero negro en la cabeza, se dio la vuelta y bajó las escaleras. Escuché el portazo del edificio sin haber dado un paso para entrar a la habitación. Miré con atención cada mueble, cada objeto... En mi mente recordé a mi madre, a mis hermanos, a mi padre. Recordé escenas y comprendí que estaba solo. Permanecer allí significaba esperar a que llamaran al ejército en vista. Abrí la puerta, le di la espalda a ese pasado y caminé hacia mi futuro.

CAPÍTULO IX

SOBREVIVIENDO

No había tiempo. Era necesario llorar y trabajar. Salí a buscar mi sustento. Mis estudios de filosofía, idiomas, literatura y teatro no me sustentaban. Hasta entonces había vivido cómodamente, sin lujos, pero sin necesidades, a costa de mi padre, un empleado del gobierno. Estábamos sin gobierno, y la esperanza de mi padre de verme ocupar un puesto que garantizara mi sustento quedó temporalmente sepultada bajo las botas nazis. Las escuelas me consideraban demasiado joven para atender una clase y tampoco había completado mis estudios a pesar de mis excelentes calificaciones. Fue con Frederico, un amigo del teatro, con quien continué trabajando. Lo encontré ese mismo día por la tarde, mientras deambulaba por la calle buscando algo que hacer.

- Escuché sobre tu padre, Lolek. Mis sentimientos. No fui al funeral. Pido disculpas, pero la situación en casa es muy difícil. Dejé de estudiar teatro y pronto me iré a las minas. Hay trabajo. Me dijeron que no pagan mucho, pero que los alemanes y los rusos están interesados en que sigan operando. No reclutarán trabajadores para el ejército.

Esa información era todo lo que quería escuchar. No necesité pensar más y pregunté:

- Fred, quiero ir contigo. Por cierto, tengo que irme.

- Entonces vamos a buscar tu ropa. El tren sale en dos horas - me respondió y señaló la bolsa en la que llevaba sus pertenencias -. No vale la pena llevar mucho, ya que me dijeron que nos darán uniformes de tela resistente.

- No me importa. Te veré en la estación. Seré más rápido si voy solo.

Fred estuvo de acuerdo y nos separamos, yendo, literalmente, por un lada cada uno. Corrí al apartamento y recogí algo de ropa, objetos de higiene y uso personal que imaginaba que usaría. Le di la llave a la vecina y le pedí que ventilara el apartamento.

Lo mencioné de vez en cuando y le regalé las plantas que tanto amaban mis padres. La abracé rápidamente y creo que, por lástima, ella me besó en las mejillas y me abrazó como si fuera mi madre o mi abuela. Sonreí, le agradecí, recogí mi bolso de pertenencias y, por segunda vez ese día, le di la espalda al lugar que había sido mi hogar y contenía toda mi historia. No me trajo ningún arrepentimiento ni dificultad.

Poco después me embarqué con Fred hacia las zonas mineras. Al día siguiente, vestimos un overol de mezclilla azul con varias manchas y botas. Nos dieron palas pesadas, así que nos sentamos en un carro sobre las vías y, antes de ver el Sol, nos dirigimos a la mina, iluminados por antorchas y envueltos en polvo oscuro y humo. En cuestión de minutos, vi a Fred cubierto de hollín, que se le pegaba a la piel. La piel blanca de mi amigo y su hermoso cabello rubio se volvieron negros y solo los ojos de Fred permanecieron claros.

El hombre que accionaba el freno del carro se detuvo unos metros antes de la entrada de la mina, sacó de su bolsillo dos triángulos de tela de algodón sucia y nos los entregó, indicándonos:

-Átalo alrededor de tu cara, tal como lo hicieron los demás. ¡Miren! Nunca olvides eso. La enfermedad es horrible y mata rápidamente. Mucho sufrimiento. Pronto sabrás de lo que estoy hablando.

Entendimos que debíamos proteger nuestra respiración y, con los ojos muy abiertos en señal de advertencia, nos colocamos la tela sobre la nariz. Se trataba de una máscara rústica e improvisada que colgaba firmemente de la nuca. Fueron meses de duro aprendizaje y soledad. Fred y yo éramos muy diferentes a esos hombres sencillos, sin cultura ni refinamiento. Se había convertido en nuestra válvula de escape entre ellos por algunas noches, representando comedias tontas que hacían reír a todos y se olvidaban del trabajo duro y la enfermedad. Incluso los mineros enfermos se levantaron de sus pobres catres en los cuarteles y, envueltos en mantas andrajosas, sintieron que estaban en el suelo para vigilarnos. Era nuestro recuerdo de regreso, no nuestra identidad humana, porque pensábamos que solo el animal era necesario para el servicio de la mina. Nuestra mente no se subió al carro; allí, pensábamos, solo había huesos, músculos, nervios y el instinto de supervivencia. La mente emergió de la niebla en aquellas noches de entretenimiento.

Soporté esa vida durante unos meses y aprendí mucho. Fue sumamente valioso saber comunicarse con la gente trabajadora y comprender sus necesidades y limitaciones.

Desarrollé fuerza física. Mi cuerpo alto y delgado ganó músculo gracias al trabajo duro. Hombros anchos, pecho y brazos desarrollados, muslos fuertes y firmes. La comida consistía en una ración abundante, contundente y aburrida. Tomarlo era una tortura cruel. Los primeros días esa carga de plata, repetida a diario, me enfermó, pero el trabajo duro y la debilidad física no se mezclan. Había hombres con enfermedades pulmonares, y la tos y el sonido de los martillazos y las palas armonizaban en mis oídos. Vi muertes dolorosas y temblé de miedo. La ley de la supervivencia sonó en mi conciencia. Ese mismo día, cuando me entregaron el plato, no tuve otro pensamiento que comer. Aprendí a comer por necesidad, dejando de lado el placer.

Fred no pudo superar su disgusto, se debilitó mucho y decidió abandonar su trabajo y regresar a nuestra ciudad con el poco dinero que había obtenido.

Soporté ese trabajo unos meses más y volví a quedar solo. Pensé que la vida quería mostrarme algo con esta insistencia en relegarme a la soledad. En aquella época, no pensé en los que abandoné, solo en los que me abandonaron. Extrañé especialmente a Fred en las escenas y les dije a los hombres que no podía hacerlo sin él.

Fue su insistencia la que me llevó a descubrir uno de mis mayores talentos: actuar en solitario.

Satiricé a los líderes de la época, creé discursos y asumí personajes poderosos. A ellos les encantó y a mí también. Mi mente se llenó de ideas y comencé a subirme al carro y entrar a la mina. Ese no era mi lugar. No nací para esa vida, no era lo que quería ser. Y el plato lleno de la misma comida todos los días, el malestar, el ambiente insalubre me volvieron a molestar. El colmo llegó el día de pago, cuando vi en mis manos algunos billetes gastados y monedas de poco valor. Vi mi piel sucia, mis uñas sucias y rotas, mis manos callosas y solo un puñado de dinero fue mi retribución. Los argumentos de la guerra, con los cañones nazis rugiendo ferozmente por toda Europa y el Ejército Rojo ruso, al que odiaba con todas mis fuerzas, haciendo alarde de su imperio y poder y defendiendo la ideología comunista, simplemente se callaron en mis entrañas. Ya no eran justificaciones válidas frente a las manos que tenía y aquel pago miserable.

- Me voy. Puedes contratar a otra persona para que ocupe mi lugar - me escuché decirle al responsable de nuestro grupo de trabajadores.

- ¿Estás seguro? - Él me preguntó.

- Lo estoy. ¡Adiós!

Me despedí de mis compañeros, escuché lamentos por la pérdida de noches divertidas de actuación y eso me calentó el alma, consolidando mis ganas de irme de allí, que no era mi lugar, mi destino.

Regresé a la ciudad.

El año 1940 estaba llegando a su fin. La guerra hizo estragos en el continente. La ciudad era caótica. Había agitación, nerviosismo, miedo y luto entre la gente. La criminalidad era alta. En situaciones sociales críticas, los lagos morales se relajan y la desorganización de los Estados se manifiesta en el desorden social.

El aparato represivo nazi luchaba por su propia causa, y solo aquellos que estaban en contra del sistema dominante eran enemigos. Ya habíamos aprendido esta conexión en invasiones anteriores, con los exiliados rusos que vivieron entre nosotros y con las cantatas que teníamos antes de 1939 en intercambio cultural. ¿Qué estaba pasando con la población? Bueno, eso no le interesaba al sistema. El resultado de esta ecuación es que la sociedad es doblemente penalizada y saquea de ahí: por un lado, por el invasor, por el otro, por la población marginada, y en ese estrecho medio están quienes luchan por resistir, huyendo y cuidándose.

No fue ninguna sorpresa encontrar mi apartamento en mal estado. Mis vecinos se habían ido a América y el edificio donde vivíamos estaba dañado y había sido invadido por familias que huían de las zonas fronterizas, donde el enfrentamiento fue muy violento. Estas personas se escondieron por miedo.

Por suerte había sitio para mí. Reuní algunas cosas e improvisé una cama en el suelo de mi antigua habitación. Cuando recuerdo esas noches, siento lo surrealista que fue. No había lugar para el arrepentimiento ni para los recuerdos nostálgicos. El cansancio, el hambre y las ganas de vivir me obligaron a dormir sobre harapos, no pensé ni sentí.

Al día siguiente, fui a buscar al maestro León y lo encontré él en el sótano de un bar. Se reunió clandestinamente con un grupo que se oponía al régimen invasor y mantenía colaboraciones con el servicio secreto británico.

León me recibió calurosamente y cuando lo abracé sentí sus huesos. Estaba muy delgado y pálido, y noté que la chaqueta le quedaba tan grande que parecía como si le colgara de los hombros y no la usara.

- ¡Lolek! ¡Qué maravilloso verte, querido!

- Yo digo lo mismo, profesor.

- ¿Qué estás haciendo aquí? Escuché que había ido a las minas.

- Sí, fui, pero ese no es mi destino – le mostré las manos y rápidamente resumí mi historia.

- Aquí las cosas no están mejor - me dijo -. Pero, si deseas unirte a nosotros, puedo organizarte una colocación.

- ¿Hay alguien más de nuestro antiguo grupo cooperando, profesor?

- Sí, algo. En tu grupo, específicamente, nadie...

- ¡¿Ni Halina?! - Sorprendido, interrumpí a León.

- No. Halina se fue poco después que tú te fueras a las montañas. Se fue a Argentina.

- Con Gombrowick – deduje, y León asintió.

- Sospeché que ella sentía más que admiración por él - respondí con indiferencia.

La guerra había terminado con nuestra relación sin palabras ni resentimiento. No fue un sentimiento profundo. Era una pasión gozosa de la juventud, que quedó en el pasado. Un pasado muy reciente, apenas unos meses, pero que parecía hace siglos. No hubo tiempo ni espacio en la vida de los supervivientes para recordar o lamentar el día anterior, y mucho menos lo vivido antes de la invasión.

- Ella también estaba sola. El padre recibió un disparo. Allí se fueron la hermana y el cuñado – continuó León sin prestar atención a mi comentario -. No hay mucho tiempo para pensar, Lolek. Si quieres puedo ponerte en servicio hoy.

- Lo sé, profesor. Llegué ayer. Caminaré un poco por la ciudad antes de decidirme.

Me di cuenta que tampoco había tiempo para conversaciones sociales y me di cuenta que eso era exactamente lo que había ido a hacer. No me gustaba involucrarme en el espionaje para los nazis o los rusos. Yo todavía estaba dispuesto a eludir esa guerra, y la propuesta de León era profundizar en su meollo. Lo abracé y me fui, dándome cuenta que aquel no era un lugar seguro para mis propósitos.

Al final de la tarde supe que necesitaban mano de obra para trabajar en las vías del tren. Postulé y a la mañana siguiente salí con un grupo a trabajar en servicios generales. Mi función era cargar y descargar las pesas traviesas y piezas de hierro. No había mucha diferencia con trabajar en las minas, pero era más saludable. Allí no corrí el riesgo de enfermarme gravemente; sin embargo, los accidentes eran comunes y dolorosos. He visto suicidios en los senderos, ¡una manera horrible de morir! El cuerpo estaba aplastado y mohoso bajo el peso del hierro. Eso me horrorizó y supe que hay personas que odian profundamente la vida y a sí mismos. ¡Algo muy triste! Están enfermos, creo. Estaban desesperados. En aquella época, este era un sentimiento muy común, casi dominante entre la población. Por este motivo, el trabajo en las vías era peor que en las minas.

Cuando llegó la noche, los hombres no quisieron beber cerveza de mala calidad y reírse un poco, olvidándose de la vida real. Ni siquiera querían hablar y solo hubo silencio. Como trabajábamos en un área de infraestructura de transporte, la supervisión de los alemanes era continua. Varias veces, cuando los vi con sus botas de combate, sus uniformes impecables y, sobre todo, con sus abrigos gruesos y cálidos, con las fauces en las manos, quise soltar los durmientes que llevaba encima y verlos aplastados o rotos. Era irritante verlos tan almidonados y limpios, mientras nosotros estábamos sudados y sucios. Solo no sentimos el frío intenso porque realizamos actividades que implicaban mucha fuerza bruta. Nuestros pies; sin embargo, pagaron un alto precio por el mal e insuficiente calzado para el frío. Nuestros dedos estaban constantemente azules helados. ¡Dolían! Por esa razón odiaba y envidiaba esas botas y abrigos militares. Es cierto que conocí a algunos soldados alemanes que sufrieron tanto como nosotros, que estaban enojados y estaban obligados a vivir los horrores de la guerra porque fueron sometidos a un régimen político cruel. Eran hombres que se sentían esclavizados. Recuerdo a un muchacho que una mañana, cuando ya había luz, arriesgó su propia vida para salvar a una niña que intentaba suicidarse en las vías. La vi en el andén, a unos metros de donde trabajábamos.

Había visto tanto que la posición, la expresión, era suficiente para saber lo que pretendía. Cuando vimos a estas personas, algo nos dijo que actuáramos, y anticipamos que se tirarían o se pararían frente al tren en movimiento para ser aplastados.

Ese día, no necesité mucha atención para identificar que la joven era una prostituta. Se notaba el mucho maquillaje y el escandaloso outfit medio cubierto por un chal de lana negro. La vi, miré para otro lado y le pedí a Dios que fuera rápido. Presenciar esos episodios me dio una sensación horrible; sin embargo, no pude alejarme de allí. Mi clase fue asignada a ese sector, de lo contrario habría huido muy lejos.

El alemán podría haberse ido, pero no lo hizo. Hizo girar a la chica o tocar el silbato del tren. Mis colegas y yo rápidamente recogimos nuestras herramientas y nos alejamos de las vías mientras él corría hacia la plataforma. El tren pasó y me arriesgué a mirar el lugar donde estaba la niña. El joven alemán la llevaba en brazos. Estaba herida y parecía inconsciente. Yo fui el primer hombre en la línea y nos acercamos nuevamente a las vías. Me agaché para reanudar el trabajo y la sombra del soldado cayó sobre mí.

- ¡Llévala al pueblo! - Me ordenó.

Su voz tenía urgencia; no era arrogante ni autoritario. Sonaba como una orden moral irresistible. Lo miré. Sostenía la cabeza rubia de la joven, en la que se podía ver una tarjeta que estaba sangrando. Estaba inconsciente.

- ¡Aquí! ¡Tómala! Llévala al pueblo. Ella trabaja...

- En el burdel – completé con disgusto.

- Sí – confirmó, ignorando mi tono -. No importa. Ahora no. Ella podría ser mi hermana. Si viviera aquí y no al otro lado de la frontera, ella podría ser mi hermana. Quizás no haya mejor opción. Está viva. Llévala de vuelta y haz que las mujeres la cuiden. ¡Esta guerra terminará algún día!

Habló con tal convicción que no pensé, simplemente obedecí. Estiré los brazos y llevé la joven hacia el pueblo. No estaba muy lejos, tal vez un kilómetro. Ella era pequeña y liviana. Cumplí mi misión y me tomaron como el salvador de la niña. No lo discutí. Acepté el agradecimiento de las mujeres y el ofrecimiento de buena comida caliente. Hablé con ellas y les transmití el mensaje del joven soldado como si fuera mío. Gané amigos. Mientras trabajaba cerca del pueblo, todos los días me traían pan y vino y una vez me trajeron jamón. ¡Mira qué malos somos! No he olvidado ese gesto de sabor de la comida. Cuando nuestra pandilla regresó a la ciudad, estaba harto de esa vida, asfixiada. Mi alma gritó, mi cuerpo lo hizo. No había posibilidad de continuar y pensé en una manera de escapar. Busqué a León dispuesto a probar cualquier cosa que tuviera para ofrecerme. Al oírme preguntar por él, una anciana, muy asustada, me metió en un edificio y me dijo:

- Lo enviaron a Auschwitz. ¿Sabes lo que significa?

Sorprendido, negué con la cabeza.

- ¡Entonces, lárgate de aquí! ¡O sufrirás la misma suerte!

Caminando por la ciudad destruida, recordé el día de la invasión. Aquel fatídico 1 de septiembre de 1939, dos años y unos meses antes. Recordé las palabras de mi padre: "Hay dos tipos de soldados en tiempos de guerra: hombres y hombres de Dios."

Caminé firmemente hacia la iglesia. El edificio era conocido y el funcionamiento de un seminario católico clandestino en la ciudad.

CAPÍTULO X
EL APRENDIZAJE EN EL SEMINARIO

Las relaciones de la iglesia eran bastante turbias en ese período de regímenes totalitarios. No era consciente del ancho y caudaloso río de política que fluía bajo los puentes de las iglesias. Sabía del pasado como un hecho histórico, no como un hecho social presente, y eso me importaba poco, en realidad, nada. Ese día mi deseo era encontrar un lugar donde poder comer, dormir y esperar el fin de la guerra con un trabajo menos agotador.

Mi madre era una mujer religiosa, católica practicante y partidaria de María. Recuerdo que ella nos llevaba a la iglesia y que mi padre nos acompañó como corresponde a una familia. Recordé lo que sabía sobre las actividades religiosas y concluí que eran ligeras, muy ligeras, en comparación con mi pasado reciente. Yo consideré que era perfectamente capaz de realizarlos.

Después de la muerte de mi madre, regresé a la iglesia varias veces.

El recuerdo del funeral de mi madre volvió a mí. Todos lloraban y mi padre nos miraba a mí y a mis hermanos con los ojos rojos y una expresión de profunda soledad que nunca desaparecía. En el momento en que terminó el servicio, nos empujó hacia el altar y nos hizo arrodillarnos y rezamos a mi lado. Señalándome la imagen de la Virgen María con el niño Jesús, mi padre dijo:

- Se los daré. María sabrá cuidarte y de ahora en adelante será tu madre - hizo una breve pausa y continuó:

- Tu madre tenía mucha fe en ella. La Madre del cielo nos ayudará a seguir viviendo.

Miré la bella y serena imagen de María, tan sumisa con la cabeza gacha y los ojos velados. Aquellos días fueron tan dolorosamente intensos, había tanta confusión en lo más íntimo de mi ser, tanta inseguridad, que, de repente, al contemplar esa imagen pasiva, comencé a llorar. Las lágrimas que no había llorado antes fluyeron libremente. Mi padre me rodeó los hombros con el brazo y oró en voz alta a María. No recuerdo ninguna palabra.

El sacerdote, que dirigía solemnemente el servicio religioso, nos miraba con las manos entrelazadas delante del cuerpo y con paciencia en el rostro. No dio un paso. Ese fue el momento más solitario de mi vida, de toda mi vida. Nunca he vuelto a sentir algo ni remotamente parecido. Cuando mi padre se calló, se acercó el cura. Sentí su presencia a mi lado y puso su mano sobre mi cabeza, diciendo una bendición en latín. Luego ayudó a mi padre a levantarse y lo bendijo diciendo:

- Ve en paz. Santa Madre María los ha de proteger y velar por ellos. Paz para ti.

Rara vez volvimos a la iglesia después de eso. Tal vez en algún aniversario de la muerte de mi madre, cuando mi padre ordenó que se dijera una misa por su alma, y en el funeral de mi hermano. Otro recuerdo duro, pero no tanto. La perspectiva de discapacidad que lo rodeaba si escapaba de la enfermedad nos reconfortaba de su muerte. En este episodio, mi padre no miró la imagen de María y posteriormente solo asistió a eventos religiosos obligatorios debido a su posición como funcionario del gobierno. No hablaba de religión y crecí apoyado por mis profesores y vecinos. Me enamoré del teatro, que ocupó mi juventud hasta la invasión. Y así, con este equipaje, llamé a las puertas del seminario en los primeros años de la década de 1940. Un sacerdote me atendió y me examinó con expresión suspicaz, mirando a su alrededor.

- ¿Qué deseas? - Me preguntó.

- Quiero entrar al seminario, ser soldado de Dios - respondí con prontitud y sinceridad.

- ¿Quién eres? ¿De dónde vienes? - Me preguntó.

Respondí e informé a la parroquia donde me habían educado en los preceptos de la religión. Rechacé mi condición de huérfano, sin ningún vínculo familiar.

- Entra. Vamos a hablar - y abrió la puerta.

Caminé hacia adelante con confianza y sonreí agradecido, mientras el lugar se calentaba con una chimenea, un lujo que no había experimentado en mucho tiempo. Nos sentamos y le conté de mi vida, de la devoción de mi madre y de cómo mi padre me había entregado al cuidado de María, a quien le debía la vida desde entonces. Y allí estaba él respondiendo a su llamado. Quería servir a mi Madre María.

Mi aceptación, estancia y formación entre los pocos hombres de aquel lugar fue fácil, y agradecía a Dios cada día que permaneciera allí. Mientras la guerra hacía estragos y arruinaba vidas, yo estudiaba. El lugar era clandestino, pero "era seguro." Los nazis no perturbaron nuestra paz y nosotros no perturbamos su guerra. Este acuerdo tácito me resultó cómodo, así que no lo cuestioné.

Estudié filosofía, idiomas, arte y lo que era obligatorio para mi ordenación: ser sacerdote. Diré que profesé mis votos sacerdotales porque la guerra no terminaría; sin embargo, no me arrepiento de lo que hice.

En definitiva, mis años de seminarista fueron todo lo que buscaba: un lugar seguro, trabajo fácil y ligero. Además, la oportunidad de estudiar y ampliar conocimientos fue una bendición.

Mi fuerte vínculo con el teatro desarrolló mi tolerancia hacia la moral humana, y entendí que el rigor y la severidad no hacen feliz a nadie y son un discurso compensatorio para los arrepentidos, para aquellos que renunciaron a vivir su vida y sus verdades para adaptarse, sin lugar a dudas al "debe ser" de la mayoría. Así que no me sorprendieron las vidas dudosas de algunas personas. En medio del horror de la guerra, ¿quién no se ha preguntado cuál era el sentido de las costumbres rígidas? ¿El temor de Dios? ¿La búsqueda de la vida eterna y el paraíso? Estábamos todos en el infierno, sin juicio final, sin juicio, sin defensa. En lugar de celebrar la resurrección de los muertos, celebramos el mantenimiento de la vida, porque el reino de los muertos crecía diariamente de manera aterradora. Solo quienes lo vivieron pueden entender que no había lugar para condena moral de ningún tipo. No me sorprendió ni condené nada de lo que vi. Comparado con lo que había visto a lo largo de mi vida, era muy poco. Y ahora puedo decir que fui formado entre ángeles en ese seminario clandestino.

Mis consejeros fueron: un obispo usurero y un hábil político de pocas palabras; una pareja homosexual unida y servicial; unos inocentes útiles que no vieron nada, pero obedecieron; el amante de todas las mujeres solitarias; y mi amigo nato fueron algunos ejemplos en mi formación. Éramos buena gente y queríamos sobrevivir a ese caos. Esto nos unió y estableció una estrecha solidaridad, diría complicidad, entre nosotros. Allí aprendí a nunca condenar, denunciar ni penalizar de ninguna manera a un compañero sacerdote. Obviamente, trabajamos para la comunidad, oficiando misas, acogiendo a personas desesperadas, confesando y, en medio de esa locura, ayudando a personas de ambos lados. Nuestro obispo no negó nada a nadie que pudiera pagar. De él aprendí que los recursos económicos son importantes para cualquiera que quiera vivir bien.

Gracias a él teníamos buena comida y bebida y nunca carecíamos de leña, ropa o medicinas. Y, sobre todo, gracias a él tuvimos paz y seguridad. Cuando identifiqué la importancia de lo que hacía, traté de observar y aprender su astucia y capacidad para agradar, encantar y hacer lo que quería con quien lo buscaba: ya fuera polaco, judío, alemán, ruso, británico, ya fuera que él estaba a favor o en contra de los regímenes totalitarios, no importaba. "El dinero no tiene país, religión o ideología", me dijo. Él solo no toleraba a los comunistas.

Después de ingresar, en los primeros meses identifiqué a todos y elegí a mis maestros: nuestro superior, con quien aprendí los fundamentos del arte de la política eclesiástica y de la economía, dos ciencias muy importantes; y el otro, con quien aprendí a combinar el placer sexual con esa vida. Un placer sin compromiso, fruto de las ganas de vivir. Quedé encantado al descubrir la fascinación sexual que la sotana provocaba en un gran número de mujeres y entendí que representaba algún símbolo de lo prohibido.

Mi maestro en este ámbito se divertía diciendo que eran hijas de Eva y que no podían resistirse a probar su poder de seducción contra lo sagrado, lo divino. Que había placer en corromper, complicidad en seducir, y que nos bastaba actuar como corderos delante de ellos. Entendí la fuerza de una criatura y lo embriagador que es el poder. En los años siguientes, aprendí que no era la guerra cínica la que causaba la facilidad con la que un sacerdote tomaba amantes, cualesquiera que fueran sus preferencias.

Adquirí así mi primer bagaje eclesiástico. Yo era un brillante estudiante y profesé mis votos el año que terminó la guerra.

El caos de empezar de nuevo requeriría un duro esfuerzo en cualquier sector, y no había gran diferencia entre empezar de nuevo o migrar a otros países alejados de Europa. En resumen, las opciones eran las mismas que en la guerra. La realidad fue: hubo un alto el fuego; sin embargo, no era sinónimo de paz.

Decidí seguirlo y estaba contento con mis opciones. No tuve noticias de mis amigos de antes de la guerra y lo que escuché no fue bueno. Leí el nombre de León entre los que perecieron en Auschwitz y me dio escalofríos. Me había escapado. No tenía familia, mi vida se convirtió en la iglesia y allí permanecí. Había sido una excelente madre. Mientras una gran parte de la población mundial revolvía escombros, yo comencé un doctorado en Roma.

CAPÍTULO XI
¿NOBLE O ESCLAVO?

Yo, que había sido testigo de la guerra en mi patria, de sus horrores y destrucción, pensé que estaba en el paraíso terrenal cuando crucé los muros del Vaticano, en esa Europa de los escombros. No había marcas de disparos, ni destrucción, ni paredes huecas ni pedazos de vidas e historias en el suelo. Vi sacerdotes bien vestidos, limpios y sanos paseando por jardines de lujo y sueños, en medio de arte y belleza que nunca imaginé conocer.

La aparente neutralidad del Vaticano bajo el Papa Pío XII era una isla con puentes secretos. Allí no había refugiados ni fugitivos, ni siquiera heridos de guerra. Pensé que había algo muy especial en ese pequeño espacio del mundo al estar preservado de todo; sin embargo, no puse un pie allí desprotegido y sin preparación.

Mi buen amigo Adam, nuestro obispo, me había llamado para dar una charla antes de mi partida. Me llevó a su oficina, una habitación pequeña y sencilla, me ofreció una silla y colocó otra directamente delante, sobre el cual se sentó. No hubo una mesa entre nosotros, sin barreras. Fue una conversación de hombre a hombre, sin testigos.

- Joven, tenemos que hablar con mucha franqueza.

- Sí, entiendo.

Esto era como decir: "Habla. Nunca revelaré lo que me dijiste." Hablar con franqueza significaba hacerlo sin esconderse, era la pura verdad que se revelaba solo a aquellos iniciados que tenían la máxima confianza. Era, en cierto modo, un honor a lo contrario de la moral tradicional, un signo de pertenencia a un personal superior en el que se compartía la verdad.

- Te irás mañana. A lo largo de estos años en los que estuviste con nosotros, aprendí a conocerte y apreciar tus capacidades y creo que tendrás una gran carrera. Eres inteligente, sensato y hábil. No eres ingenuo y sabes ser discreto, lo que te hace digno de confianza. Tú; sin embargo, has vivido poco tiempo y eres joven.

Los años de guerra no fueron los más propicios, pero creo que forjaron en los supervivientes un temple de acero, un espíritu invencible, que les será útil. Mañana te embarcarás hacia la sede del poder, y las cosas allí son similares; sin embargo, diferentes a lo que viviste aquí. Sé que viste cómo vivimos y te enseñé algunas cosas prácticas. Eres un estudiante nato, pero ¿qué?

¡Viste y viviste y tocaste el agua en la orilla del río! ¿Entiendes? No tienes la fuerza ni profundidad de las aguas de la corriente, aunque todas pertenecen al río.

- Veré más de lo mismo, aunque con mayor intensidad y cantidad - respondí con calma.

- Y gravedad. No quiero que te frías en tu propia manteca, jovencito. No te hice un cordero y espero que vueles con las águilas. Nunca olvides que tienes dos ojos, dos oídos y una boca, así que observa mucho y habla poco. Ten cuidado con quién hablas, cómo hablas y qué dices. Escucha cuidadosamente. No creas las palabras simplemente. Observa las acciones. Ponte a cubierto. En todos nosotros hay un ser que hay que mostrar y otro que hay que reservar para algunos. No desprecies esta conexión. Nuestras sotanas son salvoconductos; son armaduras y disfraces al mismo tiempo. Pero realmente, ¿cuál es la diferencia entre armadura y disfraz? Debajo de ellos está el hombre, ¿no es cierto? En nuestro caso, cada persona decide cuándo llega a ser madurez o fantasía. Esta frontera se puede cruzar con un simple gesto. Confía en unos pocos. No hables de ti, porque eso no importa. Mucho menos habla de lo que quieres; simplemente hazlo.

No interfieras en la vida de otras personas, sin importar lo que hagan; sin embargo, si son tus compañeros, protégelos. No tengas miedo de darle la bienvenida a nadie.

No quiero revelarte secretos ni tengo miedo de conocerlos. Ésto, joven, es la esencia del poder, y la verdadera moneda que el fuego no quema ni las polillas roen. Esta aura inmaterial, este conocimiento nos convierte en dueños de muchas almas, y es esto lo que marcará tu carrera. Tienes una fuerte inclinación intelectual.

¿O serás simplemente un maestro más, un filósofo, un científico, un artista enterrado en el sacerdocio? Veo un mayor potencial en ti. Sé que quieres una buena vida y lo entendí el día que te recibí. Eso estaba escrito en tus ojos, en tu ropa, en la expresión de tu rostro. Fuiste muy convincente y vi que tenías grandes aptitudes y espíritu. El resto nos lo compraste. Ahora ve a la guarida y sé un lobo. Hay presas, depredadores e insectos voladores. ¡Sé un lobo! Te sumergirás en la corriente, así que no cierres los ojos ni los oídos. Ve y muévete tranquilamente, en el fluir de la naturaleza local. No luches contra nada, ¿entiendes?

- Te escribiré. Espero que estés orgulloso de haber sido mi maestro. No quiero decepcionarte - ·respondí.

- Ten cuidado con lo que escribes.

- Escribiré en el mismo estilo en el que me hablas.

- ¡Excelente!

No hubo abrazos, apretones de manos, palmaditas en el hombro, solo una mirada intensa y firme. No bajé la cabeza y vi que era la actitud esperada. La conversación había terminado. El camino era mío y me correspondía a mí actuar, así que me levanté y me fui.

Mi otro maestro me llevó a la estación a la mañana siguiente.

Me abrazó, besó mis mejillas y se despidió diciendo:

- Te extrañaré. Eres hábil en la seducción. Seduce a las multitudes en Roma.

El tiempo me ha demostrado el poder de estos dos consejos: un armadura y una fantasía que seduce a las multitudes. ¡Fue fascinante!

Algo cambió en la expresión del paciente y lo vi mirar a Georges. Emergiendo de esos recuerdos al momento presente, repitió con la misma pasión en su voz:

- ¡Fue fascinante! No puedes evaluarlo. Es algo mágico, más grande que tú. Es la sangre y la savia de la vida. ¡Me faltan palabras para describir esta experiencia! Mi trayectoria fue más, mucho más de lo que jamás soñé vivir.

La emoción que transmitía me puso la piel de gallina y luché contra una repulsión interior. No me correspondía juzgarlo. Yo estaba allí para ver y aprender; estuve allí por mi propia voluntad. Recordé que malo y maligno no son sinónimos.

- ¡Sin duda! - Exclamó Georges con entusiasmo, mirando al paciente -. Tuviste suerte. Tengo mucha curiosidad por saber cómo construiste tu trayectoria. Tengo el privilegio de escucharte. Viviste una época convulsa, en la que sobrevivir era una hazaña en sí misma. Y, al comenzar el nuevo año, te convertiste en un mito. Te vi por primera vez bastante incómodo con este resultado...

- No me hables de eso – interrumpió inmediatamente al asistente, seco y autoritario, para luego suavizar su expresión y su voz era justa, siguiendo:

- ¡Es pasado! Fue una pesadilla. Ha pasado.

- Si tú lo dices… - comentó Georges, reticente -. ¿Cómo te sientes ahora?

- ¡Bien! Cómodo. A pesar de tu extraña apariencia, sabes escuchar. Estos momentos me hicieron sentir bien. Necesitaba despertar de esa pesadilla y encontrarme a mí mismo de nuevo. ¿Eres realmente el director de este hospital?

Georges sonrió, admiró la habilidad con la que el paciente se diagnosticaba e invirtió los papeles, interrogándolo rápidamente. Él; sin embargo, no se dio cuenta que había sido guiado antes.

- Amigo mío, esto no es un hospital...

- ¡Oh! ¡Qué maravillosa noticia! Sabía que no necesitaba un hospital. ¡Imagina!

- No he terminado - prosiguió Georges y dijo -. Esto no es solo un hospital; y una institución de tránsito, en la que uno de los servicios es un área de recepción y atención de salud mental y emocional. Estás alojado en uno de los sectores más complejos de esta zona.

La persona atendida hizo una expresión de desprecio e incredulidad y preguntó:

- ¿Me consideras loco? No tengo que quedarme aquí o estoy atrapado. Eres un enemigo disfrazado... - el paciente se levantó agitado de su silla, amenazando con desencadenar una nueva crisis.

- ¡Calma! - Dijo Georges imperativo, levantando la mano a la altura de la raíz de la nariz del paciente, magnetizándolo suave y firmemente e imponiendo su voluntad desorientada -. ¡Calma! ¡Siéntate! ¡Relájate! ¡Escúchame!

Escuché a Ricardo respirar a mi lado. También obedeció la orden de Georges. Sonreí al darme cuenta que los cuidados del Santo impactaron a Ricardo y, tal vez, constituyeron una nueva etapa en su propio tratamiento. Tomé nota de hablar con Georges sobre el asunto en otro momento.

La persona atendida volvió a sentarse y obedeció las órdenes.

- No lo considero loco. Sabes quién fuiste, tienes recuerdos claros de tu última existencia, estás lúcido. Estás pasando por una crisis y necesitas ayuda. En el pasado reciente le pediste ayuda a Ricardo y por eso estás aquí.

Vi imágenes cruzar por su mente. Hermosas obras de arte, mármol, un ambiente frío y hermoso. Un lugar que merecía la descripción de entierro de lujo. Pronto aparecieron filas, verdaderas multitudes humanas, desfilando por el lugar, con una emisión de vibraciones vertiginosa, un zumbido. Se mezclaban curiosidad, devoción, todo tipo de peticiones, gritos, promesas, y también había un profundo desprecio, ira y dolor. Era una nube pesada y oscura que golpeó directamente a nuestro paciente. Ricardo lo definió como una tormenta. En medio de esta vibración él estaba, junto a su lujosa tumba, bombardeado por las vibraciones de la multitud. La escena recordaba a las lapidaciones antiguas. Eran dardos mentales pesados que emitían las personas y que lo golpeaban inmediatamente. El Santo se retorcía de agonía, tapándose los oídos, ocultando el rostro, suplicando silencio, sin tener idea de dónde se encontraba. Ricardo se acercó y lo tocó suavemente, y él lo agarró suplicando ayuda. Abrazándolo y prácticamente cargándolo, Ricardo se lo llevó. Los recuerdos que llenaban la mente del paciente cesaron y, más tranquilo, se enfrentó a Georges y admitió:

- Lo sé. Él me sacó de allí. No tuve planes para después de mi funeral. Me sentí perdido después que todo terminó. No sabía qué hacer y me sentí mal, muy mal...

- Sí, imagino que perdiste el conocimiento, algo bastante común en tu situación. Puedes recordar eso. Sería importante recuperar esta información - sugirió Georges.

- Entonces, no estoy loco ni atrapado. Estoy en un lugar donde también hay una especie de hospital, y todo esto sucede después de mi muerte. Entonces, todo lo que viví después... es real - comentó el paciente, volviendo al tema anterior.

- Así es. No estás loco ni eres un prisionero. Eres alguien con problemas graves y que está sufriendo. Aun es muy temprano para decir en qué orden están estos problemas. Nuestro trabajo es ayudarle a volver a un estilo de vida saludable. Parte de lo que has experimentado recientemente es natural, y el estado de perturbación que le sigue a la muerte física; otra parte y la cosecha de sus obras pasadas. No estamos en el paraíso ni en el infierno. Esta es solo la continuación de la vida. No hay jueces ni vigilantes investidos de poder divino. Nada de lo que te sucede queda afuera. Todo, absolutamente todo, fue construido para ti a lo largo de tu existencia...

-¡¡¡Dios!!! No le di el tamaño a esto...

- ¿Creías que tenías control sobre todo? - Preguntó Georges -. ¿Alguna vez has pensado que tus acciones, pensamientos y palabras podrían tener vida propia, fuera de tu control?

CAPÍTULO XII

FORTALEZA O DEBILIDAD MORAL

- No. Nunca pensé que esto pudiera pasar. Mi pensamiento se centró en lo que tenía que hacer o quería hacer. Tenía grandes responsabilidades, serví a líderes mundiales, les asesoré...

La persona atendida guardó silencio y pareció pensativa. Georges esperaba pacientemente, inmóvil, cómodamente relajado en su sillón, mirándolo fijamente.

- Grandes responsabilidades... Líderes mundiales... - repitió enfáticamente.

- ¿No había lugar en tu vida para la gente común? ¿Gente anónima? ¿No había lugar para la espontaneidad? - Preguntó Georges.

Noté que la pregunta había tenido un fuerte impacto en él, pero esto solo se reveló por un sutil endurecimiento de sus ojos y boca acompañado de un silencio prolongado.

Recordé lo que contenía el expediente. Georges atacó un área de intenso conflicto con ese tema. ¿Hasta qué punto los destinos que conocía repercutieron en ese espíritu? ¿Qué importancia tuvieron los dramas y secretos en su vida? ¿Fueron meros caprichos o hubo una personalidad espontánea y verdadera a la que rescatar de un anonimato cubierto de sombras? ¿Y cómo sería este hombre? ¿Cuál era la verdad detrás del mito?

Las imágenes mentales del Santo mostraban algunas escenas y algunos rostros que había visto en el expediente; sin embargo, su expresión seguía siendo idéntica. No creo que fuera consciente que estábamos violando las imágenes de sus pensamientos, mientras construía una pesada cortina de hierro en lo más íntimo de su ser. Las imágenes emergieron y se sumergieron casi instantáneamente, revelando un férreo autocontrol emocional. Los identifiqué con hechos que había estudiado en el expediente. Solo en ese momento Georges los descubrió, sin saber lo que representaban en la vida del Santo.

- Estoy cansado - respondió la persona atendida -. Me gustaría un lugar mejor que el que me ofrecieron. ¿Sería posible?

- Estuviste allí porque le diste preferencia al sufrimiento, querido. No creas que es una jaula ni nada por el estilo. Todos en ese barrio están ahí para que el sufrimiento que experimentan no sea expuesto públicamente. Confío en que haya fuerza en el silencio, en la discreción, pero si piensas que esto es capaz de regresar a la comunidad y ten la fuerza interna para hacerlo, haré tu voluntad.

Chiara lo había acompañado a la otra ala.

Me sorprendió la actitud de Georges, ya que el Santo aun no tenía condiciones para enfrentar la realidad, para enfrentar sus propias acciones y la verdad que todos somos usuarios de ideas, pensamientos y sentimientos. Por tanto, nos alimentamos unos de otros y somos responsables de lo que difundimos, de la paz que damos o quitamos a alguien, y éste aportará ideas tóxicas a una multitud.

No registré una expresión de gratitud. Recibió la deferencia de Georges con un brillo de satisfacción en los ojos, se levantó y le tendió cordialmente la mano, poniendo claramente fin a la conversación y despidiéndose.

- Yo acompañaré a la señorita. Sé quién es - informó durante el apretón de manos.

Georges recibió pasivamente las actitudes del paciente, mirándolo.

- Te deseo un buen descanso. Esperaré tu regreso.

Realmente disfruté escuchándolo. Fue fascinante.

El paciente meneó la cabeza a modo de adulación y, al acercarse a la puerta, vio a Chiara esperándolo en el pasillo. Él la miró, le dedicó una sonrisa sincera y cortésmente le preguntó:

- Un momento, por favor – y volvió hacia Georges, lo miró con expresión maliciosa, de abierto desafío, y le susurró una palabra al oído, luego salió alegre, descarado y locuaz.

Con expresión divertida, Georges sacudió la cabeza, se dirigió a la puerta y los vio salir.

- ¡Es increíble! Me enamoro de los seres humanos porque son un misterio. Cada uno de nosotros es un mundo por descubrir - Georges mintió y volvió a su silla.

Me acerqué, tomando mi silla, me coloqué frente a él y le pregunté con curiosidad:

- ¿Qué dijo al salir? No pude capturarlo.

El resplandor divertido en los ojos de Georges brilló. Él se rio y respondió divertido:

- ¡Hermoso! ¡Dijo "hermosa"!

- ¡¿Quiso decir Chiara?! - Me quedé asombrado, riendo.

- ¡Dios mío!

- Sí.

- ¿Crees que este cambio de ala será bueno, Georges?

- Obviamente no será lo que espera; sin embargo, será una buena experiencia para él.

- Estoy perplejo por lo que vi, Georges. yo no lo hice, pero voy a formular una opinión sobre él, estoy en shock.

- Ten cuidado, José. Eres una de las personas más observadoras y detallistas que conozco; y un lector de almas. Considera que estas son las primeras páginas - me consoló Georges -. Es un texto complejo, inteligente y astuto. Un espíritu con mil escondites y laberintos íntimos. Es como una larga playa. Y es posible perderse en su contemplación y no mirar al mar.

Pensé unos instantes en el análisis de Georges y, cuando volví a centrar mi atención en él, vi que estaba absorto en sus notas. Me hubiera encantado que mi amigo fuera más descriptivo con sus notas, pero conocía su forma de su trabajo: palabras clave y símbolos. Solo él lo entendía. Tarea completada, me levanté y pregunté:

- ¿Cuándo será la próxima sesión con él?
- No sé. Creo que será pronto. Te notificaré, José.
- Bien. Gracias. Hasta pronto entonces.
-¡Hasta pronto!

Al regresar a mi habitación, me detuve por un momento frente a la mujer.

Tuve acceso al jardín, que estaba bastante concurrido, y observé con satisfacción la alegre actividad. Un observador extranjero del sitio detectaría escenas que calificaría de tristes, pero no fue así como nosotros las vimos. Fue una obra de ayuda a la naturaleza y de recuperar vidas de diferentes maneras, incluida la nuestra, en un movimiento progresivo de trabajo útil y sentimiento de realización. Sorprendido, vi al Santo todavía caminando con Chiara y hablando animadamente. Ella lo escuchaba con paciencia y atención. Decidí esperar, observarlos y sentarme en un rincón lateral, vacío en ese momento, lo que me permitía una vista completa del lugar.

Observé a alguien muy diferente al que había analizado hasta ahora. En compañía de Chiara, se podía ver un resplandor particular en el rostro del Santo. Estaba relajado, se había olvidado de todo y a todos, sonreía mucho y caminaba despacio, pero no como una persona mayor. Fue una concesión a la feminidad, un mensaje del como: "El fuerte puede ser débil. Yo soy apoyo y comprensión." Ella le dio tiempo extra. Habría un informe de la gira.

Chiara estaba trabajando.

No me sorprendió verlo besar la mano de Chiara, cuando ella lo condujo a la entrada del ala donde el Santo se alojaría temporalmente.

Chiara lo entregó a otro empleado y, sonriendo, se alejó de él. Me apresuré a encontrarla.

- ¡José! - Me saludó Chiara con alegría -. Esperaba que me buscaras. Lo vi en el jardín mirándonos.

- No fue una invasión, Chiara...

Ella se rio y me tocó el brazo en silencio, invitándome.

- Caminamos mientras hablábamos.

- Lo sé. Es tu trabajo. Afortunadamente, fue una reacción curiosa. Es atendido y de espíritu sumamente materializado. Me parece que bloqueó todo el sufrimiento que vivió hasta que Ricardo fue a rescatarlo. Actuaba como un conquistador, un Don Juan, y mi apariencia le afectó. Informaré a Georges que su vanidad avanza también en este terreno afectivo-sexual. Creo que vi un reflejo del hombre que fue mientras estuvo encarnado, otra faceta. Coqueto, amable, paciente y poco sutil. Proviene del despertar de la conciencia.

- Efecto de vanidad, creo.

- Posiblemente.

Llegamos a mi destino y Chiara me quitó la mano del brazo. Nos despedimos y regresé a mi habitación. El expediente sobre mi escritorio era una invitación a continuar con mi trabajo, así que abrí mis notas.

Surgió un mundo exhausto y bañado en sangre. Se vivía un alto al fuego. Algunos celebraron la victoria, otros lloraron; sin embargo, todos fueron destrozados y pisoteados, náufragos. El silencio de los cañones se confundió con la paz. No hubo paz. En lo más profundo de los hombres aun reinaba el conflicto. El silencio de las armas significaba cansancio. La Humanidad arderá ella misma, se había consumido en una ira irracional. Creo que este período de nuestra historia fue el que mejor retrató el poder destructivo de la ira, representando el estado más bajo de evolución emocional. A pesar de toda la calamidad, hay frutos positivos, que brotaron como lirios: en el barro. Y en largos espacios florecieron. No conozco un estanque florido, solo bengalas aisladas y hermosas que encantan por el contraste.

Ni siquiera tenía una sola línea que me trajera paz. Lo que encontré fueron páginas de miedo, ira y la exploración del más explorado de todos los sentimientos humanos: la fe. La creencia natural en un poder superior, en Dios. Frágil, la sociedad de entonces corrió hacia lo divino en busca de apoyo y protección, sedienta de esperanza y guía, como los niños heridos buscan a un adulto para cuidarlos. La comprensión de la fe y de Dios es todavía infantil en la mayoría de las personas, dando lugar a muchos malentendidos, abuso, violencia y, sobre todo, dominación. Seguro para la Luna, muchas personas buscan alguien que les dicte reglas y pautas sobre cómo vivir, transfiriéndoles un poder y alimentación indescriptibles en una larga infancia. Y Caperucita Roja dándole la mano al Lobo Feroz para dar un paseo por el bosque.

Este entorno fue propicio para la reinvención religiosa, renovación del antiguo y desacreditado Papado romano.

Antes de la Segunda Guerra Mundial, la Iglesia Romana sufrió lo que se pensaba que era su fin. La historia es un relato de la evolución. Como tal, existen numerosos vínculos entre las experiencias. No hay hechos aislados, todos contribuyen a la gran red de la evolución humana. El poder imperial de la Iglesia católica, heredado de la caída del Imperio Romano, recibió golpes mortales a principios del siglo XX en Europa. En resumen, los Estados Pontificios fracasaron e Italia quedó políticamente independiente del poder religioso. Se creó el Estado del Vaticano, una jaula de oro en el escenario geopolítico mundial. Ingenuamente, algunos Ancianos creían que, con esta limitación, se liberarían del yugo religioso. Los políticos siempre han querido ignorar el poder de la religión, se han alineado con la Ciencia y la quería, liberando al Estado y consolidando la separación entre religión y Estado.

El pensamiento religioso, político y social en Europa se encaminaba hacia el progreso, hacia un pensamiento plural, libertario y laico. Los fundamentos mismos de la espiritualidad estaban ahí, era una búsqueda clara para promover el amanecer de una nueva conciencia y una sociedad menos materialista y materializada. Las fuerzas del progreso empujaron con fuerza, pero con igual fuerza reaccionó el conservadurismo. Los agentes humanos subestimaron los sentimientos de las poblaciones y, en un giro de los acontecimientos, se levantó otra oposición tunecina en ese escenario de dictadores radicales. Usó ondas de radio para plantar la bandera del Sacro Imperio y demostrar que dondequiera que hubiera una persona escuchándolo, allí iría su poder e influencia, sin importar fronteras demarcadas, idiomas y banderas. Hitler impulsó un absurdo aumento de la natalidad en Alemania, con el propósito de generar soldados y logró su propósito. Pío XII, a su vez, reinventó en la mente de la gente el mito papal y, a diferencia de sus predecesores y en posesión de nueva tecnología, entraba en los hogares de las personas, buscaba refugio en sus mentes y exploraba sus debilidades en una exquisita representación de humildad y benevolencia.

Como ningún otro, barrió la inmundicia de la Humanidad bajo las alfombras de su lujosa jaula dorada y con su espada comandaba a los hombres que luchaban como marionetas. Sabía que, después de su muerte, quien sobreviviera tendría el reinado. Se sentó él mismo esperó a que la furia se abriera paso y, tras la devastación, se mostrara como el camino hacia la prosperidad y la salvación, reconstruyendo así su imperio que una vez estuvo amenazado por su fin. He aquí el nuevo maestro del joven Lolek.

Y en medio de la guerra se estaba generando otra revolución.

CAPÍTULO XIII
LA VISTA DESDE EL PALCO

Roma, febrero de 1929.

A mediados del siglo XX comenzó la era de la comunicación de masas. El teatro monumental, tan apreciado por nuestros invitados, fue parte de este contexto. Los grandes desfiles llevaron a miles de personas a las calles para presenciar un espectáculo y absorber un mensaje subliminal de fuerza y poder. Defenderlo y propagarlo fueron efectos naturales. Elevar a un individuo al estatus de líder, de ídolo, entonces, era fácil. Fue suficiente para montar el escenario y mostrar a muchas personas con cierto poder rindiendo homenaje a ese hombre. Una vez hecho esto, solo fue necesario ampliar el espectáculo publicando imágenes. Y, antes de la popularización de las escenas, la popularización de la voz y el sonido hizo que los ídolos fueran íntimos para millones de personas que nunca supieron que existían. Para estos ídolos, no eran más que "pueblo", "masa", "rebaño", sin ninguna intimidad. Por justicia, reconozco que algunos de estos líderes actuaron con conciencia humanitaria, pero otros manipularon a la gente para su propio beneficio.

Las personas que no están acostumbradas a nuevas comunicaciones no reflexionaron - y esto se ve todavía hoy -, sobre lo que representaba aquel nuevo fenómeno e hicieron una lectura superficial de los hechos. Si hablo contigo, voy a tu casa, somos amigos, somos iguales y compartimos intimidad en diferentes grados. Como acostumbrados a interactuar de esta manera a diario, trasladaron, sin reflexión, este concepto interiorizado a las voces de la radio, que entraron en sus casas y los invitaron a ocupar las calles defendiendo ideas que eran "suyas" y a verlas en una red de representación de fuerza, poder ilimitado y ofrecimiento de protección.

Un cardenal que ocupa el cargo de secretario de estado de Pío XI, vestido de negro como un buitre, alto y delgado, miró fríamente aquel fenómeno tecnológico y social, estableciendo conexiones que resultarían valiosas para sus propósitos. El tablero de ajedrez fue su compañero de reflexión. Jugó solo, atacó y contraatacó sus ideas hasta llegar a un silencioso y mortal jaque mate. Por el momento, no estaba satisfecho con la dirección que estaba tomando su Sumo Pontífice en los asuntos de la Iglesia.

Inteligente y frío estratega, el cardenal Eugenio tenía un ojo puesto en el pez y el otro en el gato. La política exterior y el poder temporal le interesaban mucho. No vivió de actos de culto, sino que apreció y lamentó los viñedos, los aceites de oliva y todas las riquezas producidas en los territorios perdidos de los Estados Pontificios en Italia. Si había personas a las que odiaba personalmente, eran Giuseppe Garibaldi, Víctor Manuel II y Pío IX, figuras históricas cuyo legado aborrecía y tenía el ímpetu personal y secreto de extinguir.

El rey era su mango favorito y defendía la torre, maniobrando las damas y los peones en el tablero. Cuando nuestro cliente aun era un joven estudiante apasionado por la dramaturgia japonesa, en Londres, el cardenal Eugenio era una eminencia gris en el... poder político de Europa y nombró a las personas en su tablero: Hitler, Mussolini, judíos, africanos, ejércitos, damas poderosas, tan oscuros como él mismo. Una en particular era su favorita: Clara.

Don Eugenio pertenecía a una familia de juristas eclesiásticos, una familia de Roma, pero era de sangre fría, como dicen que son los vampiros, con una alta concentración de adrenalina, y, en lugar de hierro, ciertamente por sus venas corría oro. El metal de su elección.

Ascendió a los principales puestos políticos y diplomáticos de la "carrera religiosa" y, en nombre de Dios y de la fe de millones de personas, firmaron acuerdos y los rompieron sin ningún atisbo de conciencia. Alineó a los comunistas entre los enemigos de la fe, no por la fe en sí, sino porque, si su ideología ganaba, perdería los medios de producción y secaría los flujos de divisas que fluyen desde las diócesis católicas de los Estados Unidos y Alemania, que abastecieron abundantemente las arcas del Vaticano. Era importante detener la sangría abierta en Europa, que estaba alienando a los fieles y reduciendo los ingresos. Sin ceremonias, traicionó a los belgas, los polacos y los latinoamericanos y atrapó a los feroces líderes italianos en su entusiasmo, cosiendo políticamente el Tratado de Letrán en 1929, y sancionando así la pérdida de los Estados Pontificios en Italia. Con mirada envidiosa, exigió que las escuelas mantengan el crucifijo en las aulas, así como en las salas de los principales poderes y en los hospitales, que la educación religiosa sea obligatoria y siga siendo responsabilidad de la Iglesia Católica, entre otras. Ahora bien, ¿qué pensaban los dirigentes fascistas, centrados en el poder material y su representación inmediata? "¡Eso es perfecto! Que enseñen religión al pueblo, expongan sus símbolos, porque esto no nos afecta en absoluto y nos garantiza un pueblo dócil."

Al regresar a su habitación una vez oficializado el tratado, el cardenal Eugenio sonrió, sin vergüenza de mostrar, a sus treinta y tantos años, su boca desdentada. Miró el tablero de ajedrez y derribó una pieza, dejando al descubierto el nombre de Mussolini pegado a la base. Se sentó y encendió su cigarro, divirtiéndose con la observación del humo. Su asistente, el joven Romano, llamó a la puerta y entró. Observando que el cardenal disfrutó de su cigarro.

Entonces, muy servicial, corrió a servirle un brandy y, tras un breve saludo, comentó:

- Todo quedó sellado hoy, como quería Su Eminencia. ¡Una gran victoria! Lamentamos las mentes más obtusas que lloran por esta victoria, entendiéndola como una derrota.

- No pierdas el tiempo lamentándote por gente de poca inteligencia, Romano. Se utilizan para construir ejércitos y reabastecerse de niños, llenan las calles y mueren como moscas. Y el deseo de que Dios sea así, después de todo, y él es el Creador. Todo está en sus planes. Este caos en el que vivimos encontrará un final... y será trágico, eso es obvio. Cuidémonos de preservarnos. Hoy garanticé el jaque mate que se dará en el futuro. La historia enseña; aprende quien tenga la inteligencia para seguir escribiéndolo. Déjalos llorar. No te preocupes por si verán o no nuestra victoria, el juego continúa. No estamos muertos.

- ¡Gracias a sus dotes diplomáticas! Usted preservó el futuro de la iglesia.

- Y el mío, el tuyo y el de tantos otros - completó el cardenal, mirando la voluta de humo amarillento que se formaba de la bocanada -. Intercambiaron personas por tierras. ¡Ignorantes! La gente nos devolverá el oro. Ellos son quienes lo producen. ¿Es el poder? Pobres imitaciones de reyes, perecerán en el deseo de controlar el poder materializado. No comprenden que la esencia del poder no se puede tener entre los dedos; se mueve en una esfera muy sutil. Ni siquiera la han encontrado hasta ahora. Creo que tropezarán, caerán y arderán en sus propios fuegos antes de comprender las sutilezas del poder. Les di lo que querían, lo que ya se habían convertido de nosotros; sin embargo, no me quitaron lo que querían.

Romano asintió y, al ver el vaso vacío, se apresuró a llenarlo.

- Romano, ¿qué pasa con las negociaciones para la creación de la nueva Orden? ¿La han autorizado ya los queridos miembros de la Curia?

- La negociación está prácticamente concluida, señor. Solo queda un cardenal, pero ya envié ese documento. Debe haberlo recibido esta mañana. Con suerte todo terminará tarde.

- ¡Esa persona descalificada es una serpiente! Me costó caro - comentó el cardenal Eugenio -. ¿Y nuestro hombre? ¿Aun no ha mencionado nada sobre este horrible idiota?

- Repitiendo sus palabras, Eminencia, es una serpiente. Hasta el momento no se ha encontrado nada significativo.

- ¡Pero debe existir, Romano! Dale un giro a su vida, porque necesitas de elementos de negociación. No me gusta que ponga un clavo en su voto a voluntad. No importa cuántos recursos tengan nuestros aliados y no importa cuán grande sea su interés en la nueva Orden, los sicilianos no son pacientes. Por nuestra felicidad, son supersticiosos y buenos católicos; sin embargo, cuando se trata de negocios, son rápidos, astutos y cuentan con una amplia y competente red de vigilancia. Esto pone celosos a los británicos y a los rusos.

Romano sonrió ante la ironía de su jefe y se limitó a decir:

- Son aprendices recién liberados de la barbarie. Tenemos milenios delante de ellos en este arte.

Los ojos oscuros del cardenal brillaron. Estaba orgulloso de su ascendencia romana y del pasado de su raza.

- Necesitamos negociar con los bárbaros y convertirlos en nuestros aliados. Julio César lo hizo así. Se matan entre ellos. Tienes razón Romano.

El joven bajó la cabeza, consciente que había repetido una frase que aparecía con frecuencia en la boca desgarrada del cardenal.

- Eminencia, me ocuparé de los sicilianos al mediodía. ¿Alguna nueva orientación?

- No, Romano. Simplemente diles que cumpliremos nuestra parte del trato y asegúrate de ser discreto.

- Es mi especialidad. Tenga la seguridad, cardenal.

Don Eugenio miró a Romano, que, como siempre, iba vestido de negro. Pantalón, camisa y chaqueta negros perfectamente planchados. Cabello oscuro peinado con la última crema, ni un mechón fuera de lugar, cara bien afeitada. Rasgos comunes, propios de la región. La apariencia ocultaba la fuerza y la musculatura. Parecía cualquier persona en la calle y su mayor cualidad, a ojos del cardenal, era ser eficiente, rápido, limpio e "invisible."

- Diles que pronto conocerán todos los detalles del acuerdo de hoy - ordenó el cardenal -. Hice mi parte. Nuestros negocios están seguros sin importar lo que hagan estos locos. Tenemos inmunidades garantizadas y eso significa libre circulación. Las obras de religión y caridad serán intocables en nuestro territorio. Podemos proceder con calma. Ahora me dedicaré al caso alemán. No podemos perder impuestos. ¡Esas barbas rosadas son rebeldes! No es la primera vez que aparecen allí saqueadores de nuestros intereses.

- Es verdad, cardenal. Nada nuevo bajo el sol. Pero creo que los nazis son más peligrosos para nuestros intereses que el episodio de los protestantes en el pasado. He hablado con nuestros contactos, y están muy preocupados. El partido se está convirtiendo en una religión de masas y se sabe que no toleran la iglesia. Ninguna de las iglesias alemanas. Sabemos que la ideología es solo una parte del interés, y para abordar a la gente. El verdadero foco son los impuestos. Recibimos millones anualmente. Nuestras fuentes ya han advertido que todo el dinero robado por los nazis se utiliza en propaganda y en la formación de milicias armadas. Hicieron negocios con empresarios que conocíamos. Rastreé el origen de su dinero. Nada nuevo, los caminos conocidos; sin embargo, son audaces. Hay planes pesados de rearme. Sus compras están creciendo.

- Conozco al líder. Y una persona considerada "difícil." ¡Idioteces! No te preocupes. Calmen a nuestros inversores y patrocinadores. Me ocuparé de él cuando sea el momento adecuado. Por ahora, aumentan los beneficios del instituto - respondió el purpurado.

Don Eugenio tomó un peón caído y quitó el papel pegado a la base. Sonriendo, lo rompió y colocó los pedazos en el cenicero de cobre al lado de su sillón. Golpeó ligeramente el cigarro y algunos fragmentos de tabaco incandescente cayeron sobre el papel rasgado, quemándolo sin levantar llamas. Eugenio observó la escena, deleitándose con la imagen y sus innegables pensamientos. Con gestos lentos, escribió el nombre "Hitler" y lo pegó a la base de la misma pieza, devolviéndola al tablero. Mientras tanto, el papel con el nombre de Mussolini se convirtió en ceniza mezclada con tabaco.

- Asegúreles, Romano, que el instituto prosperará.

No tengo planes de modernizarlo. Dile al Gran Maestro de P... que lo esperaré para cenar esta noche.

Ahora vete.

CAPÍTULO XIV
EL CAMINO DEL PODER

Ese mismo día, horas después de la firma del tratado, Don Eugenio habló con el Sumo Pontífice sobre los resultados obtenidos con el Tratado.

Su Santidad quedó sumamente complacido. Se resolvió un problema que se venía arrastrando desde 1870, cuando la Iglesia perdió los estados pontificios y la ciudad de Roma. Se sintió justificado al esperar al clero.

- Acepte. Su Santidad hace un juicio muy correcto sobre la situación. Recuperamos poder e influencia, libertad de acción y podemos considerar justa una indemnización de 85 millones de dólares. Intenté negociar un valor más alto, pero el bien económico inmediato no era nuestra prioridad - comentó el purpurado.

- No. Absolutamente no, cardenal. La recuperación de propiedades y edificios más allá de las fronteras del Vaticano es considerable. Podremos volver a disfrutar de Castel Gandolfo.
¡Eso es excelente! Los resultados compensaron esta larga lucha y esperada justicia.

- Santidad, la Biblia nos enseña el arte de esperar. Todo tiene su momento adecuado. Creo que las cuestiones especialmente humanas tienen su momento adecuado y las personas adecuadas para resolverlas. - Sí. Sí, cardenal. Considero a Mussolini un hombre providencial.

El cardenal bajó la cabeza en señal de asentimiento y pasó los documentos que requerían su firma en manos del Pontífice.

Sobre las consecuencias de la cláusula de abstención para los caóticos en materia política, no se dijo ni una palabra.

Una vez firmado el tratado, la disolución del Partido Católico en Italia fue prácticamente inmediata. En los días siguientes, lejos de los muros del Vaticano, en toda Italia los dirigentes del partido fueron perseguidos y enviados al exilio por las fuerzas de Mussolini. Muchos murieron. Y muchos, hasta el día de hoy, ignoran que murieron a manos de aquellos a quienes defendieron con su propia sangre.

Al final de aquella temporada, don Eugenio, temprano en la mañana, jugaba solo al ajedrez. Tenía el perfil de un lobo solitario, por lo que, envuelto en su bata de seda china y acompañado de sus puros y el mejor brandy producido en Europa, aprovechaba las horas de silencio para rastrear sus movimientos en el convulso escenario de la política europea y los intereses eclesiásticos, tan diferente de lo que piensa el sentido común, tan distante de los intereses de la fe y el bienestar como la Tierra desde otras galaxias.

Con el tratado prácticamente se consolidó la situación de intereses entre el Vaticano y el gobierno fascista de Italia. La fuerza y la sangre derramadas habían garantizado un silencio rápido y eficaz, y la magnífica red de influencia directa en la sociedad mostraba las bendiciones del Santo Padre y enseñaba la docilidad a los creyentes, apelando, sin reservas, a los milagros y a lo sobrenatural. Las peregrinaciones de fieles a santuarios milagrosos tuvieron su inicio y rápido apogeo. Doble beneficio, pues también hicieron fluir ríos de dinero a las arcas eclesiásticas. Don Eugenio reflexionó y sonrió satisfecho entre un suspiro desesperado y otros. Sacó del tablero el peón donde meses antes había pegado el nombre de Hitler.

- Es hora que preste atención a Berlín - dijo al peón, recordando lo que había visto en los tiempos en que hizo una proclamación apostólica en Alemania, una época de ascenso de los partidos socialistas obreros. Un escalofrío de disgusto recorrió su espalda al recordar su primer encuentro con los líderes de ese partido. Afuera en el palacio real, una escena indescriptible.

Recordó la época del surgimiento de los partidos obreros socialistas. Un escalofrío de disgusto recorrió su espalda al recordar su primera reunión con los dirigentes de ese partido. Había escrito el Secretario de Estado hablando de su horror ante la situación de Berlín y sobre los abusos que cometieron los "repugnantes dirigentes obreros." Usurparon el palacio real, que entonces se llenó de confusión, suciedad y caos, con gente sin ningún refinamiento, gritando por los pasillos. Muchas prostitutas judías festejaban libremente en las habitaciones y salones. Listo, recordó a Amalia, quien de inmediato había despertado su atención y deseo. Amalia, amante de Levien, el líder del partido, era una joven rusa, judía y divorciada, cuya visión de sus pechos blancos y carnosos lo había vuelto loco. Amalia abusó de mostrar y explorar la belleza de su propio cuerpo. La ciudad podría estar cubierta de nieve y ese regazo sería visible, del mismo modo que a ella no le importaba usar ropa que delineara perfectamente su trasero, insinuando la perfección de sus muslos.

Don Eugenio y el cardenal esperaban en la antesala del despacho donde Levien los recibiría. Permanecieron en silencio, conscientes que en lugares como ese ni siquiera se debían revelar los pensamientos, y mucho menos hablar. El interés era simple: mantener el funcionamiento de la iglesia en Alemania y asegurar buenas relaciones con la nueva clase política dominante.

Sin ceremonias, Amalia abrió la puerta, haciendo alarde de su voluptuosa y sensual belleza ante ellos. Ni siquiera el falso pudor o candor que algunas de aquellas mujeres les dedicaban como deferencia al hecho de ser "hombres de Dios" había hecho ella. Al contrario, se sentó descaradamente frente a ellos, evitando que sus senos se escaparan de su escote mientras bajaba ligeramente el torso para recoger un periódico que estaba sobre la mesa junto a la silla de don Eugenio.

Don Eugenio sintió la tentación de la carne, el deseo palpitante. El pensamiento la dejó atónita, y no pareció darse cuenta de lo que había pasado con su atuendo, porque, cómoda y cómodamente, se sentó frente a ellos, en el lado opuesto de la habitación. Parecía que ella tampoco se había dado cuenta de la hipnosis provocada en el cardenal peregrino, a quien había ignorado descaradamente y que seguía cada movimiento de ella como un luchador hambriento siguiendo la comida. Literalmente babeó.

El cardenal Fausberg le dio sutilmente un codazo en la espalda a don Eugenio y le susurró al oído: ¡Tranquilízate!

Para no llamar la atención de los empleados de Levien y saber quién era el recién llegado, Fausberg preguntó:

- ¿Estás disfrutando de las bellezas nórdicas, cardenal Eugenio? Nuestro país, a pesar de ser Trío según los estándares de Roma, tiene muchas bellezas. Si lo deseas estaré encantado de acompañarte a algunos rincones agradables que conozco. En este punto no es recomendable aventurarse solo.

Esa intervención lo había despertado del trance provocado por Amalia. Era la primera vez que experimentaba esa violenta mezcla de emociones que ella despertaba. Nunca un colega le había advertido así, de hecho, nadie. Nunca había hecho tan evidente su atracción por una mujer y estaba orgulloso de actuar sabiamente en este territorio. Su conducta pública fue irreprochable, acorde con el aura de un hombre religioso que estaba en este mundo, pero no pertenecía a él. Él se enojó y le atribuyó ese evidente defecto a ella, quien ahora ocultaba de su vista el pecho que estaba tan oculto por el periódico que ella hojeaba descuidadamente.

Don Eugenio recuperó su aparente serena severidad y miró fríamente a su colega mientras respondía:

- No tengo prisa, cardenal. Mi misión en Alemania será lo suficientemente larga para descubrir la belleza de su país en paz y seguridad.

- Eso espero, cardenal Eugenio. Pero si necesitas mi ayuda, debes saber que estoy a tu disposición.

- Muchas gracias, cardenal Fausberg.

Al otro lado de la habitación, la bella y nada modesta dama, ya serena, dobló el periódico y lo dejó caer en la silla junto a ella, descruzó las piernas y se puso de pie, pasando frente a ellos.

Controlándose, el cardenal Eugenio siguió el paso de Amalia y, discretamente y de reojo, la admiró desde atrás, cuando ella saludó con la mano al funcionario que rápidamente abrió la puerta del despacho.

- Es Amalia, la amante de Levien - informó el cardenal Fausberg, en voz baja, entre dientes, aprovechando el crujido de la puerta para amortiguar el sonido.

Don Eugenio recibió la información en silencio, pero en su interior estaba muy lejos de la expresión impasible, inmerecidamente salvadora y aparentemente fría de su rostro.

Fue a Amalia a quien él y el cardenal alemán Fausberg, su principal contacto en Alemania, tuvieron que rendir homenaje para continuar su misión. Era muy diferente de la exuberante Clara, la bella, inútil y útil amante de Mussolini. Amalia no fue fácil. Era muy hermosa y ocultaba su inteligencia y sus dotes políticas. Lo había aprendido por un precio relativamente alto en ese momento. Gracias a ella, su misión casi había sido un fracaso. El caso Eisner se había convertido en una pesadilla y en una situación delicada y resbaladiza. Y su indignación era mayor porque no tenía pruebas, ni siquiera indicios, que ella fuera responsable de sus dificultades en aquella época. En privado sabía que era Amalia, pero se quedó con manos atadas. Su acción en su negocio había sido similar al humo: había entrado por todas partes, había dejado marcas, pero nadie podía cantar. En ese momento, se estremeció de ira ante los recuerdos.

Al cabo de unos años, la situación había cambiado considerablemente. El ascenso de los nazis fue un fenómeno en el que ni siquiera los socialistas creían, y él lo veía con gran agrado. Una nueva edición de la lucha entre Caín y Abel, como en el mismo vientre nacieron el nazismo y el socialismo, eran dignos oponentes. En 1917, Alemania financió a Stalin al estallar la Revolución Rusa, porque quería inteligentemente que el poderoso ejército ruso estuviera lo suficientemente involucrado en los asuntos internos, para que Rusia no tomara partido en la guerra que interesaba a los alemanes, la guerra contra Francia. La lucha por el consentimiento alemán a los nuevos dictados canónicos fue ardua y larga. Don Eugenio ya había invertido décadas de trabajo, pero no podía prescindir de ella.

Los alemanes nazis y socialistas estaban en oposición directa y la República de Weimar estaba en completo colapso. En su juego solitario, el cardenal Eugenio apostaba a que Hitler derrotaría al socialismo soviético, régimen que, en su opinión, era odioso y anticristiano. Los nazis también lo eran, lo sabía, pero, en su juego, ellos peleaban primero, y él ayudaría, a su manera, como árbitro del juego, a los nazis. Entonces, sería otro momento.

Necesitaba actualizarse sobre los movimientos de los líderes sociales. Levien debía tener unos 30 años y era judío ruso, y solo por esa razón no tendría su simpatía. Parecía sucio y drogado, con los ojos rojos y la voz ronca. Un hombre vulgar y repulsivo; sin embargo, astuto e inteligente. No merecía el poder que alcanzó y mucho menos la bella amante que tuvo y que circulaba como la nueva reina de Berlín. Quizás por fin había tiempo para su venganza personal.

En el momento de su nunciatura, los católicos representaban una parte significativa de la población alemana y tenían fuerza política. El Movimiento Juvenil Católico tenía millones de miembros y había cientos de periódicos católicos. El Partido Católico de Centro era el segundo más grande del país y luchaba con el Partido Socialdemócrata Alemán, que ostentaba la primacía. Los católicos; sin embargo, tenían una fortaleza financiera imbatible, ya que contaban con el apoyo de la gran burguesía alemana, que les proporcionaba su dinero y votos contra los socialistas.

Sin embargo, en aquel fatídico año de 1929 se produjo la crisis financiera. La economía alemana, debilitada por el Tratado de Versalles, cayó en caos. La sociedad se había desorganizado por completo y éste era el caldo de cultivo perfecto para la radicalización política. La población quería a toda costa quemar al traidor Judas y recuperarse con el Salvador, conducta de masas extremadamente obvia y repetitiva para quienes, como el cardenal, se dedicaron a un análisis detallado y al estudio de la historia política. Sabía que en esos momentos se generaba una psicología social propia y que quien quisiera utilizarla lideraría al pueblo y garantizaría su propia victoria.

Repasando estos hechos de memoria, el cardenal evaluó los movimientos políticos europeos con precisión quirúrgica y se anticipó a casi todos los movimientos.

No le sorprendió ver, en ese momento, que la clase financiera aliada del partido católico había iniciado el proceso de cambio de aliados. Serían abandonados, ya que empezarían a tirar sus fichas a los nacionalsocialistas liderados por Hitler.

No podía condenarlos, porque veían y deseaban lo mismo que él: la capacidad de derrotar a los socialistas.

En el pasado, luego de superar sus dificultades en el Caso Eisner, enfurecerse contra Amalia y enfrentar el escenario que llevó a la pérdida de espacio para los católicos, el cardenal decidió sugerir un cambio y poner fin a su misión en tierras nórdicas. Partió con honores dignos de un monarca berlinés, llevándose consigo, entre sus muchas adquisiciones nórdicas, a su hermana Pascalina. Levantó él mismo con hábiles maniobras internas a la posición que ahora ocupaba

- Era Carmelengo[3].

- Atención en Berlín. Puede que usted sea el hombre adecuado, en el momento adecuado, para negociar conmigo - repitió el cardenal, haciendo girar el peón entre sus dedos.

---

[3] El título, de origen medieval, designa a la persona que gestiona el tesoro y los bienes del Estado, y el organismo administrado por éste se denomina normalmente "cámara." Otra función fundamental del cargo es asumir, de manera interina, la dirección de toda la Iglesia Católica al momento de la muerte o abdicación del actual Papa, adquiriendo todos sus atributos administrativos.

CAPÍTULO XV
LEVANTANDO LOS CIMIENTOS

Cuatro años después...

Corría el año 1933, cuando don Eugenio logró concluir satisfactoriamente el tratado con los alemanes y llegó a Berlín en una posición cómoda. Fausberg, su fiel amigo, le ayudó a finalizar las negociaciones. El discreto romano, como una sombra, se mezclaba con los clérigos que rodeaban al sacerdote más poderoso de la época y comandaban su seguridad personal, entre otras tareas.

Tal como había predicho esa noche de 1929 que los nazis se habían lanzado al galope de la crisis. En 1930, se habían convertido en la segunda fuerza electoral en Alemania.

Hitler se había convertido en Canciller alemán y presentó un proyecto de Ley de Autorización que le permitía aprobar leyes sin consultar al parlamento. Otro dictador radical surgió en la política europea. Algunos líderes de partidos católicos y otros partidos centristas se resistieron a aprobar la propuesta, tendiendo a creer que esto era carta blanca para el nuevo gobierno y una puerta abierta a la dictadura nazi.

Para don Eugenio, era un momento excelente para volver al juego. Daría jaque mate. Hitler quería que se aprobara la Ley de Autorización y podían negociarla. Fausberg se mudó a Berlín junto con Hitler y los líderes nazis, ofreciéndoles la posibilidad de una intervención del Vaticano mediante un ajuste de intereses, un compromiso bilateral similar al asumido con Mussolini. Alemania, representada por Hitler, ratificaría su adhesión a los términos del Código Canónico de 1917, diseñado por don Eugenio, entonces clérigo legal, que permitió la reorganización de la Iglesia y puso límites a su poder y a la injerencia entre el pueblo. En una escala piramidal sin precedentes en la historia de la institución, el gran golpe político, la reinvención de una estructura, llevado a cabo en el siglo XX.

El concordato disponía que la Iglesia Católica y todas sus organizaciones debían distanciarse de cualquier acción política y social y, a cambio, el Papado podía imponer sus leyes canónicas a todos los católicos alemanes, además de recibir privilegios especiales para el clero y sus miembros, escuelas, compensaciones, propiedades y otros beneficios.

Romano fue la persona más tensa en esa misión. Era consciente que existía una fuerte oposición interna de un sector del clero católico alemán, adversarios políticos de todo tipo. La cosa no se haría bajo un cielo añil tranquilo y benévolo.

- Cálmate, Romano - le había dicho don Eugenio en el apartamento del palacio del cardenal Fausberg, donde se alojaban -. Será solo un grito. En el momento adecuado, guardarán silencio.

- No es solo lo nuestro lo que me preocupa. Sigo las declaraciones y movimientos de los políticos, don Eugenio. Supervisé a los hombres de Fausberg y no están contentos con su presencia aquí y con los objetivos de la visita.

Don Eugenio se rio mucho al comprender la referencia de Romano hasta algunos influyentes políticos católicos centrales, y comentó irónicamente:

- Me alegra saber que hay gente con vista, ya que esto hace que el juego sea más emocionante y atractivo. Esta persona que te quiere se refiere al ex canciller, que es un hombre inteligente. Me acusa de defender un Estado autoritario, porque quiero una Iglesia autoritaria dirigida por la burocracia vaticana y una alianza eterna entre ambos. Dice que no soy demócrata.

¡Una injusticia! Pero bienaventurados los perseguidos en nombre de la justicia, mi querido Romano. No tiene la comprensión exacta de las circunstancias, es inteligente; sin embargo, su lectura del pasado y del presente es apasionada, lo que le impide tener la visión correcta del futuro que persigo y por el que trabajo: la restauración del poder de la iglesia. Mañana todo estará arreglado y el tiempo nos hará justicia. Incluso firmado, es importante estar alerta.

Cambiando de tema, ¿alguna novedad sobre Amalia?

- Ninguna, don Eugenio. Ella desapareció. Ludwig sigue a cargo de las vías.

Don Eugenio escuchó atenta y silenciosamente y luego despidió a Romano, alegando que necesitaba descansar.

Sin incidentes y rodeado por un invisible y fuerte aparato de seguridad, Eugenio se reunió con el Führer y, en un ambiente de buena política y cortesía, ratificaron todos los términos del concordato.

Días después, el Führer anunció con orgullo entre sus numerosos seguidores lo que consideraba un gran logro: el concordato con la Iglesia católica, que suponía una gran oportunidad para Alemania y crearía la necesaria zona de confianza en la lucha contra los judíos internacionales. La conclusión del tratado con la nueva Alemania fue el reconocimiento del Estado nacionalsocialista por parte de la Iglesia católica. Entonces el mundo entero sabría, clara e inequívocamente, que la insinuación que estaban en contra de la religión era mentira.

Las barreras morales que separaban a nazis y católicos se desmoronaron. Don Eugenio abandonó Alemania y días después, ese mismo mes, el Partido Católico se extinguió y muchos de sus dirigentes fueron exiliados. La persecución de los militantes continuó y aumentado, especialmente con la prensa católica y la muerte era el destino de los oponentes católicos del régimen. Hitler aprobó con gran ventaja la Ley de Autorización en el parlamento.

Una vez firmado el concordato entre el Vaticano y Hitler, y aprobada la Ley de Autorización, quedaron garantizadas las condiciones para la instalación del nazismo, bajo la bendición silenciosa de la Iglesia Romana.

De regreso a Roma, el padre Eugenio, en silencio, se posicionó para presenciar el espectáculo que se anunciaba.

CAPÍTULO XVI
ENFRENTAR LOS RESULTADOS ADVERSOS

Cómodamente instalado en su oficina estatal en el Vaticano, don Eugenio y la Iglesia observaron pasivamente la persecución alemana de las minorías, especialmente de los judíos, que se consolidaba día a día en toda Europa del Este, al igual que él convivía más que agradablemente con el régimen de Mussolini en Italia.

Clara, la bella e inútil estrella y amante de Mussolini e hija del médico de Su Santidad, era una de las personas con libre acceso al despacho cardenalicio. Una amiga valiosa y una confidente importante. Oficialmente, el cardenal velaba por el alma de la bella mujer, era su confesor. En la práctica, se podría decir que Clara fue una de las principales informantes de don Eugenio, sus ojos y oídos, una propiedad legítima del cardenal, una extensión de él mismo en ambientes extremadamente privados del dictador y sus partidarios.

Si bien hubo invasiones, cartas políticas y monumentales engaños de Hitler dirigidos a las naciones aliadas pasivas, que buscaban la paz y el desarme en el continente, el cardenal continuó impertérrito en la construcción y mantenimiento de su política internacional, dando a los gobiernos lo que querían: la separación definitiva entre la Iglesia y los Estados-nación, pero reservando el poder sobre las conciencias que se unieron en torno a la fe católica. La aceptación del Código Canónico rediseñó el ámbito de acción del clero. Situó al Papado y a la Curia Romana en una posición única y única en su milenaria historia, el poder estaba centralizado en la cúspide de la pirámide en un sacerdote vestido de blanco y descendía uniformemente hasta las bases. De ese período de dictadores - Hitler, Mussolini, Stalin, Franco, Perón, Vargas y otros -, ninguno tuvo mayor poder que el consagrado al Papa por el código de leyes canónicas escrito por don Eugenio.

El Papa fue el gran moderador. Protegido de las influencias laicas, purgó la interferencia externa al clero. Anteriormente, algunos líderes y monarcas votaban para elegir al Papa; sin embargo, después de la promulgación del Código, ahora solo el clero tenía este derecho.

Cada país que se adhirió recibió el nombre de Concordato con el Vaticano y firmó el tratado internacional de adhesión al Código Canónico de 1917, cuanto más grande se hizo el imperio de don Eugenio. Incansablemente, el joven y poderoso sacerdote viajó en misión diplomática a varios países del mundo, siempre acompañado de importantes figuras clericales, consolidando, piedra a piedra, la estructura que proyectaba.

Estos años; sin embargo, trajeron algunos disgustos personales al pragmático y solitario don Eugenio. Estaba muy delgado, tenía problemas digestivos desde pequeño, lo que le había llevado a una sobreprotección materna: una relación apasionada, una de sus pocas devociones. El padre del cardenal, abogado del Tribunal Eclesiástico y jurista eclesiástico, obtuvo para su hijo privilegios y protecciones debido a su frágil salud, como, por ejemplo, no recibir formación sacerdotal mientras estaba admitido en un seminario. Don Eugenio estudió, se ordenó y comenzó su carrera religiosa sin salir de la casa materna ni vivir con su familia, precisamente por la necesidad de una dieta especial.

De hecho, su carrera se describe mejor como la de un distinguido jurista canónico y como el mayor diplomático del siglo XX. La carrera religiosa de don Eugenio estuvo ligada a la burocracia, administración y política del Vaticano, siendo único en todo: desde la formación hasta la ordenación solitaria en Santa María Majorie.

A la edad de cincuenta años, con su autoridad consolidada en todo el mundo católico por las innumerables y costosos viajes, don Eugenio se había convertido en el segundo en la jerarquía vaticana. La autoridad del cardenal no conoció barreras y sus relaciones con Alemania prosperaron. En el último año del pontificado de Pío XI se produjo un drástico aumento de la población católica sometida al Gran Reich de Hitler.

Aunque hubo maniobras para no alardear de la alianza y parecer neutrales en relación con las cuestiones políticas, hubo episodios de exageración tanto por parte del clero como del nazismo, pero ninguno atribuible al cardenal jefe de Estado. El cardenal austríaco fue castigado por hablar públicamente a favor de la dominación nazi en Austria.

Hitler, con su habitual confianza en sí mismo y arrogancia, habló de la voluntad reconociendo las relaciones del Reich con la iglesia. Refutaba la acusación de persecución a los cristianos católicos y garantizaba que las iglesias nunca habían recibido tanto dinero del Estado alemán como bajo el gobierno nazi y que no les faltaban libertades y exenciones fiscales. Con soltura, habló de "pequeños conflictos" con algunos clérigos radicales comprometidos a involucrarse en política. Declaró que los pedófilos y los pervertidos sexuales, cualesquiera que fueran sus confesiones religiosas, eran castigados bajo su gobierno, pero no le preocupaba el voto de castidad del clero católico, ya que el Reich no estaba compuesto por puritanos. La respuesta a quienes se quejaban de su forma de tratar a sacerdotes y monjas fue llana: mirar bien el destino corrido por el clero en Rusia y España: una masacre sangrienta con el refinamiento de la tortura. Esto fue suficiente para silenciar cualquier voz que se atreviera a alzarse, y la gran población católica bajo el Reich permaneció en silencio y fiel a los términos de la política de don Eugenio.

Pero, en el largo y trágico espectáculo nazi, el escenario de horror creciente practicó conciencias repugnantes, y el enfermo Papa Pío XI, desconsolado y diabético, dio signos de arrepentimiento de haber respaldado la política concordataria de don Eugenio.

Mussolini fue la causa. El creciente acercamiento del dictador con el régimen nazi, mediante la adopción de leyes raciales y antisemitas, culminó con dar a los judíos seis meses para abandonar Italia.

En las frecuentes audiencias reservadas que el Papa concedía junto a su lecho, don Eugenio era la figura más presente.

- Cardenal, he reflexionado mucho sobre nuestra política exterior. Es innegable que hemos ganado un territorio inmenso y estamos recuperando nuestro poder e imperio sobre las almas y las naciones cristianas; sin embargo, me preocupa el desarrollo de los acontecimientos. Estamos al borde de una nueva gran guerra entre naciones europeas y no veo ninguna posibilidad de una victoria italiana.

- No debería preocuparse por eso ahora, Su Santidad. Su salud es nuestra prioridad, pero ya que mencionó el tema, puedo tranquilizarlo. Nuestro enemigo son los rusos, los únicos socialistas. No podemos tolerar los horrores que han cometido y se resisten a nuestra actitud. Los alemanes son los únicos que le harán frente a ellos. No podemos contar con Inglaterra o Francia, ya que están ocupadas en otros asuntos y no son las naciones más receptivas a nuestras acciones. Firmamos tratados con ellos y en realidad; sin embargo, no los veo comprometidos a destruir el avance comunista - argumentó Eugenio -. El gobierno alemán ya tiene este compromiso.

- Francia tiene el ejército más grande del continente, cardenal. Y las fuerzas navales y aéreas inglesas son las más poderosas. Sé que el Reich se ha armado, ya me lo dijiste, y todavía me sorprende la audacia del Canciller alemán que, en un legítimo farol, retomó los territorios de Renania y Checoslovaquia y rearmó la frontera. Y, mientras tanto, las naciones europeas se sentaron a discutir la paz. Los nazis rompen uno por uno los términos de los acuerdos internacionales. No obedecen a nada, y me temo que a nosotros también nos pasa esta acción, Eugenio. He estado pensando mucho en esto: Nuestro silencio respecto al exterminio sistemático de seres humanos podría tener un alto costo. Ahora hay babosas que actúan en nombre del pueblo británico, y de hecho; sin embargo, no ignores que también hay halcones en esas islas, don Eugenio. Un nuevo choque entre Inglaterra y Alemania es muy peligroso.

- Cálmese, Santidad. Nuestros informantes garantizan que las fuerzas armadas alemanas están actualmente a la par del poder británico y pronto serán suplantadas. Y el ejército alemán, si sumamos las fuerzas paramilitares de Hitler, supera los trances. El Reich es la mayor máquina de guerra europea.

- ¿Y el ejército rojo? Los británicos y los franceses no tienen reservas contra una alianza militar con los rusos. Y están los dólares americanos, don Eugenio...

- Encienden las fábricas de guerra en Alemania, Santidad, junto con dinero judío... - dijo don Eugenio -. El rey inglés está preocupado por su amante extranjera y divorciada. La quiere hacer reina y no le importa lo que hagan los alemanes.

De hecho, los visitó muy amigablemente, según me informaron.

Recostado en las almohadas, el Santo Padre, anciano y enfermo, sacudió la cabeza en señal negativa. Conocía a don Eugenio y sus posiciones, lo admiraba, pero sentía y sabía que, en aquella ocasión, el hábil diplomático y estratega político se equivocaba. Decidido, le ordenó:

- Convocar una reunión con los obispos para febrero. Celebraremos la primera década después del Tratado de Letrán y el aniversario de mi coronación. Sería una buena cita para un encuentro, sin sospechas.

Don Eugenio bajó los ojos, palideció más que de costumbre y guardó silencio, pensativo. Luego, observó al hombre tendido en aquel lecho de poder y, pretextando solicitud, rápidamente se ocupó de algunas comodidades. Poco después dio por finalizada la entrevista para comenzar los preparativos para convocar a los obispos a la reunión.

Al salir del apartamento papal, don Eugenio regresó a su propia residencia. Pronto apareció en la puerta la Madre Pascalina en su papel de institutriz del cardenal. La mujer se acercaba a los 40 años, pero su rostro demostraba una frescura juvenil y su belleza no quedaba del todo oculta bajo sus vestimentas eclesiásticas. Los grandes ojos azules, el cabello dorado que escapaba del velo, la piel blanca, la boca roja y los pechos llenos resaltaban el traje blanco y negro. Nadie en las relaciones cercanas al cardenal ignoraba la fuerza de la personalidad de la monja ni su importancia en la vida personal del poderoso don Eugenio. Algunos pagaron un alto precio por especular sobre su vida, desde que conoció al cardenal en Munich y lo acompañó a cuidar de sus asuntos internos de la nunciatura en Berlín. La Madre Pascalina era sin lugar a dudas la más poderosa de las mujeres del Vaticano.

Leyó en la expresión de don Eugenio la profunda molestia que lo consumía. Un simple intercambio de miradas le bastó para comprender que el problema era grave. En silencio, siguió al cardenal hasta su despacho y, antes de cerrar la puerta, se aseguró que las habitaciones contiguas estuvieran vacías.

- ¿Qué pasó, Eugenio? Puedes hablar. Revisé las habitaciones. No contamos con servidores ni servidumbre en esta área.

Resumió brevemente la entrevista con el Papa. Escuchó atentamente, luego se acercó y apoyó suavemente su rostro en el hombro del cardenal. Pascalina le tomó la mano, la apretó sutilmente y murmuró:

- Nada bueno. ¿No es hora que hablemos con Clara? Concierta algunos favores...

Don Eugenio respondió a la suave presión de la mano de la monja y la miró con ojos brillantes.

- ¡Eres perfecta! En todo...

CAPÍTULO XVII
ASCENSIÓN

Don Eugenio mantuvo inalterada su rutina, dirigiendo la preparación de la reunión de los obispos y siguiendo los trabajos del Pontífice enfermo, que había decidido preparar dos discursos para la ocasión. Pío últimamente se cuestionaba a sí mismo y solo al cardenal le habló de las dudas que lo asaltaron en esos meses de mayor empeoramiento de su estado de salud en cuanto a la acción diaria de política adoptada desde la primera década del siglo XX. Paciente, don Eugenio lo escuchó y lo tranquilizó diciéndole que la iglesia seguiría su destino y que ellos asegurarían su continuidad y una creciente recuperación de poder e influencia. Trató de disuadir al paciente de cambiar de actitud, abandonando el silencio y la postura de no intervención en relación con los crímenes raciales y el creciente y violento antisemitismo que, en ese momento, estaban, literalmente, en las barbas del Papado y la Curia Romana.

Faltando poco más de una semana para que se llevara a cabo la reunión, el cardenal se encontraba en su despacho del palacio papal, cuando entró el sacerdote Jesuíta que lo asistía y le habló al oído en voz baja y seria:

- Romano quiere verte ahora.

Don Eugenio se quitó las gafas y dejó los documentos que estaba analizando, cerrándolos. Romano no lo interrumpiría ni intentaría molestarlo si no fuera algo importante. Luego respondió:

- Haz que entre. Quiero estar a solas con él.

El sacerdote bajó la cabeza y se apresuró a llevar a Romano a la presencia del cardenal.

Romano entró rápidamente en la habitación y, sin decir una palabra, simplemente dejó caer varias hojas de papel sobre el escritorio del cardenal.

Don Eugenio se volvió a colocar las gafas, cogió las páginas y las miró sonriendo.

- Excelente trabajo - y, mostrando una hoja en particular, comentó -. Esto es más de lo que esperaba.

Una sonrisa gélida fue la respuesta de Romano y, a modo de adiós, simplemente agitó su mano rápidamente.

Solo, don Eugenio guardó los documentos en los bolsillos ocultos de su ropa y continuó con su rutina.

Al final de la mañana regresó a su apartamento privado.

Como de costumbre, Pascalina lo estaba esperando para almorzar.

Acomodada en el lujoso comedor, con una mesa llena apta para la comida del cardenal, Pascalina le sirvió vino. Cuando tomó la taza, le tocó los dedos y, mirándola, habló en alemán como si necesitara recordarle:

- Es hora de hablar con Clara, hermana. Ella necesita tu consejo. Recibí noticias preocupantes antes.

Pascalina se quedó quieta, parpadeó, tragó saliva y sacudió la cabeza mientras respondía en el mismo idioma.

- ¡Claro que sí! En la cena te contaré cómo fue nuestro encuentro.

Soltando la mano de Pascalina, el padre Eugenio colocó la taza de vino intacta sobre la mesa y sacó de su bolsillo secreto los documentos recibidos anteriormente, para luego entregárselos a la madre.

Se sentó a la derecha del cardenal, lugar donde normalmente se preparaba las comidas, ya fuera en la intimidad o en un banquete, en el que, con la soltura de su refinada educación procedente de una noble familia alemana, ejercía como la perfecta anfitriona. Desde el episodio de los rumores sobre la relación del cardenal y los religiosos y, especialmente, sobre la conducta de la monja, incluso en la época de la nunciatura de don Eugenio en Alemania, que, ya sea clérigo o laico, quien ama la vida simplemente debe aceptar la situación como normal y entregarle a Sor Pascalina todos los homenajes y honores, como si perteneciera a la más alta jerarquía de la iglesia. El cardenal solo dijo que ella era esencial para la organización de su vida, y que Pascalina tenía una carta blanca para comandar todos los asuntos domésticos.

Hojeando las páginas, Pascalina descubrió el contenido de los documentos sin cambiar de expresión, se los devolvió y, con total tranquilidad, lo miró preguntando:

- ¿Prefiere la solución final o seguimos la política actual?

- Política actual.

- Sabes que hay riesgos… - le advirtió ella.

- Si, lo sé.

- Como desees. Considéralo hecho. Ahora vamos a almorzar. No me gusta la comida fría.

Tan pronto como salió don Eugenio, Pascalina, acompañada de Romano, cruzó las puertas laterales de la Ciudad del Vaticano sin llamar la atención.

Poco tiempo después, el discreto vehículo, sin insignias cardenales, se estacionó frente a la lujosa residencia de Clara.

Evidentemente molesta, pero sumisa, la actriz bajó de sus habitaciones y atendió a su hermana en pijama.

La doncella, cuando fue a informarle de la inesperada visita, apresuradamente le ofreció un vestido a su ama; sin embargo, Clara miró el conjunto con desdén y, con su habitual voluntariedad, desestimó el ofrecimiento, diciendo burlonamente en voz baja para que solo la criada pudiera oírlo:

- La Madre Pascalina es una mujer moderna, Rafaela. No es una monja puritana y recatada. Toda Roma lo sabe, pero no actúa en consecuencia. Es la dama del palacio. La recibiré tal como estoy para ti; no tengo ganas de vestirme ahora.

Sin embargo, en el salón, frente a Pascalina y el discreto Romano, que esperaba a una distancia conveniente de la monja, Clara se mostró alegre, fútil, dejando aflorar la personalidad adorada por sus fans y, sobre todo, por su poderoso amante.

- Mi visita es breve, Clara. Necesito que le entregues este objeto a tu padre -. Y la monja pasó un pequeño trozo dentro del sobre blanco pegado a una pequeña caja. Un sobre blanco común, de los que se utilizan para acompañar una tarjeta en un regalo, sin ninguna indicación de origen -.Un regalo anónimo. Secreto garantizado por la vida de la amada hija del objetivo - testigo y parte interesada directa en el juego.

- Tenemos prisa por que lo reciba - añadió Pascalina.

Clara sabía el significado de lo que recibió, pero fingió no saberlo, tratando el sobre como algo banal.

- No te preocupes, madre. Lo entregaré pronto. Mi padre realmente aprecia tus delicias -. Saludos a nuestro querido Duce[4], Clara - dijo Madre Pascalina, caminando ya hacia la puerta -. Cuando lo veas, dile que renovamos nuestras garantías de estima y colaboración con su obra, manteniendo una buena y cordial relación para el bien común.

Ante la mención del Duce, Clara palideció y un ligero temblor recorrió su cuerpo. A los pocos pasos llegó hasta Pascalina y le preguntó, mirándola:

- Y al final, ¿no? ¿Esta todo bien?

Pascalina miró a su alrededor y miró seriamente a Clara mientras le decía entre dientes:

- Haz tu parte sin preguntas.

Al lado de la monja, Romano caminó hacia adelante y no esperó a que la criada abriera la puerta principal. Cuando pasó junto a Clara, asintió con la cabeza a modo de saludo y le dirigió a la chica una mirada gélida e intimidante.

---

[4] Como se llamaba a Mussolini.

Al oír alejarse el auto, Clara subió corriendo las escaleras y, al entrar a su habitación, ante el asombro de Rafaela, comenzó a vestirse apresuradamente, ordenándole al conductor que se diera prisa, pues necesitaba urgentemente salir.

El coche de Romano y Pascalina estaba aparcado a la sombra de un árbol a poco más de cien metros de la residencia de Clara.

Estaban en silencio, inmóviles. La madre tenía entre sus manos el gran crucifijo, adornado con algunas piedras preciosas y que colgaba sobre su hábito. Era simplemente un viejo hábito.

Un ligero suspiro y un gesto de asentimiento hacia Romano fue toda la reacción de la madre al ver pasar el auto de Clara. Luego puso en marcha el vehículo y regresó al Vaticano.

El doctor Francesco llegó al apartamento del Santo Padre a última hora de la tarde, antes de misa, y lo encontró rodeado de sus asesores directos. El paciente presentaba un estado estable, lo que tranquilizó a todos, el médico le dio la medicación, habló rápidamente y, pretextando la hora sagrada, le retiró la medicación.

Un sacerdote jesuita ofició la misa junto al lecho y, en el caso oficial, don Eugenio ofició el servicio orando por la salud del Pontífice, a quien fue a visitar antes de cerrar su jornada. Brevemente, le aseguró que la situación era regular y que los preparativos para la reunión estaban finalizados. Finalmente, le informó que entre ellos ya se alojaban muchos obispos.

Horas más tarde, don Eugenio recibió una llamada en su apartamento donde estaba hablando con Pascalina. Ella contestó la llamada y le entregó el teléfono con una mirada sugerente. El cardenal escuchó el llamado de regresar rápidamente al palacio papal, ya que el Pontífice se sentía mal y el médico lo estaba atendiendo. Pascalina corrió hacia la puerta y se la abrió a don Eugenio.

- ¡Vete! - él dijo -. Es tu lugar.

Don Eugenio pasó rápido e imperturbable. Horas más tarde, la agencia oficial emitió un comunicado sobre el empeoramiento del estado de salud del Santo Padre.

En todas partes, los sacerdotes pidieron a los fieles que oraran por la salud y la recuperación del líder católico. Se celebraron novenas, se hicieron oraciones y promesas y, incluso en un clima de guerra y sufrimiento inminentes, la noticia resonó.

Don Eugenio y el doctor Francesco permanecieron junto al paciente, vigilando su lecho con ángeles. A través de las esquinas de la sala, los cardenales susurraban sobre lo inminente que era la sucesión, aunque fueron silenciados por la mirada glacial y superior del cardenal Secretario de Estado.

Dos días después, el estado de salud del Santo Padre volvía a ser normal y, obstinadamente, el Papa insistió en celebrar el encuentro, al que asistiría en silla de ruedas si tuviera que desplazarse.

- Mi paciencia está llegando al límite, Pascalina - confió don Eugenio, sentado en su despacho fumando un cigarro y observando, encantado, que la belleza del rostro de la madre parecía inmune al paso del tiempo. Llevaban casi veinte años juntos y cada día la apreciaba más.

- Aun debilitado, el Santo Padre insiste en el discurso. He oído que hoy la situación se ha estabilizado - comentó Pascalina.

- ¿Le basta con hablar?

- Estos últimos meses ha estado bastante difícil. Me parece arrepentido. Creo que el estado de salud le ha inculcado miedo y malos pensamientos. Se ha resistido a mis ideas y veo claramente que el Santo Padre teme el futuro y no confía en nuestra victoria. Han cuestionado la política que hemos adoptado y habla mucho de la soledad.

- Su soledad es comprensible - comentó la madre con media sonrisa -. ¿Vamos a esperar?

- Sí, vamos.

La víspera del encuentro, el movimiento en la Ciudad del Vaticano era intenso. Numerosos obispos y sus asistentes acudieron a la gran reunión solicitada por el Santo Padre. La preocupación y admiración por mantener el llamado, pese a la gravedad de su estado de salud, fue el tema dominante, aunque subrepticiamente la cuestión sucesoria compartió espacio en las conversaciones. Esa tarde, el Santo Padre insistió con don Eugenio sobre la política de silencio de la Iglesia ante las barbaridades cometidas contra los judíos. Eran viejos enemigos y perseguidos por la iglesia; sin embargo, verlos cagados por otros causó temor al viejo sacerdote y político, quien yacía en aquella cama, sin fuerzas, pero consciente de lo que sucedía a su alrededor. No murió, se rio como un inocente. No le importaba si era la naturaleza o una droga que acaba con sus días; fue al final de todos modos. En las horas de descanso y silencio, la conciencia del Santo Padre no le dio tregua. Mientras dormía, soñaba con los nazis y los comunistas invadiendo Roma, saqueando los tesoros del Vaticano y derribando el trono de San Pedro. Vio rostros delgados, con narices grandes, cabezas con poco pelo y orejas grandes que le dirigían acusaciones y maldiciones. Despertó perturbado, y una voz insistente en su mente decía:

- Haz lo correcto mientras haya tiempo. Apártate. Defiende la condición humana común a todas las razas. Defiende la vida. Utiliza el poder para construir el bien. Todavía es posible.

Esa voz le infundió una calma y una fuerza desconocidas. Silenció la agonía de su conciencia y, bajo esa influencia, escribió uno de los discursos que pronunciaría en la reunión. Había desestimado la ayuda de don Eugenio, se había opuesto a él. Esa voz lo apoyó.

Fue después de una de estas conversaciones que don Eugenio, al salir de la habitación del paciente, llamó al Padre Robert, el Jesuíta que lo asesoraba desde que asumió el cargo de Secretario de Estado.

- Padre Robert, necesito que vaya a mi departamento y le entregue esto a Madre Pascalina – metiendo la mano en el bolsillo, sacó un rosario de cuentas oscuras -. Dile que hoy quiero cenar temprano, ya que estoy preocupado por la salud del Santo Padre.

Sin preguntar, la asistente se apresuró a informar a la Madre Pascalina.

Lo recibió en el despacho de don Eugenio, donde éste tenía una mesa personal. Se sabía que compartía y gozaba del mayor cariño y confianza del cardenal. Fue su confidente, en una de las muchas inversiones que la primera y única mujer que trabajó y vivió en el Vaticano recogió en su insólita trayectoria. Nadie aparte de ella se atrevió a aconsejar a don Eugenio ni a advertirle. Pascalina; sin embargo, lo hizo. Nadie dudaba de la fidelidad canina de la madre al cardenal. Él dijo que ella era su ángel doméstico.

El Jesuíta se había acostumbrado a la presencia y personalidad de la madre en el equipo del cardenal y estaba acostumbrado a ser recibida por ella en la oficina.

- Esto te lo envió don Eugenio, Madre Pascalina - dijo el sacerdote entregándole el rosario y completando el mensaje.

-Entendido, padre Robert - respondió madre Pascalina -. Puede volver al despacho del cardenal, padre, y decirle que será como él quiera.

Después que el sacerdote se fue, Pascalina llamó al chofer y, minutos después, entró en una floristería, compró un ramo y puso el rosario de cuentas oscuras en la tarjeta. Con celo, la cerró y pidió al repartidor que la llevara al camerino de Clara en el teatro, donde actuaba una urraca protagonizada por ella.

- Es mi sobrina – dijo la mujer que la miraba desconfiado por el cajero -. Tengo prisa.

- Marco lo entregará inmediatamente, madre - respondió la mujer, mirándola por encima de las gafas que tenía colgadas en la punta de la nariz.

- ¡Gracias! - Agradeció Pascalina, saliendo de la tienda. Incluso escuchó los insultos italianos usando palabras de bajo nivel, insinuando que la actriz era amante de un sumo sacerdote. Los planes del cardenal estaban perfectamente ejecutados. A altas horas de la noche, observó al Santo Padre junto a su cama, que luchaba por sobrevivir a otro ataque cardíaco. En el bolsillo de don Eugenio estaba el rosario de cuentas oscuras que el doctor Francesco le había devuelto cuando llegó al apartamento del paciente después de advertirle que su estado de salud se había deteriorado aun más. En un esfuerzo supremo, el moribundo le hizo una señal a don Eugenio para que se acercara y lo escuchara. Solícito, el cardenal respondió al pedido, inclinó la cabeza y, tomando la mano del enfermo, lo escuchó susurrar:

- En lugar de hablar de paz y de buena voluntad a los hombres que no quieren escucharme, ahora hablaré solo de Dios, don Eugenio.

- Muy sabio, Santidad - respondió Dom Eugenio -. Haré conocer y obedecer tu voluntad.

Y alzando la voz, llamó a los demás cardenales que estaban en el apartamento y les dijo solemnemente:

- En este momento de sufrimiento, Su Santidad hizo un esfuerzo supremo y me pidió que siguiera hablando a los hombres de Dios.

El paciente no pudo oponerse a la manipulación de sus palabras y la irritación que sintió desencadenó reacciones que su debilitado cuerpo no pudo soportarlo, lo que le provocó un nuevo y masivo infarto.

El doctor Francesco se apresuró a intentar reanimarlo y el padre Jesuíta le dio la extremaunción. Minutos después, el médico declaró la muerte del Santo Padre, y los cardenales y asistentes presentes presenciaron un hecho muy raro: la manifestación de la emoción del padre Eugenio al cerrar los ojos del muerto y besarle la frente y las mejillas. Durante todo el funeral, íntegramente planeado y ejecutado por Eugenio y la Madre Pascalina, este hecho fue objeto de comentarios. No había dudas sobre el amor y la fidelidad de don Eugenio al Santo Padre.

CAPÍTULO XVIII
REINANDO

En la ventana del apartamento, Madre Pascalina sonrió, recogió sus manos y, eufórica, gritó a las dos hermanas alemanas que la ayudaban en las tareas domésticas:

- ¡*Habemus papam*! ¡Humo blanco! ¡Prepara todo al gusto del Papa!

Las hermanas, que habían corrido hacia la ventana, se miraron con satisfacción. No tenían dudas sobre el resultado. Una de ellas consultó su reloj e hizo cálculos rápidos y afirmó:

- Fueron las elecciones más rápidas de los últimos siglos, madre.

- Sí, él es el mejor. No hubo motivo de demoras ni disputas, todos reconocen su poder natural. Yo lo elegí, dado por Dios, sin duda.

Las hermanas bajaron la cabeza y regresaron a la cocina y a los preparativos para recibir a don Eugenio...

"Menos de 48 horas de cónclave", pensó Madre Pascalina con una expresión radiante de felicidad.

Ese período de duelo y elección desde su muerte había sido intenso del viejo Papa, lo sabía. Dom Eugenio había confiado en la visita del embajador de Mussolini en Santa Se, preocupado por los documentos dejados por Pío XI. Quería que se los entregaran al dictador, pero el cardenal era irreductible. Los documentos permanecerían en los "archivos secretos del Vaticano como letra muerta; no había ningún lugar conocido más seguro que ese." El embajador tuvo que contentarse y recibir con calma su agradecimiento por la forma en que el gobierno participaría en el duelo oficial por la muerte del Pontífice. La preparación del funeral, el cónclave y la ceremonia de coronación habían consumido las energías. de Madre Pascalina y del cardenal, quienes habían verificado exhaustivamente hasta el más mínimo detalle, hecho que no sorprendió a quienes convivieron con el cardenal.

Las grandes y pomposas ceremonias eran una marca registrada de esa época, formaban parte del teatro monumental, muy utilizado para influir en las multitudes. Los dictadores y las ideologías dominantes utilizaron y abusaron de estos recursos, algunos recurriendo a antiguos rituales paganos, especialmente el uso de antorchas, pero la coronación de don Eugenio como Papa fue inmejorable. Él mismo decretó que no habría ahorros de ningún tipo en la celebración, y los periódicos plasmaron y se hicieron eco de la idea que quería difundir. Titulares como: "El nuevo Pontífice fue incansable repartiendo bendiciones a diestra y siniestra"; "El Papa elegido parece vivir sobre un plano sobrenatural"; "Él es realmente un hombre tocado y elegido por el Espíritu Santo"; "La ceremonia transmitida por radio fue un signo de la nueva era. Podemos esperar cosas mejores de la religión y nuevos inventos"; "Fue fantástico que la voz del Papa fuera escuchada y sus gestos fueran vistos en todo el mundo."

Sin lugar a dudas, lo que más alegró a los medios fue el recuerdo de las profecías de Malaquías, cuya prueba de veracidad y realidad no existe. Vale recordar, son parte del mito, que decía que este era el Papa que sería conocido como "Pastor Angelical."

Algunas publicaciones más exaltadas escribieron que tenía "una presencia ascética. Era alto y delgado, ligeramente gris en las sienes, etéreo, entre la Tierra y el cielo, un auténtico pontífice, puente entre lo divino y lo humano."

"El Papa coronado y llevado a la catedral, en plena época del secularismo progresista, era un hombre que vivía entre el pueblo", escribieron sobre don Eugenio y dijeron que derribaría los muros entre la Iglesia y el mundo, que ampliaría la propagación del mensaje cristiano, ya que era, sobre todo, un pastor de almas y que, con audacia, propagaría el bien y destruiría el paganismo en todo el mundo. Parcialmente, estas herejías históricas que se escriben en momentos en los que no se sabe qué decir y cuando se necesita justificar un salario - el caso de muchos de los autores de los pensamientos que reproduzco sumariamente -, se han cumplido. En ocasiones, los escritores profetizaron que hablaría en nombre de todas las personas de buena voluntad, de todas las religiones, a través de las ondas de radio y que aparecería en las pantallas de cine de todo el mundo. De hecho, cumplió con la parte que implicaba utilizar los medios de comunicación, iniciando este viaje en una fría y luminosa mañana en Roma.

Puntualmente, a las ocho y media de la mañana, entró en el atrio de la basílica de San Pedro para el primer acto de la ceremonia, todo ello bajo los focos y micrófonos de los medios de comunicación. Fue la primera coronación íntegramente filmada y retransmitida por radio. De hecho, muy sugerente: bendecir a la realeza y autoridades extranjeras - todos vestidos de etiqueta -, que asistirían a la ceremonia. Las personas, pues la gente se empujaba en la plaza de San Pedro, gritaba, aplaudía e intercambiaba puñetazos y patadas, luchando desesperadamente por un espacio con mejor visibilidad para ver al Santo Padre. Al final de la ceremonia regresaron corriendo a casa, algunos con la ropa rota, hambrientos y cansados, sin siquiera ver el brillo de una de las piedras preciosas de la pesada corona papal. No vieron nada, pero increíblemente creyeron y aplaudieron todo lo que leyeron, vieron y oyeron.

Después de los honores y las incansables bendiciones dadas a las autoridades internacionales y a la nobleza del planeta, don Eugenio observó la entrada de la procesión principal que avanzaba por la nave central de la hermosa basílica. Un escenario de lujo innegable, muy especial, que solo él podía disfrutar. En la procesión siguieron los prelados vestidos de blanco, los cardenales italianos miembros de la Curia Vaticana, los príncipes de la iglesia, arzobispos, obispos y abades de los monasterios benedictinos más importantes. Y finalmente, él, don Eugenio llevaba en la cabeza una mitra de oro. Cada disfraz tiene un significado, ese sombrero significaba que ese obispo estaba consagrado solo a Dios. La parte superior estaba abierta, lo que significa que estaba abierta solo para Dios, y el forro rojo, era el Espíritu Santo sobre él, indicando que era un sucesor de los apóstoles de Jesús. Llevaba su bastón con la parte superior filigrana en oro puro. El coro afinado de la Capilla Sixtina cantó su aparición: "*Tu es Petrus.*" La Nobleza Negra, las diez familias más aristocráticas de la nobleza papal e italiana, con sus historias escabrosas empapadas en agua bendita y el olor de la sangre que derramaban mezclado con el hedor de los incensarios, tenían las manos cubiertas con guantes blancos y ondeaban plumas..

Cuando el maestro de ceremonias prendió fuego a un edificio de lino blanco sobre una pequeña estufa dorada y advirtió a don Eugenio cantando "Santo Padre, así pasa la gloria del mundo", el Pontífice observó la ceremonia como un director de cine evaluando la actuación del elenco. Sin embargo, cada uno ve lo que quiere y la mayoría solo dice lo que se espera. Todos quedaron impresionados por la expresión de devoción de don Eugenio y su inquebrantable concentración y fe a lo largo de esa larga ceremonia.

La advertencia es muy sabia. La gloria y el dolor son pasajeros, porque fugaz es la naturaleza de la vida material. Conocía bien la gloria del mundo, estaba acostumbrado. Ningún nuncio o cardenal jefe de Estado había viajado más que él hasta entonces por el mundo, ni con tanto príncipe en su séquito o en las recepciones de los países donde fue recibido. Las agencias de prensa no tenían mucha información sobre quién era el hombre que asumiría el Papado, ya que la vida personal de don Eugenio era completamente confidencial. No quedaba mucho más que alabar a aquel Pastor Angélico que en aquella preciosísima y lujosa ceremonia sería coronado, visto por el mundo entero y hablaría de su gran humildad y amor por el pueblo.

La ceremonia contó con detalles para el deleite de los asistentes, quienes eran laicos en cuanto a rituales clericales. Los cardenales besaron las manos y pies del Papa; los arzobispos le besaron los pies y las rodillas; y los abades solo los pies.

A las 13 horas, sin el menor signo de cansancio y en íntima satisfacción, Eugenio fue coronado en la gran logia[5] que dominaba la puerta de San Pedro y, por tanto, la vista del pueblo. El coro cantó "una corona de oro sobre su cabeza", y el mayor de los cardenales colocó sobre la cabeza del nuevo Papa la triple tiara, joya que data del primer milenio de la Era Cristiana, y, con su voz debidamente amplificada para ser oído en la multitud, entonó: "Recibe esta tiara adornada con las tres coronas para que sepas que eres el padre de los príncipes y de los reyes, el soberano del mundo, el vicario en la Tierra de Nuestro Salvador Jesucristo, a quien El honor y la gloria son concedidos para todos siempre. Amén."

Coronado soberano del mundo, don Eugenio se puso de pie y bendijo *urbi et orbi*, haciendo la señal de la cruz en el aire.

Roma y el mundo fueron bendecidos.

---

[5] Galería cubierta y direccionada al exterior.

CAPÍTULO XIX
CUANDO SE LIBERA LA FURIA

Hubo muchas controversias en torno a aquella figura única que había reinado en Roma y para gran parte de la Humanidad, y Ricardo tuvo la justicia de escribirlas. El me llamó,

- Aquí está uno de sus pocos comentarios sobre su investigación: "Y es difícil creer que predijo todo el horror que siguió su política de apoyo velado - y no tanto - a los regímenes totalitarios. Que la Iglesia católica persiguiera a los judíos es un hecho histórico, de dominio público, pero creo que la devastación masiva del Holocausto va más allá de lo que él visualiza. En cualquier caso, me consuela pensar que, después de este horror, quienes reencarnan en familias judías a la cabeza del mundo ya no necesitan temer tanto por sus propias vidas. Quiero creer que, entre los muchos prejuicios que están perdiendo fuerza, se incluye el prejuicio contra ellos. ¿Cómo nos enseñas, Georges, cuando el ser humano toca fondo, a menudo, también agota las fuerzas destructivas dentro de sí mismo y descubre que la vida es un bien mayor e inmortal. Suena como la hora de un niño cuidar los juguetes y compartirlos, entendiendo que es más divertido jugar con otros que jugar solo. Sea como fuere, jugó un papel destacado en la historia, el pensamiento y la formación de aquellos a quienes sirvió."

Sonreí leyendo esa nota. Mi buen amigo Ricardo maduró y transformó su visión en evaluar las actitudes humanas. Sin lugar a dudas, ese período fue horrendo, y el cardenal Eugenio fue uno de los más involucrados en la secuencia de los acontecimientos. Había alimentado a las bestias y esperó a que se devoraran entre sí. Su objetivo, como religioso y conservador, era restaurar el poder de la Iglesia, que estaba sufriendo duros golpes, porque la destrucción de todas las cosas es necesaria para la evolución. Y precisamente las viejas estructuras deben caer para que se produzca el progreso y la transformación. La vida no pierde con estas devastaciones, al contrario, gana. Quien tiene ojos para ver, ve y comprende; quienes aun no los han conquistado gritan, lloran y se rebelan inútilmente. Don Eugenio obstaculizó el progreso, pero como no somos islas, el mundo de autoritarismo con el que soñaba no se logró. El dolor no se preserva, la ley es de armonía, de progreso, de justicia y de abundancia, y el destino de todos es un mañana siempre mejor. Las fuerzas conservadoras, o, permítanme jugar con las palabras, esos "conservadores", nunca permanecen. Los progresistas caminan junto a la ley natural y por eso, tarde o temprano, ganan. La Humanidad no retrocede en sus logros progresivos, avanza la mentalidad humana en inteligencia y una mayor comprensión de la vida. Es imposible volver a ideas anteriores.

Don Eugenio alimentó a bestias furiosas, fuerzas destructivas y enojadas y tuvo que lidiar con ellas mientras portaba la pesada tiara que lo hacía soberano del mundo. Incluso él, con su inteligencia única, se equivocó al evaluar a quién había etiquetado como peón en su tablero. Durante todo el reinado de don Eugenio, Hitler fue una piedra grande y tosca en su zapato rojo, obstáculo para su ascensión a la santidad humana hasta este momento del Siglo XXI.

Y no tardó en darle dolor de cabeza en política internacional. El ideal de don Eugenio era enfrentar a nazis y comunistas, dos grandes imperios que luchaban y se destruían entre sí en Europa del Este. Ese era su interés y eso tenía su bendición y su amén.

Ya al comienzo de su reinado, don Eugenio comenzó a verse ensombrecido por las profecías de Pío XI en su lecho de muerte sobre la derrota en la guerra.

Pocas cosas enfurecieron más a Eugenio en su vida que la noticia del acuerdo Berlín-Moscú sobre Polonia, en el verano de

1939. Stalin y Hitler, unidos, fueron una pesadilla para Pacelli. No pudo creer lo que veían sus ojos ni los cristales de sus gafas doradas.

Polonia, una nación fervientemente católica, devota de María como ninguna otra, estaba amenazada. Se movió, buscando el puesto de Pastor Angélico, de mediador, de embajador divino para la paz, y trató con los líderes mundiales. Finalmente, se mostró satisfecho con la noticia que Polonia tenía intención de resistir y que no temía las amenazas de las que se veía como objetivo. Los polacos declararon valientemente que preferían pensar en perder su libertad a Hitler que perder el alma a manos de Stalin.

Desde la redefinición de las fronteras al final de la Gran Guerra, cuando anexó regiones de la entonces Unión Soviética, Polonia había estado involucrada en guerras. Los rusos miraron con otros ojos la acción militar de Alemania contra Polonia para alcanzar la ciudad-estado de Danzig.

Hubo tratados entre Inglaterra y Francia que se comprometían a defender a Polonia en caso de un ataque, lo que convirtió la situación en una situación peligrosa. Una danza de la muerte tuvo lugar en el escenario de Europa en torno a ese pequeño territorio.

Durante meses, los intentos de varios políticos, incluido don Eugenio, de evitar la acción militar y, finalmente, ampliar dando la guerra a todo el continente, fracasaron.

El 25 de agosto de 1939, Hitler posicionó sus fuerzas militares a kilómetros en la frontera polaca. Polonia no estaba en condiciones de afrontar sola el ataque militar alemán.

Valientemente, desplegó todas sus fuerzas y su caballería en las fronteras contra los tanques blindados nazis; sin embargo, el centro del país quedó completamente desprotegido.

Seis días después, Hitler firmó la Directiva número 1 para la conducción de la guerra, poniendo fin a las posibilidades de una solución pacífica y autorizando el uso de la fuerza. Al día siguiente, las fronteras con Polonia estaban cubiertas de sangre cuando comenzó la invasión.

La firma del documento que contiene esta orden determinó la muerte de 70 mil personas en Polonia. En un despliegue de furia, devastación y eficiencia militar incomparable, Alemania arrasó la nación polaca en un ataque rápido y violento. La fuerza aérea alemana diezmó los aviones polacos, que apenas tuvieron oportunidad de despegar del suelo, y bombardeó y destruyó sin piedad todas las instalaciones militares. Cumpliendo el pacto con Stalin, el ejército ruso invadió territorio polaco a mediados de septiembre, y a finales de mes se consolidó la invasión y anexión de Polonia, con la división entre alemanes y soviéticos. La población civil fue reducida a una condición cercana a la esclavitud, y todo esto sucedió en menos de 30 días. Los países aliados presenciaron con pánico este acto de violencia sin precedentes y declararon la guerra a Alemania, pero en realidad esto significó muy poco y, para el pueblo polaco, nada.

En Roma, don Eugenio, ahora Papa, recibió peticiones de religiosos polacos y de políticos bien intencionados de todas partes para hablar y repudiar la acción militar en Polonia, pero ni sus labios abrieron ni su mano escribió. No pronunció ninguna palabra contraria y el silencio fue su respuesta. Y ésta sería la política del Vaticano durante toda la guerra y la llamada Guerra Fría.

Como estaba fuera de su control, don Eugenio en secreto, temprano en la mañana, hizo girar la pieza frente a su tablero con el nombre del dictador nazi entre sus dedos, odiándolo. El juego; sin embargo, apenas comenzaba.

CAPÍTULO XX
EL PACIENTE

De repente escuché gritos provenientes del jardín. Este es un hecho inusual, ya que suele ser un lugar muy tranquilo. Con mi concentración rota y mi atención despertada hacia otro hecho, distinguí los gritos familiares de nuestro paciente más desarmonizado. Apoyé la cabeza en una de mis manos, abandoné el análisis y transformación del dossier en texto y, reuniendo mis mejores sentimientos y mi voluntad, me concentré en enviarle energías tranquilizadoras.

Poco después aumentaron los clamores y gritos. Me levanté y fui hacia la ventana. Hubo conmoción. Vi llorar a mucha gente siendo tratada, y otros furiosos al ser reprimidos por nuestros trabajadores. Los gritos mezclaban palabras de repudio y adoración, y unos pocos, de rodillas, rezaban. La mayoría; sin embargo, observó la escena en esa tradicional y natural formación circular alrededor del evento. En el epicentro, caído, luchando, con las manos, Lolek se tapaba los oídos y gritaba mucho, pareciendo competir con la conmoción que lo rodeaba. Instintivamente miré en dirección a la habitación de Georges. Al igual que yo, observó la escena desde la ventana con los brazos cruzados. Juntos nos miramos.

Entré a la oficina del asesor, quien tranquilamente observaba la escena. Él nos saludó y señaló a Lolek. Entendimos su pensamiento y, juntos, casi en un movimiento sincronizado, descendimos al centro del malestar de nuestro jardín.

Ricardo estuvo al lado de Lolek, protegiéndolo, sin interferir en la crisis. Cuando vio a nuestro asesor, su expresión se relajó, y lo vi sonreír afectuosamente mientras decía:

- Georges dijo que el resultado no sería el esperado, pero yo no me lo imaginaba...

El consejero simplemente le devolvió la sonrisa tranquila y serena, como si el jardín estuviera en característica paz a su alrededor.

Permaneció allí, quieto, en silencio, en oración y, como un mantra, emitió un solo pensamiento y una idea: la calma.

Georges, Ricardo, yo y los demás trabajadores tomamos la dirección y nos unimos a él. Poco después, una energía rosa, ligeramente lila, envolvió al grupo más desequilibrado, silenciándolos y calmando el revuelo. Fue como echar agua en el centro de un fuego. A medida que se extendía, el "fuego" se fue apagando hasta que solo los asistentes se cansaron. La crisis de Lolek perdió intensidad, pero no cesó. El supervisor lo observó y luego dirigió su mirada hacia los demás asistidos. Muchos de ellos, que habían abrazado la fe católica en su última y reciente reencarnación, que estaban despertando en el mundo espiritual y que no tenían conocimiento ni conciencia de la vida como fenómeno material-espiritual, no comprendieron que eran regidos por leyes naturales, inmutables y sabias. En resumen, que el grupo más exaltado se diferenciaba poco o nada de la condición promedio de los encarnados en la Tierra y reaccionaba como tal.

- Queridos míos, vuelvan sus tareas. Lo que están viendo aquí es simplemente un espíritu, un ser humano, como cualquiera de nosotros. Probablemente hizo trampa y en eso ganó mucho. Él también se equivocó, y considerando lo mucho que se equivocó en la vida, supongo que se equivocó mucho o no estaría viviendo en este lamentable estado de conciencia. Mírenlo ahora. ¡Sufre, sigue gritando! Sentimos su desesperación. ¡Dense cuenta!

El asesor guardó silencio y dejó de emitir energía a los asistentes. Como olas, las vibraciones desesperadas y armoniosas de Lolek envolvieron los alrededores. Solo los trabajadores de la institución quedaron inmunes a ella. Observando el impacto del sentimiento de esa conciencia arruinada en ellos, vi a muchos llevarse las manos al pecho o a la garganta, a otros taparse los oídos y tambalearse vertiginosamente.

El consejero se volvió hacia Georges y le preguntó:

- Lleva al paciente de regreso a la sala original.

Inmediatamente, Georges se acercó a Lolek, colocándole una mano en la frente y la otra en la base del cuello y susurrándole firmemente al oído.

- ¡Calma! - Repitió la orden unas cuantas veces hasta que fue respondido, luego dijo: - Levántate y sígueme.

Más rápidamente, Lolek cedió a la orden y se alejó apoyado por Georges y Ricardo, quienes se abrieron paso entre el grupo silencioso.

- Se dieron cuenta de lo innecesario que es hacer algo importante por el sufrimiento. En este momento, no albergamos a nadie con mayores dificultades en esta institución. ¡La vida es sabia! No necesitamos actuar para corregir una conciencia descarriada por los numerosos errores cometidos. Sigan con sus vidas y recuerden esta experiencia para evitar ilusiones futuras con la cultura de nuestra Humanidad y, principalmente, que no necesitamos poner en peligro ni agravar el sufrimiento de nadie. Vayan en paz, hijos míos, y piensen.

Noté que nuestro asesor había dispersado al grupo, sin prescindir de ellos de las sensaciones captadas por las energías de Lolek.

- Vivirán con ellos durante algún tiempo hasta que se disuelvan por sí solas. Teoría sin práctica no es sinónimo de aprendizaje - me dijo.

- Sí – entendí -. Es didáctico. Fue una crisis, en mi opinión. Más grande de lo esperado, pero beneficioso.

- Creo que Georges actuó con pleno conocimiento de lo que hacía. No le sorprendió. Era pura lógica. Conocimientos aplicados simples. El desorden en el jardín puede haber sido impactante; sin embargo, las lecciones que nos sacan de nuestra zona de confort, que nos molestan, nos hacen pensar y muchas veces son agentes de transformación rápidos y eficaces. Lolek pidió esta exposición, y esta experiencia advirtió el orgullo y la vanidad del Santo. Muchas de nuestras personas protegidas todavía mantenían en sí mismas las voces de experiencias religiosas comandadas por la Iglesia, no confrontándolas con la realidad; simplemente superpusieron conceptos internamente. Esto genera falta de claridad y objetividad, confusión y, como consecuencia, inseguridad que desencadena el miedo. Ver a alguien como Lolek y, más que eso, sentir su sufrimiento es un terremoto conceptual. Georges sabía lo que hacía, José. Podemos extraer de este episodio excelente material de análisis y resultados emocionales e intelectuales profundos y positivos para explorar.

- Ilusiones perdidas - comenté sonriendo.

- Este es un libro cuya trama en la Tierra, en su etapa actual, aun se repite incansablemente - dijo el asesor y tomándome del brazo emprendió nuestra caminata.

Rápidamente la escena terminó por completo, pero, mientras caminábamos, observé que las conversaciones estaban dominadas por el episodio y, naturalmente, sin que nada estuviera previsto previamente, los trabajadores, según sus posibilidades y las de los asistidos que tenían bajo sus cuidados, analizaron la situación, exaltando que las ilusiones no construyen nada, que para crecer es necesario deshacernos de ellas y que la santidad es un concepto cultural humano. O hemos visto varios enfoques que distinguen las religiones de la religiosidad y las creencias de la fe, confianza.

La energía densa y desesperada de Lolek todavía flotaba, pero su peso se transformó gradualmente y proporcionó un momento de revisión íntima de conceptos más profundos previamente comprendidos, tengan fe y religiosidad humanas.

- Es como en un día nublado, José. Ambiente pesado, caluroso y húmedo para lluvias. Solo se necesita una triple ráfaga de viento y pronto la naturaleza se reorganiza, se purifica. Las leyes naturales actúan de la misma manera, ya sean físicas o morales. Yo era el trío ráfaga de viento. Sé que en algunas de ellas habrá inundaciones - bromeó el consejero y prosiguió –. Georges también lo sabe. Al permitir este acontecimiento, confió en las leyes de la vida y en el equipo. Sabía que podía romper estas ilusiones, promover este terremoto, ya que todos tienen acceso a la verdad en sus vidas, conciencias para reorganizarse. Observemos la devastación y esperemos el progreso. ¡Buen trabajo, José!

El asesor me soltó del brazo y caminó rápidamente hacia su oficina, dejándome frente a la mía. Lo pensé un segundo y decidí ir a buscar a Georges. El expediente era solo el pasado que me explicaba el contexto de las elecciones de nuestro paciente; él no cambiaría, era letra muerta. Georges observó y trabajó en la mente de Lolek, vida pura en estado puro, un presente que construye un futuro. Ahí era donde necesitaba estar para mirar y vivir el momento actual. Si en nosotros se rompen las ilusiones, ¡qué maravilloso! Hermoso espectáculo, incluso si los actores lloran, gritan y es doloroso.

Es brillante, porque el mañana será limpio y claro, real y firme. Feo y malo es el espectáculo de seres a los que se aferran ilusiones o, cuando se rompen, se rebelan, porque entonces el dolor durará más y el equilibrio y la lucidez se retrasarán. Fueron intercambiados por el balancín emocional creado por la ilusión: ahora están elevados, viviendo en un castillo de arena, ahora llorando estruendos en los que el viento o la marea de la vida transformaron el castillo. Euforia y dolor, ninguno enseña, ninguno es saludable. Ambos son transitorios; sin embargo, su duración en nuestra vida depende únicamente de nosotros mismos. De hecho, son solo diferentes manifestaciones del desequilibrio.

Pensando así, llegué a la habitación de Lolek, la escena me resultaba familiar. Georges estaba sentado en posición de loto en el suelo, con una mano apoyada en la espalda de Lolek, quien, a su lado, yacía en posición fetal, todavía llorando. ¿Ocurriría un diluvio en esa alma?

CAPÍTULO XXI

TERAPIA

Georges me miró y eso fue suficiente para comprender que, si quería quedarme, debía sentarme y esperar. Obedecí. No sé cuánto tiempo estuvimos así. Conocía ese procedimiento por otros casos que seguí: Joana, Gabriel, Irina; los recordé inmediatamente. La crisis les pertenece y parte de su dolor, de su desequilibrio, necesita exteriorizarse, desaparecer, liberar espacio en su universo emocional. Dejar de llorar para llorar es un derecho y una necesidad que no se les debe negar. Las lágrimas cumplen una función, al igual que una sonrisa. Es la manifestación de un sentimiento denso, que es la tristeza en sus múltiples variantes: pena, duelo, arrepentimiento, culpa y enfado. Esto hace que el ambiente donde alguien llora sea energéticamente pesado y en nosotros resuenan los mismos sentimientos, que no siempre son bien resueltos. Por eso, acogerlos requiere salud emocional.

En esta línea de pensamiento, recordé la reciente comparación, orientación sobre crisis emocionales relacionadas con fenómenos climáticos. Sin duda Lolek albergaba en su interior una tormenta de grandes proporciones, por eso lloraba tanto y con tanta desesperación.

Sabía que Georges no permanecía pasivo al lado del paciente. Analizó y meditó mucho sobre la crisis que estaba presenciando; sin embargo, no interfirió en ella. Interferir sería asfixiarse. Lolek ahogó sus dolores íntimos entre lágrimas. Todavía no tenía espacio mental o emocional para drenar esa tormenta a través de las palabras. No podría pensar racionalmente ni lidiar con las emociones evocadas por los recuerdos. Georges me había enseñado a hacer lo mismo que él: meditar, construir en mí calma y comprensión para acompañar las crisis de los demás sin afectarme a mí ni a ellos, interfiriendo de ninguna manera. ¿Fue el ejercicio de la conformidad o la pura aceptación de su necesidad?

Como manifestación de una ley natural de la vida, que no tenía otra forma de ser o manifestarse en ese momento.

No es un ejercicio fácil. A los ojos ansiosos de muchos que piensan en la caridad solo como acción, nuestra actitud parecería una fría indiferencia; sin embargo, alcanzar este estado, que nos permite estar al lado del sufrimiento sin sufrir, requiere que nos liberemos emocionalmente de lo destructivo. Variantes de tristeza, tener en nosotros este sentimiento natural está en equilibrio y lo utilizamos correctamente. A propósito seré repetitivo: y necesito tener salud emocional, tener una tristeza sana dentro de mí. Y la tristeza es uno de los sentimientos que más enferma al ser humano. Necesitamos conquistar lo que nuestro consejero llama la sabiduría de las sabidurías: la conformidad. Conocer, reconocer la acción, actuar interna y externamente de acuerdo con las leyes de la vida, aceptándolas tal como son, sin idealizaciones ni ideas románticas. Aceptar, incluso, lo que aun ignoramos de ellos, conscientes que Dios es inteligencia, amor y justicia. Vivamos el estado de confianza que encierra este concepto.

Adaptarse a las formas de la conciencia universal no es tarea de apresurados, que creen haber hecho un gran trabajo cuando hablan incansablemente al lado de alguien que llora, hasta el punto que el individuo respira, ahoga sus sollozos y sonríe. El imprudente piensa: "Hice caridad, ayudé a esa persona." Y enseña: "¿Ves? La caridad moral no cuesta nada, es fácil, está al alcance de todos." Horas o días después recibes la noticia que la persona ha recaído o incluso se ha suicidado. Conociendo la eficacia de esta práctica caritativa, no hay reflexión, solo repetición.

Necesitas conocerte y reconocerte a ti mismo para identificar dónde puedes, dónde estamos y qué podemos hacer, y, identificando una profunda crisis de conciencia marcada por la sombra oscura de la tristeza, por su manto denso y asfixiante, estudiar la tristeza antes de hacer cualquier cosa. No ofrecer ayuda en este ámbito como quien se lanza al agua para salvar a alguien que se está ahogando, y no es un nadador nato. Estar cerca de la tristeza y no enfermarse es para quienes han alcanzado la inmunidad. Aprender a desarrollarlo es un paso necesario para cualquiera que busque salud emocional.

Lolek lloró mucho. Ricardo nos había advertido sobre esto cuando lo trajo a la institución. Nos dijo que lo había observado desde hacía algún tiempo, equivalente a varios años y que la crisis era invariable: llanto desesperado, desgarrador, prácticamente continuo.

Georges apartó la mano que descansaba sobre él, se inclinó hasta que estuvo cerca de la cabeza del paciente y habló suavemente:

- Lolek, estás de vuelta en la primera habitación que ocupaste en nuestra institución. Sé que estás grabando mis palabras, así que, amigo mío, piensa por qué estás aquí. Compara con experiencias anteriores y con lo que experimentaste recientemente. Evalúa tus deseos, intenta descubrir qué te hizo querer quedarte en la otra ala. Me dijeron que llevas mucho tiempo llorando así, pero eso no me preocupa. Llora todo lo que necesites para hacer tus necesidades. Cuando te canses, cuando tu conciencia y la Naturaleza que la gobierna determinen un respiro en esta catarsis, piensa en lo que te sugiero. Pregunta, conócete a ti mismo. Respóndete tú mismo y te ayudará, refrescará esta emoción y garantizará el espacio recién creado, vencido con esta dolorosa catarsis. Amigo mío, vivir no es sufrir; sufrir no es purgar tus errores; el sufrimiento no es un castigo. Vivimos para evolucionar y alcanzar la perfección espiritual, por tanto, vivimos, en la materia y fuera de ella, para aprender a sufrir y en consecuencia de nuestra rebelión. Aprende y, en consecuencia, te liberarás del sufrimiento. La vida es tu regalo, tú la recibiste y la construiste como quieres, simplemente no puedes escapar de la Naturaleza, la suya: es inmortal y condenada al progreso. Te dejaré ahora. Si quieres hablar conmigo, puedes llamarme. En cualquier caso, te volveré a ver.

Georges besó el cabello blanco de Lolek y se levantó. Sonriéndome, señaló la puerta. En el pasillo, mientras caminábamos, dijo:

- Es hora de esperar, José. Todo tiene su tiempo. Vamos, déjalo que explique sus últimas experiencias. Mañana volveremos.

Otro ejemplo de la aplicación de la filosofía a la vida diaria para lograr el equilibrio: en qué fuerza entra el alma no queda. Ésta es una lección muy antigua.

No había manera de obligar a Lolek ni obligar a nadie a cambiar su estado emocional, porque me molesta o porque la otra persona está enferma y quiero ayudarlo. La acción debe proceder del interesado. "Ayúdate y el cielo te ayudará"[6], como enseñó Kardec. Solo teníamos que esperar y esperar el momento adecuado para extender la mano, porque las manos eternamente extendidas se cansan. Ésta es la sabiduría de observar: hacer lo mejor, en la finca adecuada, sin ansiedad por solucionarlo. Caminar codo con codo con las leyes de la vida, trabajando en consecuencia.

Acordamos las próximas visitas y retomamos nuestras actividades.

Al día siguiente lo escuchamos llorar en la puerta. Nos miramos, Georges suspiró y entró en la celda. La seguí y tomé mi lugar de observación. Sin cambios. Me pareció una escena congelada en el tiempo.

Georges se sentó en su habitual posición de loto, tocó el hombro del paciente y habló con calma:

- Hola, Lolek. Vine a verte.

Noté la meticulosa elección de las palabras. Nada de buenos días ni preguntas educadas sobre cómo estaba. Era obvio que el momento perfecto no había nacido. Estaba lejos de ser eso. Eran

---

[6] KARDEC, Allan. *El Evangelio según el Espiritismo*. Capítulo 25, punto 2.

preguntas que lo irritarían, que revelarían la falta de empatía del terapeuta, aunque fueran una mera expresión de cortesía, trivialidades. Habrían cerrado puertas a la relación con él en lugar de abrirlas.

El paciente no mostró la más mínima reacción y aparentemente no notó nuestra presencia. Georges esperó mucho tiempo, quería una reacción, pero no llegó. Entonces me hizo una señal y me acerqué.

- Observa, José, cómo tortura la culpa y qué lejos está del arrepentimiento.

Centré mi mirada en la mente de Lolek. Escenas seguidas que, si se compara con la fotografía cinematográfica, se diría que es hermosa, en parte hermosa. Ambientes lujosos y aireados, gente bien vestida, unos hermosos paisajes naturales. No hubo violencia, enfermedades, dolencias, tragedias, muertes, ni siquiera fueron tristes. De hecho, podría catalogar a muchos como eufóricos, festivos. Sin embargo, emocionalmente eran fríos. El lastre fue la indiferencia. La mayoría de las escenas revelaron interés y apego personal.

Comenté brevemente mi observación con Georges y, para variar, me sorprendió una vez más.

- Sí, pero fíjate cómo reacciona ante estos recuerdos. Solloza, suspira, se permite sentir el cansancio porque se siente cómodo con ellos.

Mi gran amigo miró el conjunto, sin empantanarse en los detalles, extrayendo consideraciones que le llevaran a comprender la esencia de su paciente. Yo, una persona detallista, leí su historia. ¡Bien! Los hechos se hacen y deshacen en el tiempo, a lo largo de nuestras múltiples existencias materiales, pero sus orígenes están dentro de nosotros, en nuestros sentimientos, en nuestros valores, en nuestras creencias, en nuestra capacidad intelectual. ¡Aquí está la fuente! ¡Conócela! Trabaja en fortalecerla o destruirla y cambiarás la realidad de los hechos.

Lolek yacía inmóvil, postrado en el suelo. A intervalos más largos y durante mucho tiempo, sollozó. El llanto había cesado. Sí, se deleitaba con esos recuerdos, reviviéndolos.

- ¿Fascinado por su propia experiencia? - Pregunté en tono sugerente.

- Quizás por sí mismo, por la percepción que hace de sí mismo en esos momentos - respondió Georges analizando posibilidades.

- No llora, tal vez porque no se siente "culpable..." ¿Es eso?

- Es una hipótesis, José. Analicemos. Por favor llama a Ricardo. Voy a necesitarlo.

- ¿Ahora? - Pregunté sorprendido y curioso.

- Sí. Te espero aquí.

Encontré a Ricardo estudiando en nuestra biblioteca. Le informé de la petición de Georges y pronto terminó la actividad, guardó su material y se dispuso a acompañarme. Lo admiraba por no hacer preguntas. El monito curioso era yo.

Vi una rápida expresión de disgusto en el rostro de Ricardo cuando miró a la persona atendida. Georges se dio cuenta y sonrió diciendo:

- No lo condenes, Ricardo. Él no tiene la misma fuerza de pasión que tú.

- ¡Mmm! - Refunfuñó Ricardo en respuesta -. Ya veo. ¿Qué quieres, Georges?

- Necesito que acompañes a Lolek. Quiero que observes sus recuerdos y cómo reacciona ante ellos. Hazme un expediente al respecto - pidió Georges, sonriendo con picardía.

-¿Vas a leerlo? - Preguntó Ricardo, ¡impasible!, serio.

- Sí, lo leeré en tu presencia - aseguró Georges con una sonrisa aun más amplia por la reacción de Ricardo.

- Observa lo que recordó, si lloró o no... ¿Puedo hacer algo como: sí o no? - Preguntó Ricardo, serio.

- Un poco más detallado. Quiero que identifiques sus emociones ante los recuerdos - notando un aire de incertidumbre en la expresión de Ricardo, Georges se levantó del suelo, señaló su lugar y, acariciando suavemente el brazo del ex obispo, animó -. ¡Confío en ti! Estoy seguro que podrás hacerlo.

Vi a Ricardo tragar saliva, pero no rechazó el trabajo.

Se subió las faldas de la sotana, se las estiró y se sentó en el mismo lugar y posición que Georges. Respiró hondo y los rastros de disgusto e incertidumbre desaparecieron de su expresión.

Finalmente, tendió la mano a Georges y le dijo:

- No traje nada para tomar notas.

- Oh, claro - respondió Georges, entregándole su propio material sobre el paciente.

Ricardo miró el material y lo abrió, y yo me apresuré a seguirlo. Decepcionados, nos miramos. Solo había unos pocos símbolos y lo único que entendíamos eran los signos de interrogación.

- Volveré más tarde, Ricardo - anunció Georges -. Y muchas gracias por tu ayuda.

Ricardo, resignado, se limitó a despedirse de nosotros.

CAPÍTULO XXII
OBSERVACIONES

Seguí a Georges en silencio, mientras pensaba en la decisión de dejar a Ricardo vigilando a Lolek. ¿Por qué Georges no dejaría la tarea a uno de sus asistentes más calificados, como Chiara o Amaral?

Recordé que había dicho que el cuidado de Lolek sería una nueva etapa en la propia terapia de Ricardo. Observé atentamente y Ricardo admitió las dificultades con el reflejo emocional provocado por Lolek. ¿Cuál fue el propósito de Georges? Sabía... sabía que no era una asignación aleatoria.

Comencé a descomponer la escena, tratando de comprender sus acciones.

- ¡Entendí! - Exclamé involuntariamente hablando en voz alta.

- ¿Qué? - Preguntó Georges, que caminaba alegre, sereno y despreocupado.

- Tú – respondí simplemente -. Necesito regresar. Me quedaré con Ricardo. Prometo no interferir con el trabajo.

Georges me miró, sonrió, enarcó una ceja y dijo:

- Bien. ¡Hasta pronto!

No respondí y, a toda prisa, regresé a la celda de Lolek.

Ricardo estaba tan absorto en su tarea que pensé que no había notado mi regreso. Me acomodé en un rincón más oscuro y todavía me disponía a empezar a observar, cuando me sorprendió.

- Pensé que volverías, José. La historia tiene lugar aquí, ¿no?

- Sí. Prometo no molestarte.

- Conozco tu discreción. Estoy acostumbrado a que me vigiles. ¿Sabes que me olvido de tu mirada? De vez en cuando recuerdo que eres un prototipo humano del telescopio, de hecho, hoy en día sería mejor compararlo con una sonda espacial. Aterrizas sobre la gente.

Él sonrió, divertido por la comparación. Ricardo entendió la intención de Georges y la mía también. Sabía que lo estaban observando y eso no le afectaba.

En silencio, centramos nuestra atención en Lolek. Decidí empezar a seguir la tarea de Ricardo.

Lolek permaneció postrado y, finalmente, los sollozos lo invadieron levemente, haciéndolo suspirar, señal que la energía de la emoción aun circulaba por él. Había ondas de colores oscuros y opacos irradiando de él, y noté un esfuerzo por parte de Lolek, siguiendo la guía de Georges. La solicitud se hizo para recordar el episodio reciente. Escenas de la entrevista mezclado con la imagen de Chiara, que con el tiempo se volvió dominante. Se relajó significativamente y la expresión de su rostro adquirió vivacidad y brillo. Las ondas enérgicas mostraron un color ocre con tendencia al marrón rojizo.

Me moví al lado de Ricardo y le mostré mi nota. Levantó ligeramente la suya, permitiéndole verla. Sensualidad. Nuestra observación coincidió. Lolek encantado durante unos minutos, recordando la aparición de Chiara. Algunos rasgos, especialmente el cabello, le recordaban, sin mucha emoción, a Harina; sin embargo, los modales dulces y suaves evocaban el recuerdo más intenso de otra mujer. Los recuerdos que la rodeaban eran densos, largos y mezclados con muchos otros. Sentí ganas de interferir en su proceso y hacerlo concentrarse.

Me sentí como esta mujer, pero me resistí. Lolek luego siguió a esa maraña de recuerdos y pensamientos. Era una canasta de gatos, coma Georges se refería a la falta de orden y educación mental. Un tortuoso lío que consumió mucha energía y le hizo vivir como un zombie: sin rumbo, sin guía, sin control. Todo el universo interior en caos.

Mientras escribía, Ricardo lo miró. Me detuve y, de reojo, miré sus notas, a las que había añadido: "torturado por el deseo."

Presté atención a las escenas que se sucedían rápidamente y encontré el patrón. Lolek revivió su vida sexual anterior e, instintivamente, se acurrucó en posición fetal, manipuló la región genital, agitando energías genéticas. Humano, demasiado humano. El recuerdo de la expresión tan utilizada por Nietzsche me ayudó desde el impacto del momento, acercándome la aceptación de la condición de ese ser. Ricardo me tocó el hombro, transmitiéndome silenciosamente consuelo y comprensión. Él no se inmutó y continuó mirándolo fríamente.

Esa situación inusual generó una estabilización en el torbellino de pensamientos de Lolek, que ganó el centro que yo anteriormente había querido ayudar a crear. Entonces emergió una joven desnuda de bellos rasgos, expresión apasionada y lánguida, largo cabello castaño rojizo, ojos castaños verdosos, piel muy blanca con algunas pecas y senos voluminosos. Lo escuchamos susurrar:

- Irene.

El nombre me recordó la historia contenida en el expediente.

CAPÍTULO XXIII
EL SACERDOTE

Tras completar su doctorado, el hombre que regresó a Polonia se parecía poco al joven que había buscado refugio en el seminario clandestino. Al presentarse ante su superior después de cinco años, fue recibido efusivamente. Luego de un largo y sincero abrazo, los dos hombres se dirigieron al comedor.

- Hoy estoy solo - informó el superior, ofreciendo una taza de té humeante -. Estoy orgulloso de ti; correspondiste a mi inversión. Tenemos una pelea muy seria aquí, Lolek. Los cañones callaron, pero la guerra de ideas continúa. Predije esto. El socialismo salió fortalecido de esta lucha. Los rusos jugaron y están jugando un doble juego peligroso. Apoyaron a Hitler y lo engañaron. Se unieron al lado de los aliados y los traicionaron. Fue un cálculo correcto, ya que dos más dos son cuatro. Alemania dividida, Berlín dominada. Primero, infiltraron sus ideas en universidades y sindicatos, y crearon redes publicitarias, difundiendo estas malditas creencias. La guerra continúa; solo cambiaron la trinchera y las fronteras. Por eso invertí en ti, Lolek. La Iglesia polaca necesita médicos, intelectuales y pensadores que puedan hacer frente a esta corriente. Necesitamos preocuparnos por nuestro pueblo, por la libertad y por nuestra fe.

- Lo sé. Hablamos mucho de esto en Roma. El Santo Padre está profundamente preocupado por el avance del socialismo. Ha utilizado la radio, los periódicos, la televisión y el cine para fortalecer nuestra posición. Me fascinó y me impresionó. Es un arte poderoso, mis conocimientos de dramaturgia me ayudaron a ver claramente un camino de alianza entre el arte y la iglesia, un camino que siempre ha existido. Simplemente visite la Capilla Sixtina y la Basílica de San Pedro, que son obras impresionantes. Dominan la mente de quienes los ven, imponen devoción. Nuestro Santo Padre es un hombre de visión, se dio cuenta del momento de cambiar de camino, pero no tanto. Utiliza la dramaturgia, tiene un don natural. Noté algunos de sus cuidados que me enseñaste.

Adam, el superior, sonrió satisfecho, animando a su alumno a continuar la narración.

- Desde hace años nadie ve al Santo Padre excepto vestido. Dicen que, desde mucho antes de asumir el Papado, no ha vestido ropas ordinarias. No come ni bebe con otras personas, solo en su apartamento con la Madre Pascalina, a quien todos la llaman "la sirvienta del Papa." Y muy reservado. La exposición en los medios de comunicación se realiza bajo estricto control. Nada, es espontáneo, ¿sabes? Predica un sacerdocio en el mundo, pero no del mundo. Toda su conducta pública enfatiza esta idea. Se diferencia, se eleva y la gente lo venera. Lo admiro mucho y creo que, con beneficio, podemos utilizar más estos conceptos aquí. Enriquecer las ceremonias públicas, llevar la mayor cantidad de gente posible a manifestaciones de fe, grandes procesiones, ceremonias elaboradas.

- Sí, sí, Lolek. ¡Claro que sí! Estas son las grandes sugerencias. Las necesitamos, las adaptaremos a nuestra realidad. Aquí las grandes trincheras son las universidades y los jóvenes. Y una generación rebelde, que está muy marcada por la guerra. Recuerden que fueron niños, son sobrevivientes, quieren cambiarlo todo y creen que así no habrá más guerras ni sufrimiento. Trabajamos para reconstruir nuestra fe, para revivir la Polonia católica. Tienes mucho que ocultar, ¿sabes? La oposición a nosotros aumentó significativamente. Seguimos siendo mayoría, pero la oposición no perdona al Santo Padre y al clero por lo que hizo el nazismo. Ya sabes... Oficialmente, nuestra arma era el silencio y tiene que seguir siéndolo. No nos importa debatir este tema. Y de las cosas que el silencio había enterrado.

El Santo Padre hace bien en guiar a los sacerdotes en esta línea de pensamiento.

- Viajé mucho en estos años fuera de aquí. Fui a Francia muchas veces. Conocí el movimiento de los sacerdotes obreros, defendido por parte del clero francés. Personalmente, no creo que sea buena idea mezclar la vida religiosa y la vida secular.

El sacerdocio compagina con la profesión docente, siguen la misma línea de actuación. Otras profesiones deben permanecer dentro del ámbito interno de la iglesia.

- Sí, sí. Hemos adoptado esta conducta durante siglos y hemos salido victoriosos con ella. No es momento de cambiar. ¿Qué dice sobre la política del Santo Padre? - Preguntó Adán.

- Es un hombre fuerte y astuto. Identifica muy bien dónde está nuestro enemigo: los socialistas. Nosotros, en Polonia, lo sabemos bien. En Rusia, en México, y hay amenazas que involucran América del Sur y Central. Y necesita detenerlos. El Santo Padre ha predicado un sacerdocio conservador, centrándose en cuestiones religiosas. Al actuar sobre la conciencia de nuestros feligreses, permaneceremos fuertes. Y, como dije, no escatima en el uso de la comunicación. Tuvo que someterse a dolorosos tratamientos dentales, utiliza dentadura postiza y lo hizo para hacer más audibles su voz y su dicción, preocupándose por su desempeño en discursos y apariciones públicas. Vive muy en serio la antigua jerga romana que dice que no basta que la esposa del César sea honesta, tiene que parecerlo. El Santo Padre da esta lección. No nos basta con ser; necesitamos parecer clérigos. Diferenciarnos de lo humano, de lo común. Hay una idea preconcebida en el imaginario de las personas sobre cómo somos o deberíamos ser, de hecho, esto existe una idea sobre muchas cosas. Y profundamente idealizado; por lo tanto, fácilmente les hacemos creer lo que sea, siempre que esté de acuerdo con esta idea internalizada. Esto es favorable para nosotros. Nos relacionan con lo divino, con el poder supremo, con lo desconocido y nos atribuyen la capacidad de vencer el miedo y la oscuridad. Pocos de nuestros gestos serán suficientes para alimentar y generar un mito y así liderar el rebaño. Pío XII lo hace muy bien, pero es mejorable. Es un jurista, un diplomático, conoce intuitivamente el arte que practica, no es un dramaturgo. ¿Entiendes?

- Siempre empleamos artistas para acercar al hombre a Dios, a la religión - comentó Adam, pensativo -. Pintores, escultores, arquitectos. Sus obras transmiten nuestro mensaje, trabajan para nosotros. Pero si entiendo tu forma de pensar, crees que es hora de un gran cambio.

- Sí, sí, Adam. Exactamente. El Santo Padre es vidente. Nuestro mundo ha cambiado enormemente y esto se debe a la comunicación. Antes usábamos las artes de la pintura, la escultura, la arquitectura para comunicar nuestro mensaje al pueblo, para llegar a los alfabetizados y analfabetos. Hoy existe un canal más eficiente: la radio, la voz. Antes necesitábamos que la gente viniera a nosotros, al templo, para recibir este mensaje, ahora no. Nuestra voz puede llegar a cualquier lugar, en cualquier momento, entrar en los hogares de millones de personas y ser entendida. El Santo Padre se dio cuenta de ello y él mismo lo ha utilizado. Ya no necesitamos artistas seculares. El clero necesita convertirse en artista, y el gran arte de este nuevo tiempo es la dramaturgia. Quienes dominemos este arte haremos carrera e historia. La imagen nos ayuda. La liturgia y los rituales siempre favorecerán, o mejor dicho, completarán la función de las demás artes y la idealización del sacerdocio. Los sacerdotes paganos de todos los pueblos antiguos gozaban de poder y prestigio por esto. Los imitamos, seamos claros entre nosotros. Se recrearon mitos mezclados con el mensaje de Jesús y sobre Él símbolos y rituales. Tenemos mucho que ofrecer en términos de entretenimiento. ¡Grandes espectáculos! Imágenes de la coronación del Santo Padre, por Pío XII, difundidas por el mundo. Se inmortalizaron a sí mismas. Estas demostraciones de poder reavivan la fe de la gente en nosotros. Ese es el camino.

Adam escuchó la entusiasta explicación de Lolek. Ese no era exactamente el camino que quería para sí mismo. Aquellas ideas estaban lejos de su propósito de enviarlo a Roma para fortalecer e intelectualizar al clero polaco en la guerra contra el socialismo que se libraba en las universidades. Consideró íntimamente que su alumno estaba lejos de la realidad y que necesitaba adaptar los planes para él. Una revisión de la realidad, un enfrentamiento con la realidad de la vida de un párroco, algo que Lolek desconocía. Su formación se produjo en tiempos de excepción, y la vida en Roma tampoco le ofreció esta experiencia. Recordó al joven al que había acogido hacía casi una década. No le gustaba trabajar. Este recuerdo lo calmó, ya que la conversación lo había preocupado. Prefería creer que se trataba solo de un entusiasmo ocasional. Observaría durante unos días antes de decidir su destino. Él era su superior y no importaba cuán amigos fueran. Su autoridad sería válida y no tenía ningún problema en usarla.

Pasaron los días y, para consternación de Adam, las ideas de Lolek estaban lejos del intelectual católico que esperaba formar. Se encontró frente a un populista soñador y quedó decepcionado. Su tesis doctoral inacabada poco o nada le inquietaba. Su tema favorito era el fomento del culto a María y su aprecio por algunos místicos de la iglesia como el Padre Pío, que vivió en la actualidad en el interior de Italia, y el Cura de Ars, de la Francia del siglo XVIII, a lo que dedicó horas y horas de estudio. Quedó impresionado por la devoción que despertaba en la gente, por lo que su foco de estudio fueron las acciones del religioso, no sus pensamientos. "Parece un sastre copiando un patrón", pensó con disgusto el superior, una mañana, al observar a Lolek en sus investigaciones y conversaciones sobre el cura. Adam decidió que era hora de poner fin a esa ilusión, por lo que silenciosamente se dirigió a su oficina y se paró frente al mapa de las congregaciones que tenía bajo su dirección. Muchos de ellos necesitaban sacerdotes. La mirada del superior se fijó en el más lejano de ellos, un pequeño y aislado pueblo rural. Pocos sacerdotes se quedaron allí. Fue excelente en su propósito de confrontar a Lolek con la realidad. Allí conoció a la gente que sufría, que trabajaba duro, ganaba poco y desconocía casi todo. "Sí. El lugar ideal. Entre establos y pocilgas se habría olvidado del lujo de Roma", pensó Adán.

Hombre de acción, Adam no consideró una segunda idea. Se sentó y escribió la carta de presentación de Lolek como nuevo sacerdote de esa aldea. En minutos estaba listo, enviaba un mensaje de texto estándar. Lo envolvió y lo colocó sobre la consola junto con el resto de la correspondencia.

Solo a última hora de la tarde Lolek se enteró de la carta. Lo recibió de manos de un seminarista, quien de hora en hora inspeccionaba la correspondencia a la espera de mensajes de familiares y amigos.

- ¡Señor! - Llamó al tímido joven mientras le entregaba el sobre -. Esta carta es para ti.

Sentado a la mesa, leyendo y comiendo, Lolek, sin más curiosidad, cogió la carta. Solo podría haber sido uno de sus colegas en Roma hablando de la desafortunada tesis que necesitaba completar.

Lolek se sorprendió al notar que el sobre no tenía sellos y no había sido enviado por correo postal. Lo abrió y, cuando vio el papel oficial del obispado, comprendió que Adam estaba terminando su período de "vacaciones." Estaba esperando el encargo para enseñar en una universidad, pero sabía que tendría que completar su tesis, por lo que la carta lo sorprendió. Leyó el comunicado y sintió que se le helaba el cuerpo, recordó sus experiencias en las minas y en el ferrocarril y pensó que este lugar no sería muy diferente. Al final, se enojó. Hablaría con el superior.

Impetuosamente se dirigió al despacho de Adam. Llamó y abrió sin esperar respuesta.

Adam leyó los periódicos enviados por el Vaticano. Lo soltó y tomó las gafas, mirando los lentes.

- Lolek.

- Adam, recibí esta carta - y mostró el sobre.

- Sí. Y recién ahora lo leíste. Lo dejé allí por la mañana. Esperé toda la tarde a que vinieras aquí - respondió Adam dócilmente.

La postura del superior recordaba a la de un gato cargando, una pose de desinterés y dominio al mismo tiempo.

- Esperaba que cumplieras el acuerdo - se quejó Lolek.

- Digo lo mismo, joven. Llevas casi diez días aquí y todavía no te he visto trabajar ni un solo día mientras completas tu doctorado, pensé mucho y decidí que un período de prácticas en esta comunidad sería excelente para ti. Si vinieras aquí a la pregunta, quiero recordarle que recibiste una orden de tu superior. ¡Cúmplela!

Lolek tragó en seco. Adán hablaba en serio y era su obispo. No había lugar para la discusión. Si decidía enviar a un estudiante de doctorado a la pocilga, eso era todo.

- Empaca tus cosas. Tu billete de tren ya ha sido comprado. Tú sales mañana. En la estación habrá alguien que te llevará a su destino. Espero que puedas aprovechar tu admiración por el Cura de Ars. Por lo que sé, le gustaba vivir entre pobres y campesinos - comentó Adam, ajustándose las gafas y volviendo a leer el periódico.

Lolek entendió que lo único que le quedaba por hacer era empacar sus pertenencias y al día siguiente caminó hasta la estación de tren con una maleta en la mano. Había encontrado la nota en la mesa del desayuno. Adam ni siquiera había venido a despedirse de él. Los pocos seminaristas y el sacerdote mayor le desearon éxito y la protección de María para su inicio en el sacerdocio y acompañaron a la puerta.

Subió al tren y, mientras avanzaba lentamente hacia el campo polaco, pensó: "Será una gran prueba ver cómo reacciona la población local a mis ideas. Le demostraré a Adam que mi estrategia para conquistar el socialismo es más eficaz que la suya. La razón nunca ha movilizado revoluciones; ese campo es la pasión. Es necesario inflarlo, despertarlo. Después una vez que las llamas estén encendidas, simplemente soplarlas en la dirección que desees. Será un período muy interesante. Y breve. No me quedaré allí mucho tiempo."

Alimentando esta disposición, Lolek llegó a su destino sonriendo. El tiempo había cambiado y el cielo gris y nublado se había convertido en lluvia con relámpagos y truenos.

- ¡Que noche! - Dijo Lolek al hombre que encontró en la estación.

- Un momento horrible, padre. Lleva dos días lloviendo sin parar y con la tormenta a punto de amainar no parará pronto.

- No. Trabajó toda la noche. ¿Puedes decirme si hay algún lugar donde pueda pasar la noche?

- El pueblo está un poco lejos, padre. Si quieres, puedes pasar la noche conmigo aquí en la estación hasta que mejore el tiempo. Caminar por esta carretera oscura y congestionada no es bueno. El lugar es tranquilo, pero nunca se sabe.

Los relámpagos atravesaron el cielo y rápidamente iluminaron el paisaje. Lolek vio el patio inundado que rodeaba la estación, y más allá árboles y plantaciones. Su inusual anfitrión estaba siendo bastante razonable. Tenía que ser honesto: ni siquiera sabía qué dirección tomar.

- ¡Que la Madre del cielo te bendiga por tu generosidad! Acepto tu oferta. Soy el nuevo cura del pueblo - se presentó Lolek, diciéndole al hombre su nombre.

- Soy Piotr, el responsable de la emisora, padre. Es un placer darle la bienvenida. Ven conmigo por favor. Necesito cerrar esta estación. Este fue el último tren que pasó por aquí esta noche. Mi casa está al lado. ¡Venga! - respondió el hombre tomando la maleta de la mano de Lolek, quien rápidamente y sin protestar se la entregó.

- Mi mujer me espera para cenar - prosiguió Piotr -. Con este clima y después de un día de viaje, la comida caliente te vendrá bien.

- Por favor, no te molestes. Un invitado inesperado y desconocido es suficiente. No es necesario que se moleste en compartir la comida, señor Piotr.

- Padre, mi Evangelina se ofenderá si no comes su comida. Es una buena cocinera. No se preocupe, porque aquí todavía nos sobra. Seguramente habrá comida para ti.

Lolek sonrió y dejó caer los hombros. El gesto de simple aquiescencia y la amplia sonrisa convencieron a Piotr. Mientras ordenaba sus papeles y apagaba sus herramientas de trabajo, comentaba sobre la vida religiosa local.

- Gracias a Dios, el obispo se acordó de nosotros. Hace muchos meses que no tenemos ningún sacerdote en el pueblo. Es un problema cuando ocurre una emergencia. Tenemos mucha gente anciana y enferma aquí.

Creo que existen en toda Polonia después de esos años horribles.

- Ah sí. Desgraciadamente, lo que nos queda son escombros y esperanza - coincidió Lolek -. ¿Cómo les iba los entierros y los últimos sacramentos?

- Padre, en tiempos de guerra, imagino que nuestra Madre del cielo nos acoge y nos guía. En este valle de lágrimas y sufrimiento no siempre contamos con una bendición religiosa y razón hay mucha ira aquí. Señor, piense conmigo: sufrimos mucho, muchos mueren y ni siquiera podemos darles cristiana sepultura a estas almas. Oramos y pedimos a Dios y a la Virgen María por sus almas; sin embargo, sabes que esto no es suficiente. Necesitábamos un sacerdote. Gracias a Dios el obispo te envió. ¡Joven y saludable!

Lolek escuchó todo en silencio. Piotr era un hombre sencillo, pero debido a sus deberes estaba por encima de la media de los residentes. Satisfecho, identificó en sus palabras la idea que defendía: la gente se creía inferior, necesitaba un sacerdote, alguien entre ellos y Dios y, por tanto, por encima de ellos. Estaban predispuestas a creer y obedecer, tanto que su ropa fue suficiente para que el hombre les abriera las puertas de su hogar, sin preguntas.

Evangelina fue una mujer amable, que lo recibió de la misma manera espontánea, confiada y sumisa que su esposo, no escatimó esfuerzos para complacerlo y demostrarle que se sentía honrada de recibirlo. Ella hizo todo lo posible para darle una noche cómoda, colocando piedras calientes entre las sábanas y consolándolo con mantas de lana en la cama de la habitación de invitados. Lolek correspondió al gesto distribuyendo generosamente oraciones y bendiciones a la pareja.

La mañana siguiente los agraciaba con un cielo azul, un viento frío y un sol tímido que iluminaba el pueblo. Temprano en la mañana, después del café, Lolek estaba dispuesto a caminar hasta la iglesia.

- Padre, haré los arreglos para que un aldeano nativo lo lleve a nuestra iglesia. Espere un poco más. Le garantizo que antes del mediodía estará en la rectoría – pidió Piotr, señalando el camino embarrado.

- No te preocupes, mi buen amigo Piotr. He trabajado en minas y en el ferrocarril durante la guerra; estoy acostumbrado a los locales difíciles. ¡Me gusta! Créelo. No será un camino embarrado que me impida comenzar el servicio religioso lo antes posible.

Mientras los dos hombres discutían, Evangelina salió y regresó con el herrero del pueblo.

- Padre - dijo, dirigiéndose a Lolek -. Este es Dimitri, nuestro herrero. Lo llevará a la iglesia.

-¡Ah! ¡Mira, padre, cómo mi mujer es rápida! Mientras yo pensaba qué hacer, ella ya había resuelto su problema de transporte - dijo Piotr, orgulloso de su esposa.

- ¡Nuestra Señora la cubra de bendiciones y la proteja con Su sagrado manto! Eres la providencia que María personifica en el mundo - dijo Lolek sonriendo y haciendo gesto de bendición sobre Evangelina: Poco después le tendió la mano al herrero y lo bendijo también -. Dios lo bendiga, Sr. Dimitri. Vamos. Desde ayer le estoy haciendo pasar un mal rato a la señora Evangelina.

Llegué aquí en medio de la tormenta y esta amable pareja me recibió, dándome cama y comida. Además de todo, el estrado todavía estaba preocupado por mi transporte. Simplemente los molesté y tomé su tiempo.

Impresionado por la humildad, la amabilidad y las demostraciones de fe del joven sacerdote, Dimitri se adelantó y tomó la maleta que sostenía Piotr.

- Por supuesto, padre. Vamos. No te sorprendas. Vamos en una carreta de bueyes. El camino es un desastre, mi auto se quedaría atascado. La carreta carro es más segura.

Lolek se sobresaltó, pero no mostró nada. Se subió lo más que pudo las faldas de su sotana y caminó entre los charcos de agua y barro hasta el carro, limitando todos los gestos de Dimitri, subió al carro como si estuviera acostumbrado y se sentó en el banco de madera sosteniendo la maleta. No sirvió, porque el carro estaba cargado de calabazas y bolsas de patatas.

- El peso ayuda en el barro, padre - explicó Dimitri.

- ¡Claro! Entiendo. ¿Está la iglesia muy lejos?

- No, señor.

La carreta avanzaba lenta y pesadamente por el camino embarrado, mientras Lolek agradecía sinceramente el cuidado de Evangelina. Habría sido doloroso caminar a través del atolladero.

A la entrada del pueblo, Lolek vio a mucha gente saludándolo y dándole la bienvenida. Él correspondió, hizo la señal de bendición varias veces a derecha e izquierda y notó que algunas personas fueron conmovidos. Lo consideró una excelente señal. Mientras tanto, Dimitri charlaba sin parar. No necesitó mucho para animarse a continuar y creer que estaba siendo escuchado con atención, ya que cualquier sonido era suficiente. Ni siquiera necesitaba decir una palabra.

Finalmente se detuvieron frente a la iglesia. Algunos feligreses, que había acompañado la carreta, se pararon junto a la puerta para darle la bienvenida. "Estaban ansiosos por tener un sacerdote", pensó Lolek mientras bajaba torpemente de la carreta.

Lolek sorprendió a Dimitri y a media docena de personas que los acompañaban cuando, al cruzar el portón del patio de la iglesia, dejó caer su maleta sobre un banco de piedra, se arrodilló, se santiguó, murmuró una oración y besó el suelo embarrado.

Luego, se puso de pie sonriendo y naturalmente se secó la boca y la punta de la nariz con un pañuelo de algodón blanco. Acompañando a Dimitri, saludó, conversó y agradeció, individualmente, a cada uno de los feligreses presentes por el esfuerzo que hicieron para acogerlo.

Lolek se dio cuenta que los había conquistado y se alegró. Allí comenzó la obra de su vida: la construcción de un mito.

CAPÍTULO XXIV
EL PROFESOR

Después del primer mes, Lolek sonrió con satisfacción mientras completaba La carta a Adam anunciándole el trabajo del mes y su proyecto para atraer a niños y jóvenes. Lo ensilló, lo metió en el bolsillo de su sotana y cogió su sombrero negro de ala ancha del colgador junto a la puerta. Luego se dirigió hacia la estación de tren donde también se encontraba el servicio de mensajería, enviando bolsas de correo en el tren nocturno.

Al ver de lejos la figura vestida de negro en el camino, Piotr se apresuró a preguntar, gritando desde la ventana:

- ¡Evangelina, trae té y galletas aquí! Nuestro sacerdote está llegando.

Evangelina, que estaba limpiando un lecho de especias en el jardín, inmediatamente abandonó su trabajo, se levantó sonriendo y saludó positivamente a su marido. Con largas zancadas, finalmente cruzó la corta distancia hasta la puerta de la cocina. Como el resto del pueblo, quedó encantada con el joven sacerdote humilde, bondadoso, de una fe impresionante y devoto de María. Les gustó la forma sencilla y alegre en que se comunicaba. No siempre entendieron sus homilías y sermones, pero no les importó. Cuando decía algo relajado, todos reían, rezaban juntos y se sentían sostenidos por los sacramentos y protegidos por su presencia. Fue suficiente para hacerlos felices y agradecidos.

Lolek estaba satisfecho con su laboratorio. Así fue como pensó sobre esa experiencia. Obtenía exactamente la reacción que deseaba de la gente. Ese primer mes fortaleció su convicción sobre cómo influir en el futuro y cómo derrotar al socialismo, su preocupación central en ese momento. Días después, cuando Adam, solo en su oficina del seminario, leyó la carta de su alumno, su reacción fue bien distinta. "Pero, ¿qué cree que está haciendo, Madre del Cielo? ¿Es un idiota sin cerebro y sin sentido de la realidad? No. No puedo haber estado tan equivocado. Debe ser el entusiasmo de la juventud. Nunca le oculté dónde estaba nuestra verdadera lucha de nuestro país. No podemos ceder ante el régimen soviético. Será el fin de la iglesia. Él necesita entender esto de una vez por todas. Tenemos que enfrentarlos en el campo de las ideas; no podemos dejar que crezcan en las universidades y en las escuelas. Esta politización de la educación no se puede tolerar. El hombre es más que política, poder temporal. La dimensión humana y la dimensión del alma no se pueden olvidar. El hombre sin fe se parece al animal; solo será el animal más inteligente en la Tierra. No, no, tenemos que poner diques", pensó Adam después de leer rápidamente la carta de Lolek. Dejó la carta a un lado y comenzó a escribir la respuesta. Ojo, no desmotivó a Lolek en su "trabajo" en la pequeña y sencilla comunidad donde lo había enviado. En cambio, no le escribió ninguna palabra de aliento ni de elogio, se limitó a felicitarlo por su labor evangélica y comenzó a escribir sobre sus propias aflicciones, alumno de algunos movimientos vaticanos que, en aquellos primeros años de la posguerra, se mantuvieron fieles al silencio, instando al clero a mantener una postura de neutralidad y respondiendo discretamente a las críticas de la prensa y de una parte de la población, decepcionada por la acción de la Iglesia ante los horrores vividos en los últimos años: pidieron que se divulgue la acción de Pío XII para proteger a Roma de los bombardeos y la acogida de algunos judíos en conventos y monasterios católicos, escondiéndolos de los nazis e impidiéndoles ser llevado a los hornos alemanes de los campos de concentración. Adam finaliza la carta exigiéndole que complete su tesis de doctorado, ya que necesitaba urgentemente doctores católicos, preferentemente del clero, para afrontar la guerra ideológica que se combatieron. "Recuerda la razón por la que fuiste enviado a Roma", decía el superior al final de la carta.

Sin embargo, los meses fueron avanzando y las mayores noticias que recibió Adam fueron sobre las actividades de la parroquia, el creciente acercamiento del padre Lolek con los jóvenes, la promoción de caminatas, campamentos, representaciones teatrales y procesiones.

Lolek era una de esas personas apasionadas por la escritura. Comenzó en este período y solo paró cuando la enfermedad lo obligó. Su producción es envidiable en cantidad - unos pocos miles de páginas al año -; sin embargo, la calidad de estas obras, créditos y un capítulo aparte. Probablemente usó la escritura como catarsis o el deseo de perpetuar los propios pensamientos.

Adam, al igual que su superior, era consciente de estas actividades y las toleraba hasta el punto de adquirir el color de una preocupación recurrente. Se dio cuenta que había en las actividades con los jóvenes hay un gran énfasis en discutir la vida sexual, el amor conyugal, la contracepción, la homosexualidad.

Al final del quinto mes de Lolek al frente de la pequeña parroquia, Adam ordenó a su asistente directo que supervisara personalmente sus actividades.

El padre Frederico, un Jesuíta ultraconservador y experimentado, no había seguido la formación sacerdotal de Lolek durante los años de la guerra. Fue uno de los refuerzos del clero polaco para hacer frente al avance de la ideología comunista entre los fieles y ayudó a Adam a dirigir la universidad católica de la ciudad.

El incidente ocurrió en la oficina del obispado, cuando Adam pasó toda la correspondencia con Lolek al padre Jesuíta, sin hacer ningún comentario.

El experimentado sacerdote se quitó el monóculo de la nariz, lo colocó ceremoniosamente en la caja y, con expresión pensativa, lo guardó en el bolsillo de su camisa blanca. Finalmente suspiró y miró a Adam mientras decía:

- Preocupante. Conocemos bien las tentaciones al inicio de la vida sacerdotal. Este joven tiene un gran potencial, pero corre también es un gran riesgo de desviarse del camino y convertirse en un problema más para la iglesia.

- Estoy totalmente de acuerdo con su valoración, padre Frederico. Me gusta mucho este joven, es inteligente, carismático y cautiva a la gente con mucha facilidad. Creo en su potencial, por eso invertí en su carrera. Confieso que tolero, digo que no veo algunos de los pecados sexuales de nuestro clero siempre que sean discretos. No tolero el escándalo. ¿Entiende?

-. Sí, por supuesto. Lo entiendo perfectamente.

- Y usted considera que su cercanía con los jóvenes...

- Las jóvenes - intervino Adam, enfatizando el género.

- ·Ajá… más preocupante – comentó Frederico abriendo mucho los ojos - ¡Bien más!

- Sí. Es una parroquia pequeña, algo rural. Instituto de carrera profesional...

- ¡Obvio! Obispo, si me mostraras todo esto es ¿por qué tienes un plan? ¿Qué quieres de mí?

- Que supervise a nuestro párroco en el lugar. Tienes autorización para actuar en mi nombre en lo que consideres necesario, si detectas el problema que sospechamos - respondió Adam -. Sé que tienes muchas responsabilidades, pero me gustaría que priorizaras esta tarea.

Frederico se rascó la barbilla, pensó y respondió:

- Me iré en unos días. Quizás el próximo jueves, así puedo seguir las actividades del fin de semana. Parece que es entonces cuando este joven ha realizado sus "actividades de acercamiento."

- ¡Excelente! Me gustaría que esto quedara entre nosotros, padre – pidió Adam.

Frederico miró alrededor de la habitación y con aire relajado dijo:

- No hay nadie más aquí. Haré los arreglos para el viaje y diré que mi ausencia es por asuntos familiares.

- Una inducción justificada al error, sin ser mentira - comentó Adam con aprobación.

La tarde del jueves, Piotr recibió con cortesía y alegría indescriptible al sacerdote Jesuíta vestido con su sotana y sus austeros zapatos. Frederico tenía cerca de cincuenta años, tenía las sienes grises y algunas arrugas en las comisuras de los ojos. Para Piotr esto significó una vida dedicada a Dios, la religión y otros, y por lo tanto le debían un gran respeto.

Frederico era un hombre astuto, amigable y fácil de tratar y no tuvo grandes dificultades para ganarse la amistad y la confianza de Lolek. El sentimiento era mutuo y sincero, aunque Frederico no había revelado que cumpliera el papel de supervisión de forma especial y extraordinaria, permitiendo a Lolek creer que se trataba de una visita rutinaria del asistente del obispo a su pequeña parroquia.

Siguió todas las actividades del joven sacerdote y descubrió el origen de la preocupación de Adam cuando, el domingo por la tarde, siguió una actividad de senderismo en la montaña con un abundante refrigerio de pan, queso, salami y cerveza. Era evidente la adoración de dos jóvenes por el padre Lolek. Competían por la primacía de ayudarle en cualquier actividad y bebían sus palabras como si fueran néctar, tal era el encantamiento. Y él, a su vez, alimentaba esa pasión juvenil, brindándoles atenciones, bondades, caricias disfrazadas envueltas en la figura paternal y asexuada del "hombre de la bata."

Frederico observó en silencio. No podría decir que la situación se hubiera extrapolado a una relación afectivo-sexual con uno o ambos, pero tampoco diría lo opuesto.

Lolek; sin embargo, cautivó al estricto Jesuíta con su entusiasmo, con la sinceridad de su afecto por su patria y con sus ideas de combatir el régimen comunista de formas distintas a la confrontación directa. Frederico vislumbró a un político astuto, algo que Adam aun no había visto. Sin embargo, le faltó un enfrentamiento con la realidad. El jesuita comprendió fácilmente que Lolek había escapado de los horrores de la guerra y de la soledad ingresando en el seminario y que, durante su doctorado en Roma, disfrutó de las buenas condiciones del Vaticano, sin mayores preocupaciones.

Frederico, entonces, decidió hacer algunos cambios en la rutina de Lolek. Durante una cena de domingo, cuando en la rectoría solo quedaba el estrado, Frederico empezó a hablar:

- Realmente aprecio tu trabajo, Lolek. Necesitamos este entusiasmo en nuestras parroquias. Sabes que todavía atravesamos un momento muy difícil en nuestra patria y no podemos ignorarlo. Hay una lucha seria contra el comunismo que llama a nuestra puerta cada minuto. Nuestro primado ha fomentado esta reacción enérgica, y sabes que fue un líder de nuestra resistencia y es un devoto mariano ejemplar.

Frederico hizo una pausa y analizó la reacción interesada de Lolek.

- Sí, lo conozco. Lo admiro mucho - respondió Lolek.

- ¡Pues bien! Para cumplir con esta orientación hemos trabajado mucho en el obispado y, como sabes, nos faltan prohibiciones y pastores jóvenes como tú, por eso me gustaría que me acompañaras en algunas visitas.

Lolek se sintió valorado y se sonrojó ligeramente. Con su disposición habitual, respondió:

- Será un gran placer. Realmente me gustaste y creo que trabajaremos bien juntos. Tuvimos un pequeño espectáculo estos días, ¿no? Como viste, la parroquia aquí es pequeña y tranquila, y no tengo nada en qué ocupar todo mi tiempo. He estado leyendo mucho, me gusta escribir, pero con todo esto a veces me gana el aburrimiento.

- ¡Excelente! ¡Esto será bueno para los dos! Empezaremos el miércoles. Regresaré a la ciudad mañana y nos reuniremos contigo en la estación el miércoles por la mañana, ¿te parece?

-· Claro. Te estaré esperando.

- ¡Excelente! Usaré un coche del obispado. Espérame alrededor de las 8 am. El día será largo. Prepárate.

Una gran sonrisa fue la respuesta de Lolek. La idea de abandonar la aldea rural era una promesa inútil. Después de vivir los últimos cinco años en Roma, visitando las principales capitales y centros de peregrinación católica de Europa, los cinco meses bucales tuvieron un sabor a tiempo que nunca pasa, a una eternidad hecha de repetición. Solo la pasión de los jóvenes feligreses lo distrajo; sin embargo, sabía que era un camino peligroso. No había sido tan ingenuo como para involucrarse con ellos y era consciente que necesitaba abandonar ese pueblo.

El miércoles, según lo acordado, Frederico estacionó el auto del obispo al lado de la estación; sin embargo, afuera no había nadie esperándolo. Hacía mucho frío por la mañana y dedujo que Lolek lo estaba esperando en el despacho de Piotr.

- ¡Padre Frederico! ¡Que sorpresa! - dijo Piotr mientras abría la puerta -. Entra, por favor.

- Buenos días, Piotr. Les agradezco; sin embargo, mi demora es breve. El padre Lolek accedió a esperarme aquí a las ocho de la mañana, pero llegué tarde. Son casi las 8:30 am - respondió el padre Frederico consultando su reloj de bolsillo.

- Me imaginé que estaba contigo, refugiándose del frío.

- No padre. No ha llegado todavía. Debes saber que nuestro querido sacerdote es una excelente persona, pero no lleva reloj ni suele mirarlo - dijo Piotr sonriendo.

- ¡Es cierto! No lo sabía, Piotr.

- Entonces, creo que será mejor que entres y esperes. Traje un café nuevo, recién colado y colocado en una botella térmica. Entra, siéntate y tómate un café conmigo. El padre Lolek debería llegar pronto. Suele llegar tarde, pero no mucho.

Frederico ocultó su descontento ante la información sobre la falta de puntualidad de Lolek, sonrió y aceptó la oferta de Piotr. Mientras conversaban, Frederico consultaba subrepticiamente el reloj de pared de la oficina. Veinticinco minutos más tarde, feliz y sonriente, Lolek llamó a la puerta. Saludando y, al ver las tazas usadas sobre la mesa de Piotr, preguntó:

- Mi buen amigo, el café de doña Evangelina es el mejor del pueblo. Veo que ya has disfrutado de una taza. ¿Quedará para mí?

Frederico tomó nota mental que Lolek no se disculpaba por llegar tarde a una cita, no había dado ninguna justificación y aun consideraba que podía pasar más tiempo durante el día tomando café.

- No tenemos tiempo, padre Lolek - anunció Frederico levantándose y disimulando su reprimenda con una sonrisa en consideración a los fieles que presenciaban el encuentro. Continuó:

- Esperé mucho tiempo y nuestra agenda para hoy es ajustada. ¡El café es realmente bueno! Gracias y saluda a tu esposa, Piotr. El padre Lolek y yo nos vamos porque nuestro día será largo.

Frederico se puso el sombrero negro en la cabeza, le tendió la mano a Piotr, lo bendijo y se fue. Lolek no se inmutó ante la reacción de Frederico y, con total intimidad, se dirigió hacia la bandeja donde estaban el café y las tazas. Se sirvió media taza y bebió el líquido de un sorbo. Dejó la taza, miró a Frederico que controlaba su irritación y bromeó:

- Fue solo un segundo. Ya voy, padre Frederico. Gracias amigo - dijo Lolek dirigiéndose a Piotr. Entonces, con pasos largos y rápidos alcanzó a Frederico a pocos metros del vehículo.

Al final del día, Frederico detuvo el vehículo frente a la casa.

El párroco del pueblo se despidió de Lolek y anunció:

- La semana que viene saldré temprano. Espérame a las 7:30 am en la estación. Sin demora, ya que nuestro itinerario será más largo y doloroso. Por favor, córtate el pelo y aféitate. Asegúrate que tu ropa luzca bien - advirtió Frederico, mirando con desaprobación la ropa manchada y arrugada de Lolek -. Eres un sacerdote, no eres un vagabundo ni un artista bohemio. Tu apariencia debe ser un referente de limpieza y buena presentación, así como la puntualidad demuestra tu seriedad y compromiso.

- El barbero del pueblo es granjero. Padre Frederico, si prestó atención a mis feligreses, debe haber notado que el barbero necesita anteojos - respondió Lolek bajándose del auto -. Te veo la próxima semana. Realmente disfruté el día. Espero haber sido útil.

Frederico asintió levemente. No podía negar que el joven sacerdote era carismático, lleno de energía y que había motivado a los religiosos visitados ese día.

- Esperaré los resultados para responder si te fue útil o no. El día fue agradable, promete buenos resultados, pero solo los hechos me convencerán - respondió Frederico.

Lolek sintió el aire frío de la noche que rápidamente se acercaba y, sin darle importancia a la posición de Frederico, se abotonó el abrigo, se echó la bufanda alrededor del cuello, se puso el sombrero en la cabeza, metió las manos en los bolsillos y caminó apresuradamente hasta la entrada de la casa, saltando el muro que rodeaba la propiedad al lado de la iglesia.

La rutina de Lolek y Frederico se consolidó y con ella una amistad duradera, a pesar de las diferencias de pensamiento y conducta. Este trabajo aportó al joven sacerdote una experiencia importante: ver la transformación de su amada patria, de la Polonia católica y mariana a una especie de país satélite de la Unión Soviética. La reconstrucción de las ciudades, ahora tras el llamado telón de acero, mostró nuevos conceptos en su arquitectura: todo gris, de líneas rectas, fría, seca, monótona, claramente ideológica. Eran construcciones estériles, que instintivamente despertaban miedo, pues no faltaban rejas, alambres de púas, muros y vallas que nos recordaban que la libertad estaba restringida.

- ¡Horrible! - Comentó Frederico refiriéndose a la nueva construcción de edificios residenciales -. Ningún pico de montaña cubierto de nieve es tan frío y aburrido. El Partido Comunista intenta destruir nuestra identidad polaca, nuestra fe, individualidad; quiere hacerlo todo masivo. Es un estado dictatorial.

Vivimos en una zona de influencia soviética extremadamente fuerte y sentimos esta influencia en todos los ámbitos, incluso en esta horrible arquitectura que nos están imponiendo a la fuerza.

Sorprendido por lo que estaba viendo, Lolek preguntó:

- ¿Y dónde está la reacción de nuestro pueblo?

- Tranquilo, Lolek.

- ¿Pero qué pasa con nuestro teatro? Siempre ha sido una resistencia histórica, de vanguardia. ¿Qué estás haciendo? ¡Mira, Frederico! Estuve mucho tiempo fuera, en Italia, y cuando regresé, nuestro obispo me envió al pueblo, ya sabes. Me sorprende mucho ver las ciudades en este estado. Este vacío estético y aterrador me ensombrece. Me recuerda a un cementerio.

-¡¿Teatro?! Para asistir a cualquier representación hay que acudir a los tribunales y a las asambleas, aconsejó Lolek - Frederico mirándolo.

- ¿Como? No entendí.

- El único teatro que nos queda, lamentablemente, son los juicios políticos. Son ceremoniosos, un aparato digno del teatro monumental del que tanto hablas.

- ¡¿Prisioneros políticos?!

- Sí, Lolek. Los visitaremos hoy. Tenemos muchos campos de concentración todavía funcionando en nuestro país.

- ¿Y quiénes son estos prisioneros? ¿Políticos de la oposición?

-Cualquiera, Lolek. La mayoría de ellos, la abrumadora mayoría, diría yo, son personas comunes y corrientes, sin pertenecer a ningún partido político, que se atrevieron a discrepar o simplemente cuestionar lo que se estaban haciendo a sí mismos, que querían irse a otro país, que querían ser libres. Los políticos de la oposición tenían dos destinos: morir o escapar. Así ha sido desde la invasión, duró durante la guerra y continúa. Actualmente nuestros presos políticos son gente del pueblo, trabajadores, profesores, científicos...

- ¿Y los religiosos? - Preguntó Lolek -. ¿Cuál es nuestra situación?

- Es necesario tener precaución. Algunos fueron asesinados, otros arrestados y muchos se marcharon. El Partido Comunista se está infiltrando en nosotros e incluso interfiriendo en el nombramiento de obispos y arzobispos.

- Obviamente eligiendo a aquellos que apoyan sus pensamientos o que los consideran inofensivos - comentó Lolek, sorprendiendo a Frederico, quien simplemente asintió.

El silencio prevaleció mientras se acercaban a los altos muros de una prisión, en realidad un campo de concentración para presos políticos. Frederico susurró antes de detener el auto para inspeccionarlo:

- ¡Prudencia!

Lolek lo miró con calma y asintió muy discretamente con la cabeza. Frederico volvió a ser sorprendido por la acción del joven sacerdote.

"Hmm, evidencia de capacidad política. Algo para analizar. Adam no habló de eso", pensó Frederico.

* * *

Semanas después, Frederico volvió a estar a solas con Adam, en la oficina, y le contó su experiencia con Lolek.

- Sin duda es un joven prometedor, que necesita orientación, sobre todo en conducta sexual. Le gustan las mujeres, y esto es indicativo de confusión, pero nada que una buena asistencia no pueda resolver. La vigilancia es mi recomendación. También sugiero transferirlo para que ocupe un puesto docente en la universidad.

- ¡Bien! Pero aun falta el título de doctorado. Aun no ha presentado su tesis - dijo Adam mirando a Frederico.

- Podemos presentarlo en nuestra universidad y otorgarle el título - sugirió Frederico.

-Tú eres el director. Si dices que es posible, estoy de acuerdo.

Frederico sonrió. Ese viejo juego seguía divirtiéndole: Adam sabía tanto como él sobre la viabilidad de la solución sugerida, como ya lo habían hecho antes. Sin embargo, dejó que él sugiriera y aceptara una idea que ya había madurado en su mente que probablemente tuvo cuando le ordenó que supervisara a su alumno.

La corta carrera de Lolek en la comunidad terminó. Se doctoró en Teología defendiendo la tesis que la persona es el Cósmico siendo capaz de vivir en comunión con Dios, que la construcción individual de esta comunión contiene el núcleo del drama de la existencia y que, por tanto, sacar a Dios de las cuestiones relativas a la humanidad era, según él, el fin último de la Humanidad.

Propuesta comunista soviética, que querían instalar en Polonia. Era lo mismo que negar a Dios y nuestra esencia humana. Un texto doloroso y místico, completado con la inestimable ayuda de Frederico.

Su ministerio comenzó en las universidades católicas bajo el dominio soviético.

CAPÍTULO XXV

IRENA

El regreso de Lolek a la capital fue rápido, al igual que las despedidas y las promesas de visitar el pequeño pueblo. Lágrimas y sonrisas se despertaron en otros en igual proporción.

Al final, no hubo ninguna diferencia en el joven sacerdote más que el aprendizaje creciente que había muchas maneras en la Santa Madre de resolver lo que fuera del interés de sus líderes, como el tema de graduarse de doctor y muchos otros que estaba descubriendo.

El ajetreo de la vida académica le agradaba mucho más que la vida bucal, además, le permitió reencontrarse con grupos de teatro, algo que extrañaba inmensamente. Por lo tanto, este fue su primer paso.

La nueva rutina resultaba agotadora para Lolek, que impartía clases en la capital y en otra ciudad a más de 300 kilómetros de distancia. Se volvió común verlo caminando apresuradamente por las calles, generalmente tarde a sus citas y abrazado a sus libros favoritos. Lolek cautivó a sus alumnos con facilidad y descubrió con ellos su pasión por el confesionario. Frederico lo buscaba con frecuencia en la universidad y le informaban que estaba ayudando a un estudiante a confesarse.

- ¿Él o ella? - Preguntó Frederico al empleado.

La respuesta fue mayoritariamente "estudiantes", lo que, después de unos meses, hizo que Frederico comenzara a preocuparse y denunciar el hecho a Adam durante la visita de un superior a la universidad para reuniones ordinarias con los profesores.

- Tendremos problemas en esta área. No puedo decir que me sorprenda, ya sabes que no, porque desde los tiempos del seminario me he dado cuenta que él no nació para una vida sexual discreta - respondió el obispo -. ¿Qué averiguaste sobre estas confesiones?

- Son de jóvenes estudiantes. Adolescentes, en su mayoría. Descubrí que Lolek se hizo tan popular porque habla mucho con sus confidentes, les da consejos y estas confesiones no siempre tienen como objetivo perdonar los pecados. Hablan de sus relaciones y pasiones - respondió Frederico.

- No es el primer clérigo que hace eso - dijo Adam -. A muchos creyentes les gusta esto.

- Sí, lo sé, pero me preocupa el tema y los confidentes. Para ser justos, debo decir que sus indicaciones, hasta ahora, han sido de acuerdo con la enseñanza católica: autocontrol, abstinencia, castidad. Sin embargo, observo que no duda en involucrarse en la vida privada de los confidentes en sus consejos. Algunas, en mi opinión, absurdas.

- ¿Tal cómo? - Preguntó Adam con atención.

- Una joven vino a verme confundida luego de recibir un consejo de Lolek. Ella reveló que se sentía atraída por un compañero de clase; sin embargo, el chico aparentemente meritorio no respondió a su interés. Cuando esta mujer "confesó" a Lolek, él le aconsejó que insistiera, diciéndole que debía "educar" a dicho chico para que fuera su compañero. ¡Esto es absurdo!

Y fomentar conductas abusivas y autoritarias, la interferencia en la otra persona. Y fomentar la falta de respeto. Esto; sin embargo, me lleva a pensar que esa es su conducta en tal caso. Tú eres el superior de Lolek, eres su confesor, por eso te pido que lo orientes en este ámbito.

- Yo lo haré, Frederico. Y para el propósito que lo trajiste aquí, ¿cómo está?

- Muy bien. Teóricamente un poco confundido, pero el contorno lo hace con gran habilidad. Para cautivar a la gente con tanta facilidad, los conduce con extrema facilidad. Es un líder nato, muy carismático. Ya sabes lo emocionales que son las personas.

- No juega a confrontar ideas con los comunistas; sin embargo, logra llevar consigo a los jóvenes. Les encantan las actividades que programa: mucho deporte y arte. Creó un coro y los jóvenes ensayan una misa gregoriana. Es un experto, un director artístico nato. También creó un grupo de estudio de filosofía, en el que participan no solo estudiantes, sino también otros profesores. Se trata de actividades extra curriculares que hacen que los alumnos giren en torno a ello prácticamente toda la semana. De este modo, bloquea, neutraliza completamente la influencia de los infiltrados por el partido en la mente de los jóvenes. Es una estrategia que está teniendo éxito, aunque no fue para ese cargo que lo elegimos.

Satisfechos con la conversación, los dos hombres abandonaron la sala en la que conversaban en privado y se dirigieron a reunirse con los demás profesores universitarios para la reunión prevista.

En ese momento Lolek había dejado de vivir en el seminario. Vivía solo en un apartamento alquilado cerca de la estación de tren y había justificado la medida ante su superior citando su difícil agenda y su necesidad de dedicarse a sus estudios. De hecho, leía mucho y mantenía frecuentes y periódicas reuniones de estudios en su residencia, un lugar muy sencillo, cómodo y limpio, que en cierto modo se parecía a su casa familiar.

A diferencia de lo que había hecho en la pequeña aldea, Lolek ahora no llevaba sotana y se le veía vestido de civil. Los fines de semana volvía a su gran pasión: el teatro. El antiguo grupo fue reactivado por algunos miembros que sobrevivieron a los horrores de la guerra en suelo polaco, mucho más larga y aun dolorosa. Aun quedaban brasas de la vieja llama de la resistencia cultural, y Lolek soplaba. Tenía una voluntad firme, aunque trabajé de la mano de la tradición. El mensaje anticomunista se transmitió de forma velada, sin chocar con la fuerte censura ideológica. Él se alejó de las mentes de ese sujeto y los llevó a otros temas, creando así una fuerte reacción pasiva y haciendo que ese cuerpo fuera difícil de mover.

Con esta rutina, Lolek acudía al obispado solo para cumplir con sus obligaciones o cuando era llamado. Estaba realmente satisfecho y feliz con su vida. Le gustaba enseñar y le gustaban sinceramente sus alumnos. Le encantaba escribir y estudiar, y encontraba satisfacción en el teatro, así que, en su opinión, esa fue una verdadera época. La sotana guardada en el armario era un traje de teatro fuera de uso.

En este estado de ánimo, Lolek regresó de otra ciudad donde enseñaba. Era la tarde de un día particularmente triste, los últimos rayos de Sol estaban desapareciendo, cuando subió al tren. Se pronosticaba que la noche sería muy fría. Otro viaje con los pies congelados, la parte superior del abrigo levantada y las manos firmemente en los bolsillos. Pero esa era su tierra y la amaba tal como era, así que, decidido y de buen humor, se subió al tren.

El vagón estaba lleno, cosa insólita, y solo había un asiento disponible. Lolek se acercó y notó que había una persona sentada en el otro espacio. Inmediatamente, su mirada se centró en el brillante cabello castaño de una joven, que parecía sedoso y suave. Miró discretamente la agradable silueta de la joven, a pesar del pesado abrigo gris con cuello de piel. El perfil del rostro mostraba labios carnosos y una nariz ligeramente respingona. La ciudad donde se encontraba estaba cerca de la frontera con Rusia, y allí los rasgos polacos se mezclaban con los de tipo soviético, sobre todo en ese tono de cabello castaño cobrizo y los rasgos más suaves del rostro. "Tal vez sea rusa", pensó. Y, atraído por la muchacha, preguntó educadamente:

- Buenas noches señorita. ¿Este lugar a su lado está libre?

La chica miró a Lolek - tenía ojos verdosos, lo que le encantó - y respondió:

- Sí, está libre.

-¡Ah! ¡Qué bueno! Hoy estoy demasiado cansado para caminar, aunque sea un paseo corto. Disculpe – preguntó y se sentó, colocando los libros sobre sus piernas.

La joven se acercó a la ventana, ya que Lolek era un hombre alto y corpulento, a pesar de ser delgado. Su presencia llamó la atención y, en ese minúsculo espacio, se volvió dominante. Al darse cuenta de su propia actitud, Lolek inmediatamente se retiró, colocándose cerca al pasillo. Con apariencia tímida en su rostro y voz, habló con una suave sonrisa:

- Perdóname. Soy grande y bastante torpe. ¿Estás cómoda? ¿No te estoy acosando? Soy tan estúpido y todavía necesito cargar con todos estos libros... Los únicos del trabajo.

La niña miró los libros y se sorprendió al ver obras de Max Scheler, un filósofo al que apreciaba mucho.

- ¿Eres profesor? - Preguntó la joven, curiosa.

- Sí, lo soy. Creo que llevo conmigo el olor de las bibliotecas y del gas, aunque deja marcas en mi ropa - bromeó.

- Una profesión noble. ¿Enseñas filosofía?

- Sí - respondió, satisfecho con la franqueza de la joven -. ¿Como lo descubriste? - y, para no parecer demasiado estúpido, respondió rápidamente -. ¡Ah, los libros! ¡Claro! ¿Los conoces?

- Sí, me gusta mucho Scheler.

- ¡Qué maravillosa sorpresa! Como puede ver, señorita, él es mi gurú, mi maestro. A mí también me gustan mucho sus trabajos. Y como tenemos este interés común y más de trescientos kilómetros de recorrido en esta fría noche, permítanme presentarme: me conocen como el Profesor Lolek. Mis alumnos adoptaron mi apodo familiar, ¿puedes creerlo? Incluso olvidé mi nombre de bautismo.

Ella sonrió, sintiéndose bien en su presencia al mismo tiempo.

Profesor extrovertido y tímido, de comportamiento intrigante y encantador.

- Irene Wyzynski. Es un placer conocerlo, profesor.

- El placer es mío también, señorita. ¡Cuéntame cómo conociste a nuestro autor favorito! No es una lectura popular.

- En el trabajo. Un amigo médico me prestó uno de sus libros. Han pasado algunos años desde que esto sucedió y desde entonces he estado leyendo las obras de Scheler siempre que puedo. Son libros caros, así que lamentablemente no leo muchos. Me gustaría leerlos todos.

- Disculpa mi curiosidad, pero ¿a qué te dedicas? - Preguntó Lolek.

- Soy enfermera. Serví en la Cruz Roja durante la guerra para escapar de los campos de concentración y acabé descubriendo mi vocación - respondió la joven.

- ¿Huir? ¿Eres judía? - Preguntó Lolek con cautela.

- No, soy católica, pero mi abuela materna era judía. Viví con ella en el gueto de Varsovia durante la ocupación. Cuando la situación empeoró, ella fue quien me remitió a la Cruz Roja. Lo hizo para salvarme - respondió Irena con claro arrepentimiento en su voz -. Se casó con mi abuelo, que era polaco y católico. Fue un matrimonio mixto. Estos prejuicios sobre cosas que hacen tanto daño... viviendo con ella aprendí que, por encima de creencias y religiones, somos humanos e hijos de un mismo Dios. Pero esto sigue siendo un pensamiento minoritario. Mis padres emigraron a Estados Unidos y yo me quedé con mi abuela. Llegamos allí después de resolver algunas cuestiones patrimoniales.

Resultado: la ocupación. Mi abuela esperaba resolver los problemas materiales para darle a la familia mejores oportunidades en la vida. En América; sin embargo, no pasó ni una cosa ni la otra. Todo empeoró. Perdimos nuestras propiedades, no pudimos salir de aquí y la persecución de los judíos empeoró... De todos modos, la historia nos resulta familiar a todos.

- Sí, lo sé. Lo siento. Yo también sufrí grandes pérdidas en esos años de guerra - respondió Lolek y habló brevemente de su soledad y la búsqueda de trabajos que lo alejaran de la guerra -. Quizás esto parezca cobardía, y quizás lo sea - admitió -, pero nada me convence que la solución de las armas resuelva los problemas humanos. Soy pacífico, creo en la política, en el diálogo. Los hombres no fueron creados para matarse y mutilarse.

Después de haber vivido en hospitales militares de campaña, de haber visto la devastación causada por el monstruo del odio y la guerra, Irena escuchó esas palabras como si fueran el canto de los ángeles. La chica trató con hombres enojados y entristecidos; arrepentida, torturada, traumatizada, y escuchar a un hombre hablar de pacifismo era un deleite, un encantamiento. Lolek la cautivó y la atrajo de inmediato, y los dos continuaron hablando animadamente sobre temas profundos, trivialidades y recuerdos durante todo el viaje, sin sentir el paso de las horas.

Cuando llegaron a la capital, Lolek invitó a Irena a compartir con él una cena sencilla en uno de los bares de la estación. Ella aceptó la invitación y luego le permitió acompañarla hasta el lugar donde se alojaría. Finalmente acordaron reunirse para tomar un café al día siguiente.

Un sonido gutural emitido desde nuestro destino me trajo de vuelta al presente. Dejé los recuerdos de Código Rojo y me quedé solo con la observación que, desde la invasión de Polonia hasta el encuentro con Irena en el tren, a principios de los años cincuenta, esa fue la primera vez que Lolek habló de su experiencia personal. Pensé que, en más de una década, esta era probablemente la primera vez que él era verdaderamente él mismo. Pensé que esa información sería importante para su tratamiento y tomé nota de hablar con Georges.

CAPÍTULO XXVI
¿MARÍA O MUJER?

Lolek todavía estaba en el suelo, en la misma posición, pero el llanto había cesado por completo. Parecía ajeno a nuestra presencia, distante, y su mirada estaba fija en el techo. Su expresión era vaga. Mientras me perdía en los recuerdos del trabajo realizado en el expediente, me volví hacia Ricardo y le pregunté:

- ¿Qué observaste?

- Sus pensamientos han oscilado entre el recuerdo de sus amantes y la alabanza a María. Como mariano, su devoción es fanática. No piensa en las llamadas de Jesús. El pensamiento de Lolek se centra en la teología, diría yo, en la mitología creada en torno a la figura de María, y esto le inquieta mucho. Él; sin embargo, tuvo el poder de distanciarlo de las repercusiones de su propio mito y de sus consecuencias actuales.

Noté mi desacuerdo con la opinión de Georges.

- Lolek tiene pasión en él. Y mucho, creo. Algo; sin embargo, lo asfixia o l desvía - respondió Ricardo.

- Recuerdo que, en su informe sobre el expediente, dejó constancia que tenía dudas sobre su devoción católica. ¿Cambió de opinión?

- Sí, José. En algún momento de la vida de Lolek, en esta paranoia que construyó y vivió, comprendió profundamente este mito de María. Me atrevo a pensar que es una forma de controlar su deseo sexual y su obsesión por el tema "sexo" y las mujeres que tuvo.

Tomé nota de hablar con Georges sobre esto. Identifiqué una herida interna muy grande, quizás difícil de drenar.

- Al parecer, el "celibato" le hizo más mal que bien - señalé -. Tiene el perfil de alguien sencillo, lo que se podría llamar un ciudadano común y corriente. ¿Pudiste ver a esta persona, Ricardo?

- Diría que lo vislumbré. Ya sabes, considerando las proporciones, me recuerda al personaje de *El extraño caso del Dr. Jekyll*.

- Doble personalidad...

- No lo creo, José. Él es consciente de esta doble vida, por lo que no se trataría de una doble personalidad. Es algo más simple, menos enfermizo y más humano, creo. Para esto, más difícil de aceptar.

- ¿Consideras que todo problema es exclusivamente moral?

- Me inclino por eso. Un camino sumamente tortuoso guiado por sentimientos, vicios y virtudes contradictorias y confusas, que generan emociones y hechos igualmente acechantes en los que queda tan profundamente enredado como su desconocimiento de sí mismo.

- Excelente valoración, Ricardo - dijo Georges como si se llevara bien entre nosotros.

- Hola, Georges. No noté que te acercabas - dijo Ricardo.

- Noté que estaban muy concentrados y decidí no molestarlos. La conversación me interesó y la escuché con torpeza - confesó Georges, sonriendo -. ¿Cómo fue ese período en el que lo observaron?

- Sin cantata. Ricardo y yo simplemente observamos la crisis y seguimos los pensamientos de Lolek. Creemos haber identificado algunos patrones que podrían ser útiles para la atención al paciente - respondí a Georges.

- Hmmm: En este momento veo que está obsesionado con recuerdos sexuales - comentó Georges, investigando las imágenes en la mente del paciente -. Eso acaba de empezar o...

- O se deleita con esos recuerdos en todos los sentidos que puedas imaginar, Georges. Algunas son muy materializadas y embarazosas para nosotros. Esto; sin embargo, es un trabajo terapéutico. Lee mis notas ahora. Esto salvaría historias - ordenó Ricardo, secamente, entregándole el material a Georges.

Con calma y silencio, Georges recibió las notas y las leyó con gran atención. Al final se volvió hacia mí y me preguntó:

- ¿Puedo leer las tuyas, José?

-¡Ah! ¡Claro! - Despreocupado y divertido, se las entregué, quien rápidamente las hojeó y leyó en voz alta:

- "Sensualidad. Ver: Código Rojo, Irena, Wanda, Tereza, Max Scheler, fenomenología, devoción al mito de María, conflicto con lo femenino, perfil de un hombre corriente, un falso 'yo'." Gracias, José. Para mi trabajo, esto fue relativamente útil.

Georges me devolvió el material y le guiñé un ojo riendo. Respondí:

- Muy útil para el mío.

- Hablemos en mi habitación - invitó Georges.

- Lolek permanecerá en estos recuerdos durante mucho tiempo. Son paralizantes para su mente.- ¿Auto hipnosis? - Preguntó Ricardo de inmediato.

- Sí - confirmó Georges -. Ver el vacío de su mirada fija en la nada. Escape mental. Experimenta sensaciones que agotan la energía. A esto le seguirá la postración; es fácil de predecir.

- Interesante mecanismo - susurró Ricardo.

- Vicioso.

- Muy cruel. Típicamente también perezoso - añadió Georges, despertando mi interés.

- ¡¿Pereza?! No recuerdo haber identificado este comportamiento en él - comenté.

- A veces, esta identificación es tan difícil como reconocer la depresión en alguien que está irritable o que busca momentos de euforia - me dijo Georges.

- ¿La pereza mental como sustrato de esta complicada criatura? - Preguntó Ricardo pensativamente -. Vamos a mirar.

Acompañamos a Georges y, en su taller, nos instalamos, revelando una vieja familiaridad. Ricardo se sentó sobre el diván, como si fuera suyo; tomé la silla al fondo de la habitación y lo coloqué en el centro, casi al lado del diván; y Georges se sentó en su sillón.

- Fue un gran momento en mi vida - dijo Ricardo, mirando a su alrededor y recordando su pasado como paciente de Georges. Finalmente dijo -. Al mismo tiempo, me arrepiento y me enojo con Lolek. Tiene una maravillosa oportunidad; la vida le está ofreciendo una nueva oportunidad de mejorar y ser feliz; nadie lo juzga; queremos ayudarle; y, a pesar de los dolores, debía tener mérito, pues se nos permitió ayudarlo. Sin embargo, me parece que en este caso estoy dando vueltas en círculos y eso me resulta muy difícil. ¡Ya sabes como soy! Me gustan las soluciones, no suelo meterme en problemas. Considero que esto es una pérdida de tiempo. Este baile de un paso adelante y luego atrás me irrita.

- Es realmente agotador si no se tiene la frialdad que da aceptación y conocimiento - argumentó Georges -. ¿Por quién decidiste ayudar, Ricardo? Sé que estabas comprometido con este caso y que has estado trabajando con él durante mucho tiempo.

- Bueno, he estado pensando en eso, Georges. Sabes que todavía tengo una fuerte conexión con Italia. Realmente amo ese lugar en la Tierra, así que voy allí con bastante frecuencia. No hay manera de separar a Italia y la Iglesia católica. Todavía llevo muchas marcas de mi última experiencia, ¿sabes? Todavía no me he quitado la sotana - bromeó Ricardo -. Aunque hoy representa un uniforme de trabajo que me permite identificarme, conozco esta institución por dentro y por fuera. Viví como una encarnación de ella y durante muchos siglos como uno de sus muchos fantasmas, de sus influenciadores ocultos. Malos asesores, lo admito. Yo era simplemente una persona más que vivía, o mejor dicho, prolongaba una existencia terminada por miedo al futuro y a las consecuencias de mis actos. Allí todavía se respira el pasado, y no solo esto se debe a que sobreviven antiguas riquezas arquitectónicas y artísticas maravillosamente conservadas. Y porque muchos espíritus siguen atrapados en estructuras de poder, sexo, intriga y violencia que están en la base de esas bellezas. Hay mucho odio y sufrimiento en los sótanos; sin embargo, también hay espíritus maravillosos, cuerdos, de inteligencia y sensibilidad incomparables, dedicados y profundamente amorosos trabajando allí. Eso me atrae, aparte de que me propuse trabajar rescatando seres que pasaban por problemas similares al mío. Esto me ha hecho un bien enorme, me ha dado paz y felicidad.

- ¿Crees que el caso Código Rojo es un desafío muy grande? - Pregunté, notando que Ricardo evitaba la respuesta directa y objetiva que esperaba Georges.

- Sí lo es. Quizás sobreestimé mi capacidad y me siento impotente. Esto me frustra y me irrita, José. ¿No te irrita también? - Me preguntó Ricardo.

- No. El caso Código Rojo despierta en mí otras reacciones emocionales. Estoy en estado de expectación, de alerta, pero mi interés por el caso es diferente al tuyo. Mi enfoque es la historia de Lolek, sus vivencias, lo que puedo aprender de ellas, el potencial de ayudar, cuando se publicite, en la emancipación de las conciencias en relación a estos mitos que los hombres encarnados aun insisten en materializar en la Tierra. Mi enfoque es desmitificar y mostrar la naturaleza natural de la vida y el proceso de igualdad de las leyes de la vida. Y promover la madurez intelectual y la liberación de ese deseo infantil de protección, de alguien que resuelve y promueve milagros ante los hechos que a cada uno le corresponde trabajar. Ojalá mejore, obviamente. Tu estado yo lo siento, pero no me enfado. Éstas son sus necesidades, necesitan tiempo, su tiempo para superarlas. Es un espíritu todavía tan materializado que su comportamiento me choca unos momentos, lo viste - respondí sinceramente.

Ricardo suspiró, se movió en el sofá, buscando una posición más cómoda, y permaneció pensativo por unos instantes. Un silencio armonioso y vigorizante se instaló entre nosotros.

- ¿Esa es la diferencia, Georges? - Cuestionó Ricardo.

- ¿Entre sus sentimientos respecto al caso Código Rojo? ¿El objetivo de cada uno? - Insistió Georges en las preguntas.

- Sí. Mi objetivo es el ser, y Lolek. El objetivo de José es, ante todo, extraer conexiones para él y su propio trabajo. José no se involucra personalmente, por lo que no tiene reacciones personales...

- Sí - intervino José -. Admití que me sorprende, y eso es personal.

- Sí, pero es diferente, José. Uno no se desgasta por él, por la situación - comentó Ricardo -. Lucho con mis sentimientos en este trabajo. Y son malos sentimientos. Me irrita, me molesta, despierta un lado que me gustaría haber superado y veo que todavía no he ganado. Pero, sinceramente, quiero ayudarte y creo que eso será posible. Aunque, con cada intento fallido mi desánimo aumenta.

- Ricardo, ¿qué sentiste cuando viste por primera vez a Lolek y su situación de acción espiritual después de la muerte? - Cuestionó Ricardo.

- Lástima. ¡Mucha piedad! Esa escena fue horrible - dijo Ricardo, conmovido por el recuerdo -. Tal vez porque yo, en el pasado, apuntaba a la "cima de mi carrera" y, bueno, podría ser yo en su lugar. A pesar de los arrepentimientos, todo lo que hice es casi nada comparado con eso. Entonces también hay gratitud.

Orgulloso de no haber cometido tantos errores, de no haber sufrido de forma tan atroz. Creo que, en algún momento, esto me hizo sentir superior y pensé que era capaz de hacer que su sufrimiento cesara. Pensé que mi voluntad sería suficiente para solucionarlo; sin embargo, no veo ninguna mejora, hay fluctuaciones y... bueno, soy incapaz de lidiar con una cultura de masas. Entiendo que son consecuencia de sus acciones, pero también son responsables de mantenerse en una edad mental y espiritual de deleite en fantasías y leyendas, en el deseo infantil por lo inconcebible, lo mágico, lo milagroso, la necesidad de protección. y adoración de los demás. Bueno... Confieso que me siento frustrado porque él no mejora y por eso sé que sigo siendo tan infantil como los demás que mencioné.

Ricardo hizo una pausa, pensó, miró a Georges y dijo:

- ¿Por qué no decir todavía lo que siento? Lenguaje tonto y vacío para decir que simplemente me referí a otros. Soy, íntimamente, como los demás a los que condené, porque los culpé por lo que sentí que era mi fracaso.

- ¡Muy lindo, Ricardo! - Elogió Georges -. Es excelente. Tienes esta conciencia que en la vida de otras personas no tenemos ni victorias ni fracasos. No nos pertenece, no tenemos poder alguno sobre ellos. Y es bueno no tenerlo. Basta con ser responsable de uno mismo. Asumir la responsabilidad de los demás, en nuestro hogar, todavía significa principalmente comprometerse. Son pocos los que logran méritos y asumen responsabilidades sin ser dominantes. Más aun en estos momentos de sufrimiento y dolor intenso como mencionaste. La mayoría actúa con "extrema piedad", rayando en lo cursi, sobreprotector y olvidando la parábola del samaritano nato: acogió al herido del camino, lo condujo, lo llevó al lugar correspondiente, le trató lo necesario para curarse y siguió con su vida, regresando más tarde para saber de él. Eso demuestra la conciencia que la mejora, la curación, no está en manos de quien ayuda, sino en manos de la persona ayudada. Y no nos corresponde a nosotros abandonar nuestras vidas por la suya. Depende de nosotros hacer lo que sea necesario, en este momento, y seguir adelante. Continúa sin esperar nada de la persona a la que ayudas, solo deseando que mejore. ¡El samaritano lo siguió! No fue hasta que despertó que fue aclamado como su salvador. ¡Ah orgullo! Él no lo hizo juicios sobre lo que le había sucedido al herido; simplemente vio que estaba herido y lo ayudó. ¿No es esa la parábola? El resultado del tratamiento no está bajo nuestras manos, y esto nos libera del "control de los hechos" o del "control de las cosas." Es pura ilusión. ¿Qué debemos buscar y mejorar? Es autodominio, autocontrol, autoeducación. Cuando los hechos no nos dirigen, por eso estamos bien y somos capaces de afrontar adecuadamente las situaciones más adversas, ya sea en nosotros mismos o en los demás. Entendemos lo que es necesario hacer y avanzar libre de expectativas de cualquier tipo. No nos afectamos a nosotros mismos porque tenemos autocontrol y esto nos da autoridad moral. No nos desgastamos.

Al observar la expresión de Ricardo, Georges guardó silencio. Admiraba la inteligencia y la sagacidad mental del otro, pero el mundo emocional de su aprendiz aun necesitaba refinamiento.

- Sí, entiendo. No hay pérdida de tiempo ni de expectativas. No se puede mezclar con la vida de otras personas. Es un corte limpio y preciso.

- Entonces - dijo Ricardo -. Haz lo necesario, ve al lugar indicado y sigue, sin mirar atrás. Parece frío, pero es correcto.

- No es un ser frío, se trata de ser misericordioso. Es un error pensar que necesitamos sufrir, sentir dolor, compartir el sufrimiento con identificarnos, solidarizarnos - dije -. La lástima es un sentimiento complejo. En la situación evolutiva actual de la mayoría de la población, y es una mezcla de amor, ira, deseo de bien, frustración y un síndrome del salvador, diría yo.

Muy peligroso. La cultura ancestral, en la que vivimos desde hace milenios, hace de la persona que se salva nuestro "esclavo", "deudor eterno", y Jesús nos enseña a respetar la libertad de la persona rescatada. Otra revolución cultural de mi ídolo rebelde.

- Disfruté escuchándote, Ricardo, pero volvamos a nuestro cliente - propuso Georges, satisfecho con los avances de Ricardo. La repercusión emocional estaba dando grandes frutos de conocimiento y autoconocimiento para el ex obispo.

Después de una breve pausa, Georges continuó hablando:

- Creo en su sincera devoción por el mito de María. Este mito ancestral hunde sus raíces en el inconsciente colectivo como representación de lo femenino o de la acción providencial de la

Naturaleza, en la personificación de una divinidad femenina, en su caso, en la veneración de una virgen. Una "mujer" asexual, que concebía sin contacto sexual y a cuyo mito se vinculaba una virginidad eterna, "inmaculada." Una mujer inalcanzable. Para alguien con sexualidad normal; sin embargo, en un rango de evolución ligado a los sentidos y no al sentimiento, puede parecer exacerbado, pero no lo es. Es simplemente el macho instintivo y depredador, deseoso de aparearse con cualquier hembra que despierte sus instintos. Pon eso en una vida llena de represión y a la vez de tranquilidad y lo que tendrás y lo que viste: una doble vida. Al adorar fanáticamente a la santa mujer, intenta redimirse del uso, tal vez incluso del abuso, de su propia sexualidad por parte de la mujer, capacidad conflictiva de vivir en este mostrar y buscar, siempre con miedo. Para alguien de su evolución, esto es un tormento y lo afectó seriamente. Leí sus escritos...

- ¡¿Qué?! - Preguntamos Ricardo y yo sorprendidos.

- Sí, leí su obra. Leí su pensamiento o lo que expresó y admito que no todo fue suyo. Lo estudié. Nada mejor que leer lo que alguien escribe a su encuentro. Y su manera de pensar y de sentir... deletreada, parece eh. ¿No es así, José?

Evidentemente, estuve de acuerdo, legitimando el dicho popular: "Quien calla consiente." Ricardo se sentó, permaneció en silencio y prestó atención a Georges.

- La mente de Lolek se guía por el sexo, y esto queda claro en su producción intelectual, en su "tarea misionera" autoimpuesta. Su preocupación personal estaba enteramente dirigida a las cuestiones sexuales: el aborto, el control de la natalidad, las relaciones sexuales prematrimoniales, el divorcio, el papel de la mujer en la sociedad, y tenía muchos prejuicios en todo. Predicaba una "moral sexual", si es posible utilizar esa expresión, representada en una conducta completamente antinatural, represiva e idealizada como perfección a alcanzar por la humanidad. Todos estos temas tienen como tema central el sexo y la mujer. La lucha política es un campo transitorio. Estas feroces disputas revelan una igualdad mayor que la diferencia que quieren presentar: el autoritarismo, el deseo de poder absoluto, el deseo de someterse a los demás. Y una visión maniqueísta. Ambos disputan el colectivo y el poder que representa. Ella es el centro, el objeto material de la disputa. Lolek vivió un período de gran violencia política, mi definición personal de guerra, porque la violencia siempre ha existido y seguirá existiendo durante algún tiempo en la Tierra. Es la naturaleza de la mayoría de sus habitantes, y se manifiesta de diferentes maneras en miles de hechos aislados que hablan de esta condición del ser humano. La violencia de la guerra habla de agresividad política, de gestión de ejércitos, de lucha por ideologías, partidos y pueblos. Es diversa, voraz y está impulsada por una sed de poder, ambiciones grandiosas y, a menudo, mentes profundamente enfermas y poco saludables por dictadores megalómanos y delirantes, que obligan a otros a reaccionar con igual violencia para imponer límites, la contención de una mente loca puede requerir fuerza y guerra, en mi opinión, es absolutamente personal. Y el mismo hecho realzó innumerables tiempos y lanzados en un entorno colectivo. Lolek actuó en este espacio, vivió esto, actuó y reaccionó en este contexto. Considerando lo que dije antes, sus acciones probablemente obtuvieron la marca del varón acorralado: violencia, agresión. Pudo haber sido en defensa o en ataque. Furtivo...

- En el clero todo es astuto. Y la mano del lobo con el guante de piel - añadió Ricardo -. La gente no ve quién actúa: sociedades secretas, profesionales turbios, todo lo que hay dentro y fuera de los muros de la santidad. Se muestra la pared, se muestra el guante; sin embargo, nunca se muestra la mano. Sé cómo es aun es así. Cuando era obispo y cardenal ya era lo mismo, y esto se remonta a un pasado muy, muy lejano. Las modificaciones no son bienvenidas. El juego político es pesado... Hablaste del "autoimpost." Esto me llamó la atención. ¿Por qué dices eso?

-· Cambio de ruta durante el viaje - respondió Georges, riendo -. Falta muy común. Todos hemos experimentado esto. Ve contra la naturaleza y choca contra las rocas del sufrimiento.

¿Quién no ha tomado esa decisión todavía? Como dijo Jesús: "*El que esté libre de pecado, que tire la primera piedra*"[7]. Es parte de nuestro aprendizaje para lidiar con la libertad y una de las razones de la lentitud de nuestra evolución.

Ricardo se pasó la mano por la cara. Creo que, como Georges y yo, recordó su pasado y los cambios de rumbo en sus propuestas de reencarnación. El silencio del momento tomó un pensamiento tras otro y volvimos al Código Rojo.

---

[7] Juan 8:1-11.

CAPÍTULO XXVII
LA VIDA OCULTA

Irena se había convertido en la compañera constante de Lolek en su tiempo libre. Era enfermera en el hospital local y, como todavía había muchos enfermos y heridos en tratamiento, trabajaba mucho y apenas viajaba por la ciudad. Sin embargo, estaba feliz. El trabajo que amaba era su medicación para el dolor de la pérdida; Cuidar a los enfermos le proporcionó alivio. Irena había aprendido de ellos que había personas que habían perdido más que ella en esa sangrienta guerra. Estaba física y mentalmente sana. La esperanza renació en ella y la simpatía y atracción que sentía hacia Lolek crecieron, convirtiéndose en pasión y alimentando los sueños de una nueva vida.

La relación transcurrió sin problemas. Lolek estaba visiblemente enamorado. Junto a Irena, su mirada había recuperado su expresión.

Son de la adolescencia, del amante del teatro que quería ser dramaturgo. Se encontraron por la noche. Él la estaba esperando en un Tauro simple, en el mercado, o en la plazoleta. Estaban cerca del hospital y, al anochecer, no había mucha gente. Los dos caminaron por calles desiertas hasta que el pequeño apartamento de Lolek, que había cambiado las noches de estudios filosóficos.

Se quedaron para reuniones de tarde en la universidad. El cambio de la rutina agradó a Frederico, que no sabía por qué.

La turbulenta vida de Lolek, que enseñaba fuera de la ciudad, le ayudó mucho. Los fines de semana, cuando estaban libres, las mujeres acamparon en las montañas, dieron largos paseos por el campo y visitaron ciudades que no conocían. Cuando estaban solos en las montañas, en los campos o en ciudades desconocidas, actuaba libremente como un hombre enamorado. En la capital siempre llevaba muchos libros y abrigos, manteniendo así las bolsas constantemente ocupadas. Entonces, si eventualmente se encontraba con alguien que conocía, solo se la vería caminando y hablando con una joven enfermera. Evitó sonreír. Mantenía la cabeza gacha y caminaba ligeramente encorvado, lo que ella atribuyó a la diferencia de altura entre ellos. El sombrero ayudó a ocultar aun más el rostro.

El hecho que ambos no tuvieran familia facilitó la relación. Irena no notó estos pequeños detalles en el comportamiento de su novio. Estaba feliz, enamorada y sentía su cariño correspondido. La soledad y el dolor emocional eran aun más pronunciados. Como la mayoría de las personas, quería vivir, amar y ser libre con Lolek.

Ella confiaba en él y, desde su perspectiva, no tenía motivos para desconfiar: él era fiel a su relación, era un hombre bueno y sería un excelente esposo y padre para sus hijos.

Adam y Frederico estaban contentos con su alumno: Lolek se había convertido en el maestro e intelectual dedicado que querían y escribió muchos artículos para periódicos religiosos que luchaban contra el socialismo. De hecho, fue incansable en su obra escrita, se dedicó con diligencia, lo que justificó su progresivo cambio de enfoque ante sus superiores. Creyeron que había madurado. No sabían nada sobre Irena.

Lolek vivió tranquilo y felizmente en ese arreglo. Trabajar como docente y columnista le proporcionó buenos ingresos y enseñar en dos ciudades le ayudó a mantener su situación. Consideraba que tenía una buena vida: una amante bella, cariñosa e inteligente, sin duda apasionada y que no estaba interesada en la iglesia; un buen trabajo; un ingreso razonable; salud y libertad. No había soñado tanto cuando llamó a las puertas del seminario.

A los ojos de Lolek, todos estaban bien y felices. Se sintió seguro al controlar la dudosa situación y logró mantenerla durante un tiempo considerable.

Cada día más satisfecho con la vida, vio en realizar otro doctorado la oportunidad de tener más tiempo libre para dedicarse a escribir sus artículos, poemas - que publicó bajo seudónimo en la prensa no especializada -, obras de teatro y el proyecto de escribir un libro. Analizó la situación y decidió buscar a su obispo.

En ese momento, Adam sufría dolorosamente de cáncer de pulmón, pero insistió en permanecer al frente del obispado. Él era apoyado por un equipo de clérigos encabezados por Frederico, quienes lo ayudaron, ya que temían la elección de un obispo comprensivo para el régimen soviético para reemplazarlo. La división en el clero polaco, el tiempo era significativo, por eso Lolek fue recibido en la habitación privada del superior. Lo encontró pálido, delgado, muy demacrado, con una tos insistente que denunciaba su creciente dificultad para respirar; sin embargo, se encontraba lúcido y comprometido con su cruzada contra el socialismo soviético. Adam sonrió cuando vio a Lolek y señaló la silla al lado de la cama.

- ¿Cómo estás, Adam? - Preguntó Lolek sosteniendo su mano, conmovido por el estado de su amigo.

- Resistiendo, querido. ¿Y tú? ¿Cómo estás? He leído tus artículos en nuestros periódicos. ¡Son excelentes! ¡Felicidades! Frederico está muy contento, a pesar de no gustarle que los estudiantes te llamen "tío" y la cercanía de tu vida privada, que insistes en mantener - Adam hizo una pausa, sufriendo un ataque de tos.

Lolek sonrió tolerante ante las críticas a su relación con la joven y vio sobre el tocador una bandeja con una jarra de agua cubierta con una servilleta y una capa. Le sirvió y se lo entregó a Adam, esperando que la crisis remitiera.

- Gracias - agradeció el obispo, sosteniendo la capucha con mano temblorosa y recuperando el aliento -. Habla, Lolek. Hablar provoca esa maldita tos.

Lolek agradeció los elogios, ignoró las críticas y denunció sus proyectos, enfatizando la necesidad de tiempo para dedicarse a ellos y que entendía, y coincidía con todo lo que Adam defendió a lo largo de los años: había que ser más rígido en la lucha contra el socialismo y en la defensa de las ideas y valores de la teología de la iglesia. Observó con satisfacción que algunas declaraciones fueron recibidas con una sonrisa y un brillo en los ojos de Adam, indicando aprobación.

- Bueno, en resumen, eso es todo, Adam. Y, además de verlo, mi visita también tuvo como objetivo pedirte autorización para realizar un doctorado en filosofía. Siento que me estoy perdiendo más que mínimo en esta área. En mi doctorado podré rechazar con prestigio a los filósofos materialistas y socialistas que están ganando mucho terreno entre los jóvenes. Sé que muchos colegas critican mi elección de pasar más tiempo con las estudiantes que con los estudiantes del sacerdocio, pero creo que es entre ellos el que soy más útil a nuestra causa. Creo que el trabajo es suficiente para el clero por escrito, especialmente nuestro periódico - argumentó Lolek, defendiendo el verdadero motivo de su presencia ante el obispo enfermo.

Adam escuchó en silencio lo que decía Lolek, simplemente moviendo su cabeza sutilmente hacia su antiguo alumno. Al final de su discurso, se volvió hacia Lolek y habló con voz ronca:

- Hazme la solicitud por escrito.

Lolek sonrió ampliamente y sacó un sobre del bolsillo de la única sotana gastada que tenía y llevaba en esa reunión, porque normalmente vestía ropa de civil.

- Lo anticipé - declaró Lolek, entregándole suavemente la carta a Adam -. Así no te cansaré con otra visita para discutir este asunto.

Adam asintió con la cabeza en señal de acuerdo. Sabía que éste era el interés central, por lo que preguntó:

- Déjame en paz. Necesito descansar. Faltan fuerzas... - y la tos volvió, interrumpiendo su discurso.

Lolek se levantó rápidamente y, tomando la mano de Adam, besó su anillo con reverencia.

- Aprecio tu recuperación, Adam. La iglesia polaca te necesita.

Adam se recostó sobre las almohadas y cerró los ojos. Lolek se fue con la impresión que su amigo estaba viviendo sus últimos días y no se equivocó. La semana siguiente, en agonía, el obispo dejó de respirar.

Mons. Basiak, su nuevo superior, le concedió la licencia solicitada. El sucesor contrastó con el obispo fallecido. Era un hombre joven, un político experimentado, que no se enfrentó al régimen socialista; simplemente hizo resistencia pasiva. Mons. Basiak tuvo una excelente relación con el Papa Pío XII y ambos compartían las mismas ideas y los mismos métodos de trabajo.

Bajo la dirección del obispo Basiak, la carrera de Lolek recibió muchos privilegios, comenzando con su segundo doctorado y continuando con el apoyo irrestricto a las ideas de intensificar el trabajo con los jóvenes, la adopción de eventos importantes como el teatro monumental y el uso de los medios de comunicación, propuestas alineadas con el poder central de la iglesia.

En la relación con Irena; sin embargo, surgieron conflictos. Sus compañeros de trabajo comenzaron a invitarla a ella y a su prometido - como ella se refería a Lolek - a fiestas, cenas y salidas, y sus reiteradas negativas, bajo la excusa que necesitaba dedicarse a sus estudios y artículos de prensa, les comenzó a levantar sospechas y perturbarlos.

Mientras atendía a los pacientes en una sala quirúrgica, Irena habló con Vania. De repente, se dio cuenta que su falta de afecto y pasión la habían cegado a algunos hechos.

- Qué triste que tú y tu prometido no fueran al cumpleaños de Tereza. ¡Fue genial! Nos divertimos como no lo habíamos hecho en años.

- Me imagino. Tenía muchas ganas de ir, pero su nuevo doctorado exige mucho. Pasamos el fin de semana leyendo a Max Scheler - respondió Irena.

- ¿Qué? ¿No quieren? - Preguntó Vania con aire de incredulidad. Irena sonrió, ya acostumbrada a esa reacción. Sabía que sus compañeras y sus prometidos o maridos preferían actividades más relajadas como beber cerveza, jugar a las cartas y hablar de trivialidades o de trabajo. Muchos de ellos estaban casados con profesionales de la salud o empleados administrativos del hospital. Establecer relaciones y matrimonios en entornos laborales fue un fenómeno muy común en aquella década de posguerra y guerra fría. La gente se volvió cercana, compartieron experiencias, todos tenían pérdidas que compensar y la implicación emocional era cuestión de tiempo.

Irena justificó ante sí misma el aislamiento social de la pareja porque "el novio" era un profesor universitario, un intelectual, y no tenía afinidad con su grupo de trabajo. La reacción de Vania fortaleció esta idea y Lolek la hizo suya, agradeciéndole su comprensión y colmándola de golosinas para hacerla olvidar las preguntas e invitaciones de sus amigas. Al recordarlo, ella se rio y, con aire tolerante y ligeramente superior, respondió:

- Max Scheler es un filósofo alemán, Vania.

- ¡Ah! Tu prometido escribe para periódicos, ¿no?

- Sí.

- Tengo curiosidad por leer sus artículos. Hablas mucho de eso, dices que es tan inteligente, tan comprensivo, que entiende mucho de política, de arte. ¿Podrías traerme un periódico para leer? Él debe...

Irena sufrió un repentino shock con esa petición y no escuchó más a su amiga. La niña se dio cuenta que nunca había leído nada escrito por Lolek y ni siquiera había visto una publicación. Se sentía íntimamente mal, incómoda. Por un lado, se sentía egoísta porque no le interesaba conocer el trabajo de su prometido; por otro lado, dudaba: ¿por qué nunca le había mostrado un periódico? Ni siquiera sabía el nombre del mismo.

-¿Irena? ¿Irena? - llamó Vania preocupada -. ¿Estás bien? De repente te quedaste estática y pálida.

- ¿Qué? ¡Oh! No fue nada, Vania. Mareos - respondió Irena.

- ¿Mareos? ¿De nuevo? Deberías consultar un doctor. Busca a la doctora Marta - sugirió Vania, pensativa -. Entiendo que ha tenido molestias frecuentes. Ya te desmayaste. Debes estar muy cansada.

La observación de Vania empeoró el estado emocional de Irena, despertando en ella más dudas e inseguridades.

Dos días después, Lolek regresó a la capital y, como de costumbre, en ese momento, ella lo estaba esperando en la estación central. En cuanto la vio, sonrió, saludó y se acercó cargando muchas pertenencias. La saludó con un rápido y discreto beso en la mejilla.

Mientras caminaban, Lolek intentó hablar con Irena sobre varios temas, pero la chica respondió con monosílabos. La notó distante y preocupada y su último intento fue hablar de la lectura de las obras de Max Scheler; sin embargo, ella no mostró interés, por lo que decidió guardar silencio.

Cuando llegaron al apartamento, después de dejar sus cosas sobre la mesa, Lolek la abrazó y la besó. La reacción de Irena; sin embargo, fue diferente. Levantó el rostro de la novia con el dedo índice, la miró y preguntó:

- ¿Qué pasó? Estas diferente. ¿Algún problema?

Irena bajó la cabeza avergonzada porque sospechaba, porque no le había interesado su trabajo; sin embargo, necesitaba superarlo y aclarar el tema de los artículos.

- Yo… - comenzó vacilante -. Yo... no sé cómo decirlo.

Una sombra de desconfianza cubrió la expresión de Lolek: "¿Se habrá enterado?", pensó.

- Habla. Nos amamos y confiamos completamente el uno en el otro. Dime lo que pasó. ¿Qué es lo que te preocupa tanto; Irene?

Ella respiró hondo, volvió a mirarlo y habló de repente:

- Es fácil. En el trabajo, Vania, mi colega, me pidió que leyera tus artículos porque buscó en los periódicos y no encontró ninguno firmado por ti. Yo... no sabía qué responder. Me avergonzaba que nunca hubiéramos hablado de ello, que nunca los hubiera leído. Estudiamos juntos, hablamos; sin embargo, nunca leímos nada de lo que escribiste.

Una oleada de alivio invadió a Lolek, quien suspiró y sonrió, besando la coronilla de Irena y amonestándola afectuosamente:

- ¿Y te preocupa algo tan simple? No debería. ¡Solo pregúntame! Tampoco se me ocurrió nunca mostrarte mi trabajo. Nuestro día a día es tan pleno, pasamos tanto tiempo separados, te extraño tanto que, cuando estamos juntos, no pienso en mostrarte ninguna publicación. ¡Pero esto es fácil de resolver!

Lolek la soltó y fue hacia una de las maletas de donde sacó un periódico. Lo abrió, separó una página, se la entregó y dijo:

- Ahí está. Fue publicado esta semana. Llévaselo a tu amiga.

Irena, sintiéndose libre de dudas y profundamente avergonzada de haberlas aceptado, cogió la página. Ella identificó un periódico muy conocido, sobre todo porque pertenecía a un miembro importante del antiguo partido católico. La chica, sin embargo, se sorprendió al no encontrar el nombre de Lolek en el artículo sobre arte y en un poema.

- Utilizo un seudónimo para evitar problemas con estudiantes. Ya sabes cómo son los jóvenes. Prefiero evitar complicaciones con mi papel en la universidad - explicó Lolek con anticipación a la pregunta.

Irena se sentó y leyó atentamente. Reconoció muchas ideas de las que hablaban y quedó encantada con el poema, considerándose la musa del poeta.

En silencio, dejó la página y corrió de nuevo a los brazos de Lolek, besándolo con su habitual ardor y dedicación.

CAPÍTULO XXVIII
REVELACIÓN

El obispo Basiak rápidamente empezó a sospechar de la conducta de Lolek y de las razones de sus actitudes públicamente esquivas. De repente lo vio dos veces por las calles de la ciudad, sin que nadie se diera cuenta, ya que iba en el coche de un creyente. La ropa de civil de su alumno llamó su atención. En la segunda ocasión lo vio con una joven que indiscutiblemente lo acompañaba con expresión de adoración y gran intimidad. La suma de los hechos llevó al obispo a solicitar la intervención de Reginaldo, su "hombre de confianza."

Reginaldo siguió la línea de acción de Romano junto al Papa. Subrepticiamente, siguió al sacerdote y al cabo de una semana presentó a don Basiak un informe completo y detallado de la vida oculta de Lolek.

Después de leer el material ilustrado con muchas fotografías comprometedoras, que no dejaron dudas sobre qué tipo de relación hubo entre Lolek e Irena, y con la historia completa de la mujer, el obispo dejó las páginas, se llevó las manos a la cabeza y murmuró de enojo:

- ¡Una judía! ¡Qué conveniente! ¿Crees que esta Irena no sabe que es cura, Reginaldo?

- Estoy casi seguro. Ella es una persona ingenua y tiene un buen concepto. Recopilé información de fuentes seguras en el hospital. Su vida y obra, y el sacerdote. Habla de su "prometido" con sus compañeras como profesor universitario, profano –

respondió Reginaldo -. Su Eminencia, le pido que vea la información del director del hospital al final del informe.

El obispo Basiak fue directo a la página indicada y su irritación aumentó considerablemente.

- ¡Estúpido! ¡Estúpido! ¡Bogal! ¡Cómo puede ser tan descuidado!

El obispo se pasó las manos por el pelo y se detuvo en la nuca e inclinó la cabeza hacia atrás, mirando al techo en silencio. Varios minutos después, volvió a la posición correcta, recogió las hojas y las guardó en un cajón cerrado con llave. Finalmente, se enfrentó a Reginaldo y dijo:

- ¡Excelente trabajo, Reginaldo! ¡Como siempre! No me decepcionas. Puedes irte. Gracias.

Reginaldo le dio las gracias y se fue. El obispo ordenó entonces al secretario que llamara urgentemente a monseñor a su despacho.

A Frederico le pareció extraña la llamada y la contestó el mismo día. Cuando cayó la tarde, se sentó frente al obispo, ocultando su preocupación interior por el llamado.

- Monseñor Frederico, lo mandé llamar porque necesitamos hablar del padre Lolek. Sé que, desde mi predecesor, usted ha ayudado, digamos, a la carrera del joven - anunció sin rodeos el obispo Basiak.

- Sí, eso es verdad. Monseñor Adam y yo invertimos mucho en la carrera de Lolek y afortunadamente hemos sido recompensados - respondió Frederico con cautela.

- Académicamente estoy de acuerdo con esta afirmación; sin embargo, la conducta de Lolek ha atacado los votos sacerdotales, Monseñor.

- ¿Qué? ¿Cómo? - Preguntó Frederico sorprendido -. No, no tengo quejas de sus alumnos.

- Las estudiantes no son las únicas mujeres en el mundo, Monseñor, pero su rápida reacción me hace sospechar que albergaba cierto miedo hacia ellas. ¿Estoy equivocado?

- Trate de evitar estos problemas, obispo Basiak. Son profundamente desagradables y agotadores. De hecho, el obispo Adam me pidió que siguiera de cerca al padre Lolek en este... tema. Hasta donde yo sé, no hubo nada concreto, salvo su insistencia en abordar el tema del sexo y la vida sexual, y el amor a los jóvenes encendieron las luces de alerta en ese momento. Desde entonces observo su conducta con las jóvenes.

- Nuevamente estamos de acuerdo, Monseñor. Entonces, como usted ya tuvo cuidado con la fidelidad del sacerdote a sus votos sacerdotales, no necesito extenderme en el tema. Me gustaría que leyeras esto... - y sacó del cajón el informe de Reginaldo, entregándoselo a Frederico -. Obviamente es confidencial. Esperaré a que lo leas para decidir las medidas necesarias.

Frederico recibió las páginas con cierto pesar y sin sorpresa. Había deducido que se trataba de la vida sexual de Lolek. La mente funciona extremadamente rápido y pensó en cosas como frecuentar casas de prostitución, tener una relación con una prostituta - al estilo de las cortesanas del pasado - y la promiscuidad sexual. Nada de esto le sorprendería ni sería el primer caso que tuviera entre manos. Recordó las medidas tomadas en tales situaciones y consideró sugerir el traslado de Lolek a la otra universidad donde enseñaba, en el interior. Luego tomó el documento con calma y su expresión se volvió cada vez más cerrada a medida que lo leía. Cuando encontró la última página del expediente, la ira y el disgusto que contenía se reflejaron en su rostro.

- ¡Es un bogal! - Declaró refiriéndose a Lolek, sin saberlo, repitiendo la expresión del superior.

- Sí, lo hizo- asintió Mons. Basiak -. Como hombre, pero es útil como intelectual. Hemos invertido mucho en ello y necesitamos eludir estos destinos antes que se hagan públicos. Y ya sabes, es solo cuestión de tiempo. Escándalos de este tipo siempre son terribles, pero en este momento, más aun, que nos estamos recuperando del desgaste de la cuestión judía, el nazismo, y todavía tenemos a los socialistas como herencia maldita. Ellos usarán esto como una bomba atómica contra nosotros. ¡Este bogal aun no se había involucrado con una mujer judía! Sin embargo, es un intelectual útil y un buen hombre.

- ¿Algún plan, obispo Basiak? - Preguntó Frederico, poniendo punto final a la conversación al comprender que la expulsión de Lolek estaba descartada y que el obispo pretendía hacer más manejable la delicada situación.

Mons. Basiak hizo una señal con el dedo y pidió que se acercara Frederico, quien se inclinó sobre la mesa e imitó al obispo, quien le susurró sus órdenes.

Confiado en la estrategia que desarrolló en su doble vida, Lolek no esperaba los rápidos cambios que siguieron. Regresaba de su viaje semanal al campo, cuando se sorprendió al no encontrar a Irena en la estación. Estaba preocupado porque en las últimas semanas ella se quejaba frecuentemente de malestar, lo que le hacía temer por la salud de la chica. Temía que alguna enfermedad se propagara en el hospital.

Lolek esperó unos minutos, intentando convencerse que se trataba de un simple retraso. Sin embargo, no esperó más de cinco minutos y siguió el camino que ella tomaba, pensando en encontrarla o llegar rápidamente al apartamento. Llevaban unos meses viviendo juntos y, aunque Irena hablaba de matrimonio, no lo exigía. Tomó la situación con oído de comerciante.

Angustiado, Lolek subió las escaleras de dos en dos. Cuando abrió la puerta y miró dentro, sus rodillas se aflojaron y su corazón latió más rápido.

Irena estaba sentada en el sofá, pálida, con los ojos rojos e hinchados, y sostenía un pañuelo de papel arrugado, lo que demostraba que había estado llorando mucho. Ahora, ella estaba apática y sentada entre dos hombres. A su derecha, monseñor

Frederico, con su habitual calma y frialdad, y a su izquierda, Reginaldo.

Lolek comprendió que estaba recibiendo un jaque mate del alfil. El juego había terminado. Se trataba de recoger los pedazos y someterse a lo que le ordenaban sus superiores. Tenía conciencia y voluntad de someterse. "No soy el primero ni el único sacerdote en el mundo que tiene una amante. No todos tuvieron la dicha de encontrar una Pascalina y tomarla para ser conocida como su sirvienta y tratada como una Papa", pensó, respirando lentamente para recuperarse. El susto... "Negociemos", decidió pensativo. Lolek dejó sus maletas sobre la mesa, sacó una silla y se sentó frente a ellos, pero en el otro extremo de la habitación, colocando una distancia importante entre sí. Se enfrentó a Frederico y Reginaldo y, prescindiendo de las formalidades de la educación, preguntó directamente:

- ¿Cuál es la propuesta del obispo?

Irena lo miró incrédula, después de todo él ni siquiera le había dicho una palabra. Parecía como si se hubiera vuelto invisible, lo que la hizo romper a llorar nuevamente. Irena; sin embargo, no recibió ninguna atención por parte de los hombres.

- Esta joven nos seguirá hasta un convento en la montaña, donde esperará el matrimonio que concertarán con alguien de su confianza. La situación en el hospital ya ha sido resuelta. Está de baja por enfermedad. Después de la boda, se mudará a otra ciudad. Había recibido una casa y una asignación mensual para criar al niño y mantener el silencio.

- ¿Niño? - Preguntó Lolek.

- Estoy embarazada, Lolek. Tenía la intención de decírtelo hoy. Estaba preparando una cena especial, cuando llegaron me dijeron y me mostraron estas cosas - dijo Irena entre lágrimas, señalando documentos eclesiásticos, fotografías, artículos que prueban la conexión de Lolek con la iglesia.

Bajó la cabeza en silencio. Luego miró a Frederico y le preguntó:

-¿Y yo?

- Estarás fuera de la ciudad por unos meses.

- ¿Todo esto? - Preguntó Lolek.

- Sí. El obispo fue muy benevolente a la hora de su propuesta, pero alerté a la señorita Irena y aprovecho para advertirles a ambos: al menor signo de escándalo, la mera sospecha de si alguien ha roto este pacto, les sucederán consecuencias irreparables. ¿Entendiste?

Reformulando las palabras de Frederico y, para no dejar dudas de qué se trataba, Reginaldo lo encaró y ajustó sus armas que llevaba alrededor de la cintura y mantenía oculto detrás de su abrigo.

"No hay negociación", pensó Lolek resignado. Finalmente, respondió fríamente:

- De acuerdo.

Irena se desesperó, perdió el control y lo llamó con todos los nombres infames que conocía. La chica literalmente vomitó su ira sobre él.

Frederico y Reginaldo siguieron impasibles las escenas, y Lolek no reaccionó ante los insultos, permaneciendo inmóvil y en silencio. Dejó que la chica le golpeara el pecho, le pateara las piernas, le escupiera, escuchó y no registró ni una sola palabra del arrebato apasionado y doloroso de Irena.

Al cabo de unos minutos, Frederico, considerando suficiente la actitud de Lolek, le hizo una señal a Reginaldo. El hombre de confianza del obispo se levantó, sacó de su bolsillo un pañuelo y una botella, los empapó y aplicó un poco en la nariz y la boca de Irena, conteniendo hasta que la droga surtiera efecto. Cuando perdió el conocimiento, el hombre la levantó en sus brazos y cruzó la puerta cargándola como un saco. Frederico se levantó, miró a Lolek y habló con severidad:

- Estoy decepcionado de ti, pero no debería estarlo. Empaca tus cosas. Te irás hoy.

CAPÍTULO XXIX

PREMIO

Sin saber cuál era su destino, Lolek subió al auto estacionado frente al edificio, llevando su ropa y sus libros. Las llaves del apartamento se quedaron con Frederico, y Lolek no vio el rastro de Reginaldo e Irena y tampoco preguntó.

A altas horas de la noche reconoció las puertas de un campo de concentración para presos políticos lejos de la capital.

-Aquí esperarás la presencia y guía de don Eugenio - informó Frederico, secamente -. Guarda silencio sobre lo sucedido si quieres seguir con nosotros. Sigue las órdenes del líder del campamento y espera. Puedes bajar.

Lolek bajó la cabeza y obedeció. Se puso de pie, con la bolsa de ropa a la derecha y la bolsa de libros a la izquierda, mirando el auto. Estaba castigado, lo sabía. No hacía falta que se lo dijeran. Luego, con calma, Lolek se echó las maletas al hombro y caminó hasta el puesto de guardia para presentarse.

- Buenas noches, padre. Te estábamos esperando - lo saludó el soldado.

Lolek respondió cortésmente, pero con cautela, rompiendo con su comportamiento bondadoso. Esperó a que el soldado marcara un número y le informara de su llegada.

- Espera, padre. Ellos vendrán y lo conducirán.

Poco después llegó al puesto un oficial de bajo rango y de físico lento.

- ¡Vamos, padre! Te llevaré a tu celda - ordenó el oficial.

- ¿¿¿Celda??? - Preguntó Lolek con los ojos muy abiertos -. ¿Por qué?

- Bueno, ahora, ¿no me digas que no lo sabes? Ustedes, sacerdotes, ¡son muy divertidos! - bromeó el oficial -. Alborotadores protegidos por la sotana y la iglesia, pero, afortunadamente, no todos. Hay hombres de buen sentido en la iglesia. Tendremos que tolerar por un tiempo más esta maldita institución, esta verdadera droga en la mente del pueblo - dijo el hombre, expresando su opinión sobre el clero y el papel de la Iglesia en el país.

Lolek lo miró fijamente en silencio. Durante meses visitó ese lugar con Frederico y conoció los horrores que ocurrían en los campos de concentración. A excepción de los hornos de exterminio masivo y el uso de seres humanos como conejillos de indias en investigaciones "científicas", el resto era idéntico a los campos nazis. El riesgo de muerte era alto y los tiroteos se producían con facilidad y sin proceso legal. Los derechos humanos fueron ignorados. Lolek, entonces, comprendió que no era el momento de hacerse el héroe, sino el dócil y manso arrepentimiento.

- El obispo lo denunció y lo entregó bajo sospecha de conspirar contra el gobierno, difundir ideas contrarias, alentar y fomentar la rebelión entre los jóvenes. Está bajo arresto para ser investigado. Si te resistes, me veré obligado a usar la fuerza - dijo el hombre, mostrando las esposas en su cinturón junto a la pistola.

Lolek recogió sus maletas, se las puso sobre los hombros, miró al hombre y habló con firmeza y calma.

- No será necesario que use estas cosas conmigo, señor.
Soy una persona religiosa, pacifista y soy inocente de esta acusación. Te seguiré de buena gana y en paz.

- Eso espero. No creas que no las usaría porque eres un sacerdote. Te aseguro que mi placer sería mayor. Sígueme - ordenó el oficial.

El soldado, que observaba la escena, admiró la conducta del sacerdote.

Durante tres meses, Lolek esperó, hora tras hora, la visita de Mons. Basiak. Ocultaba su ansiedad e inseguridad bajo una aparente confianza y mantenía un comportamiento extremadamente dócil y gentil hacia los soldados y oficiales. Todos los días se arrodillaba, besaba el suelo sucio y recitaba oraciones en latín durante horas. Sinceras, solo peticiones a María. Volvió al personaje del "sacerdote de envidiable devoción."

Los guardias susurraron sobre el comportamiento de Lolek y la injusticia de encerrar a un hombre de Dios. A pesar de la rigurosa formación ideológica, renació en ellos la supersticiosa fe polaca y, lejos de la supervisión de los altos oficiales, se preguntaron: "¿No sería un gran pecado lo que le estaban haciendo a ese hombre? Después de todo, allí No había pruebas, las acusaciones eran vanas y se podía creer en una persecución política."

Lolek notó el sutil cambio en los carceleros. Su alimentación había mejorado y le ofrecían pequeñas delicias: vino, libros, dulces. Bendijo a los donantes de las bendiciones y comenzó a decir misa en su celda al momento del Ave María. Rezó en polaco, oficiando al mejor estilo del teatro de resistencia. Sus primeras actuaciones contaron con un solo espectador, el más supersticioso de los guardias, hecho que no se debió a la casualidad, sino a una elección meticulosa. Para sustituir las hostias se abstuvo de una rebanada de pan de la ración de la mañana. Lo guardaba envuelto en un paño blanco junto a la botella de vino que le habían regalado y en el que se inspiró para ejecutar la idea de influir en los hombres que lo rodeaban.

La primera vez, cuando bendijo el pan y el vino realizando el ritual de la Eucaristía, el guardia abrió mucho los ojos y, en el rincón oscuro del pasillo de la prisión, hizo la señal de la cruz. Notó que otros reclusos observaban al sacerdote en silencio y que solo uno sonreía burlonamente.

Con el paso de los días, otros guardias empezaron a buscar excusas para escuchar la celebración de Lolek. Los demás presos no lo vieron, solo escucharon la liturgia y los cantos, y algunos lo acompañaron.

Cuando el director del campo tuvo conocimiento de estos destinos, llamó inmediatamente al obispo Basiak.

- Señor obispo, nuestra conversación será breve. Y conoce el padre quien está con nosotros esperando su decisión. Está causando problemas. Me gustaría que usted coordinara para completar el proceso.

-¿Problemas? ¿Qué tipos de problemas? - Preguntó el obispo.

- Subversión, obispo. Ha dicho misas diariamente en su celda. Además, se está convirtiendo en una leyenda. Ya no quiero a este hombre aquí. Llévalo a otro lugar si el proceso aun tarda mucho en resolverse. Esperaré hasta el final de la semana. Si no se hace nada, tomaré mis medidas.

Al otro lado de la línea, el obispo Basiak sonrió y sus ojos brillaron de diversión. No esperaba esa maniobra y admiró la visión política de Lolek. Sabía cómo ganar poder utilizando la fe y la religión de otras personas. Tenía la intención de darle un castigo mayor, pero, al dar vuelta a su destino, se obligó a reconsiderar. Llamó a Frederico a su oficina para trazar nuevas direcciones para la situación y, después de informarle la llamada telefónica, declaró:

- El predicador ha madurado.

Mons. Basiak entregó una extensa lista de actividades públicas en las que estaría acompañado por el padre Lolek. Frederico las analizó y consideró:

- Con el debido respeto, obispo Basiak, ¿no considera peligroso hacer esto? Lolek tiene un estilo populista y teatral. Además, sabemos que es dado a los problemas con el sexo opuesto. Esta agenda lo haría muy visible. Sabe a lo que me refiero.

El obispo Basiak se recostó en su silla y se echó a reír.

- Sí, es populista y teatral. Pío XII también lo es. En cuanto a sus "problemas", creo que ha aprendido el vínculo de la discreción. Soy cristiano, padre Frederico, no tiro la primera piedra - respondió con una sonrisa sarcástica.

- ¿Y si vuelve a buscar a esa joven y a su hijo?

- Reginaldo se había hecho cargo del caso. Y no te preocupes: a pesar de las amenazas, no me gusta la sangre. Hay muchas maneras para adaptarse a estas situaciones. Los años que pasé en prisión me ayudaron a conocer a los hombres, Frederico, e identificar sus habilidades. El plan de Adam era bueno, pero estaba subestimando al chico. Lolek puede ayudarnos mucho si exploramos lo que tiene para ofrecer y lo que le gusta.

- ¿Hacerlo un hombre público? ¿Y ese es tu plan?

- Sí, Frederico. Es creativo, innovador en sus actitudes, sabe involucrar a las personas y es persistente. Veo en él una inclinación autoritaria, pero esto se alinea con los propósitos y la estructura de la iglesia propuesta por Pío XII. Le daré alas al pájaro enjaulado que está a mi lado. Puedes buscarlo. Había trabajado directamente conmigo.

Frederico obedeció, guardándose para sí el miedo que provocaba por la dirección tomada por el obispo.

Casualmente, Frederico llegó a la prisión en el momento en que Lolek oficiaba misa en su celda. Fue allí acompañado de un guardia y observaba el silencio en el pasillo y un preso que escuchaba y sonreía burlonamente. Cuando se enfrentó al hombre, vio en sus ojos pura incredulidad y la solemne acusación de explotación de la fe humana. Esto le molestaba, por eso era un burócrata, un administrador, no un misionero evangélico. Con esfuerzo, apartó la mirada del prisionero y se concentró en la escena frente a él y escuchó la predicación.

- Padre - llamó el prisionero -. Tu colega es muy bueno... hablando en público. Es un excelente actor. Promete lluvia en el Sahara y calor en Siberia. ¡Y mira! ¡La gente le cree! ¡Es un gran sinvergüenza! No debería estar en prisión. Y lo que está haciendo la iglesia es un desperdicio.

Frederico escuchó en silencio, pues no iba a discutir la verdad. No era su estilo. El silencio fue la respuesta satisfactoria. A algunos les parecería altivo, superior; a otros les daría la duda y el placer de no haber sido cuestionados.

El guardia que lo acompañaba preguntó confundido y con un miedo supersticioso en el rostro:

- ¿Qué hago, padre? ¿Interrumpo... el...? - susurrando, añadió -. ¿La... santa misa?

Al notar la reverencia con la que los prisioneros - a excepción del que lo confrontaba -, los guardias e incluso algunos oficiales observaban lo que hacía Lolek en su celda, Frederico respondió:

- Vamos a esperar el final.

· Liberado, Lolek saludó a Frederico y lo siguió obediente y silenciosamente hasta el obispado.

Esos meses habían producido algunos cambios en Lolek: mejoraron al político, al conocedor y al manipulador de la audiencia y, sobre todo, le dieron la convicción que la supervivencia en la iglesia, en buenas posiciones, se da a los fuertes, que son capaces de estar solos y mandar a otros. Reflexionó sobre la teoría y la práctica del Papa Pío XII.

El joven que solo quería una vida alejada de la guerra y del ejército murió en prisión y el hombre del clero floreció, fuerte, autoritario y dispuesto a ocupar puestos de mando. La sumisión era solo aparente, parte del carácter del personaje que se había consolidado en esos meses. Lolek también reprimió la pasión mezclada con el amor sincero que sentía por Irena. Enterrado en lo más profundo de su memoria, recordaba los pocos años de feliz convivencia que tuvo con ella, cuando actuó con naturalidad y honestidad, a pesar de haber ocultado sus votos sacerdotales. Y enterró más profundamente sus preguntas sobre su futuro y el del niño que esperaba. El dolor de conciencia quedó relegado por la necesidad de sobrevivir.

Durante treinta días, Lolek esperó sin miedo la presencia del obispo, consciente que estaba siendo castigado y sería perdonado, como tantos otros casos similares. Pero después de este tiempo, sin que el obispo Basiak tomara ninguna medida, floreció el miedo a ser olvidado y la idea que había sobreestimado su importancia para el clero polaco. Fue entonces cuando empezó a observar y tejer un plan de acción para molestar al director del campo de concentración. Sabía que odiaban y temían la religión y la influencia que un sacerdote tenía en la mente popular, por lo que, después de cuarenta días en prisión, abandonó la lectura de libros y el hábito de escribir y comenzó a demostrar fe: comenzó a permanecer mucho tiempo arrodillado frente a un muro de hormigón gris, como si fuera el altar de la Basílica de San Pedro, y adoptó todas las costumbres del Padre Pío, un religioso místico que vivía en el interior de Italia y a quien le atribuyen muchas curas y algunos fenómenos paranormales. Había visitado muchas veces al religioso y quedó impresionado por la fe, la confianza y la bondad que irradiaban los ojos de aquel humilde y pobre fraile. Quedó impresionado por las largas colas alrededor del convento y la adoración del pueblo. El Padre Pío fue una inspiración viva, un verdadero Cura de Ars, del siglo XX. Lo copió, se inspiró en él. Adoptó exteriormente, ante los laicos, la conducta que admiraba en el místico italiano y, como el más fiel seguidor de la política de Pío XII, pasó a representar al hombre que estaba en el mundo, pero él no era del mundo.

Llevado ante Frederico en presencia del obispo Basiak, Lolek se comportó con absoluta sumisión ante su superior. Escuchó las advertencias de las emisoras y prometió discreción y silencio sobre el pasado reciente. Una vez sellado el compromiso, recibió del obispo un premio por su conducta: trabajar en el obispado, retomar su cátedra en universidades y participar en la promoción, organización y realización de eventos públicos. La carrera religiosa se haría pública. En otras palabras, Lolek fue ascendido. Tendría más beneficios, más ingresos y la posibilidad de ganar prestigio.

Los ojos de Lolek se iluminaron. El obispo Basiak fue recompensado con un servidor de absoluta dedicación, aunque persistieron algunos de sus viejos vicios: demoras e interés por las mujeres.

Este interés estaba enmascarado. Públicamente, Lolek adoptó la línea de pensamiento más conservadora en la iglesia, colocando la cuestión de la castidad y la vida sexual en un plano de idealización, inalcanzable para la naturaleza humana, literalmente irrealizable.

Pero estaba plenamente de acuerdo con la concepción de un hombre que no pertenecía al mundo común, alguien distinto de la condición humana, un santo. Y la santidad es un concepto cultural, una creación de la imaginación, una mesa.

Y así creció Lolek, se convirtió en un predicador popular y mediático. Dos años más tarde, fue nombrado obispo, siguiendo una recomendación directa del obispo Basiak en una carta a Pío XII.

CAPÍTULO XXX
RUMBO AL PODER

Dejé mis divagaciones. Mis amigos seguían absortos reflexionando sobre los cambios de ruta y las fugas de la programación de la reencarnación. La historia de Lolek fue un gran desvío. Quizás el más grande que he conocido hasta ahora.

- Georges, ¿estás hablando hipotéticamente o intentaste averiguarlo? - Pregunté.

- Lo deduje de los hechos que presencié, pero le pedí confirmación a su mentor espiritual. De hecho, las tendencias de Lolek apuntaban a un camino en el arte y la política, y ésta sería su gran prueba en el contexto en el que nació. El cambio de rumbo; sin embargo, fue total y se aprovechó mal el uso de sus mejores habilidades. Interés personal, apego al poder. El pensamiento me reveló ser un error recurrente en su historia. Y Lolek todavía acumuló conflictos y tristes compromisos en el camino - respondió Georges.

- El camino de la religión es un desvío tentador, una puerta grande y ancha - observó Ricardo -. Hablo por experiencia propia y por observaciones de los casos que he trabajado contigo.

- Por no hablar de los casos en los que el pensamiento religioso obstaculiza el avance de las ideas y provoca conflictos mortales - dije pensando en voz alta -. Provoca más sufrimiento del que ayuda a progresar.

- ¡Es la vieja pregunta, amigo! La religiosidad es un camino de evolución y libertad; prisión religiosa y cultural. Y el mundo de hacer creer, lo sobrenatural, lo maravilloso. Este es el mundo de aquellos que no se aman a sí mismos, que no han desarrollado la capacidad de amar y no han descubierto lo que significa amarse a sí mismos. Usando el lenguaje callejero actual: es el camino de quienes creen en Papá Noel, de quienes sufren al descubrir que no existe. José, las iglesias e instituciones que se dicen religiosas están llenas de seres que no se aman, que no tienen autoestima, por eso están tan enfermos del corazón, tan deprimidos, tan temerosos. Utilizando pocas de las funciones y capacidades más nobles de los seres humanos, permanecen atrapados en las reacciones de las bandas animales de la evolución, actuando y reaccionando por necesidad, miedo e ira. No usan la libertad que tienen. Como tantas otras cosas en la experiencia de vivir, temen ser libres. En algunos casos es más fácil ser guiado, ser un rebaño, estar enfermo. Piden ayuda, nunca extienden una mano amiga. Tienen un mundo y una moral excesivamente idealizada para justificar la propia inferioridad y vivir dependientes de "santos", "poderosos", "ídolos", "gurús" de cualquier denominación religiosa o instituciones similares. No es solo en las religiones históricamente conocidas donde vemos estos fenómenos de evolución; también está presente en otras instituciones e ideologías humanas. Y el hombre esclavo de sí mismo hablando y produciendo cultura - comentó Georges.

- Una cultura violenta que derrama sangre sin límites desde hace milenios. La Biblia debería imprimirse con tinta de color rojo sangre, llamando la atención de la gente sobre el mensaje violento y discriminatorio que difunde. Esta es la razón de las muchas guerras internas y colectivas entre naciones y países. La gente no se da cuenta que santifican la violencia, los prejuicios, la discriminación y no se dan cuenta que, incluso las llamadas corrientes cristianas, esconden el pensamiento de Jesús. Lo entierran entre milagros y a una distancia insuperable para el hombre llamada "santidad." Jesús es el hijo de Dios y nosotros somos los demás. Hombres que siguen este camino y se adentran en sus profundidades, comúnmente y mucho más Lolek, crea mitos. Ellos mitificaron a Jesús y rodearon - no de otros mitos e ídolos, como el mito de María. Todo esto divide y confunde a los hombres y oculta el mensaje de liberación de un espíritu superior, la transformación individual rebelde que él enseñó y el mensaje de libertad de religión que llevó al extremo y pagó con su vida física. Para él era un precio insignificante, pues era consciente de la inmortalidad del espíritu y de la fugacidad de la vida física. Lolek se aferró a un mito y quiso hacer de sí mismo un mito, y lo hizo. Ahora, la realidad humana pesa sobre él y le resulta casi intolerable - reflexionó Ricardo.

- Me confesó que no esperaba nada después de la muerte física - recordó Georges -. El misticismo no es fe. Era un político poderoso, que usaba y abusaba de sus habilidades. Lamentablemente, no pensó en las consecuencias de todas las maniobras políticas que llevó a cabo.

- La alianza entre religión y política es tan antigua como el apego a los mitos. Usó la política al servicio de intereses personales y como elemento fortalecedor de su propio mito, pero provocó millones de muertes - comenté.

- ¿Se refiere usted a la cuestión africana? ¿De los anticonceptivos? - Me preguntó Ricardo.

- Sí, también. Obstaculizó el progreso. Al difundir el catolicismo en África, Lolek actuó con extremo rigor en materia sexual. De hecho, este rigor marcó su reinado. Se diferenciaba de su precursor, Pío XII, que deseaba ser el líder supremo de la iglesia. Lolek deseaba ir más allá. Quería algo personal, quería ser un líder en todo el mundo, trascender los límites de la iglesia. Las décadas de agitación en Europa del Este se han cobrado tantas vidas - respondí.

- Muchas personas tienen enormes dificultades para aceptar la existencia de las víctimas, pero existen. De lo contrario, no habría libertad para cometer errores. No estoy de acuerdo con el concepto de víctimas inocentes, porque cada uno tiene libre albedrío, no estamos obligados. Seguimos a alguien o algo, y es nuestro compromiso con nuestra conciencia, es en ella donde están grabadas las leyes con las que debemos armonizarnos para vivir bien.

Al cumplir con la política de Lolek, ya sea en África, Europa o América, tomaron una decisión. Renunciaron a ejercer su libertad de pensar y decidir para seguir la guía de un gurú, un santo, un líder u otra persona. Esto les quita la llamada "inocencia." Estas personas; sin embargo, continuaron siendo víctimas, consecuencia de una acción absolutamente infantil, vanidosa, autoritaria y mística, al tratarse de un tema letal para la vida física: el virus VIH. y la Odisea - dijo Georges -. En el torrente de vibraciones que lo atacan a él y al actor donante, vi a miles de ellos expresar su rebelión contra las ideas que acogían y exigiéndole todo el sufrimiento que vivieron y están pasando. Millones de niños infectados. Podría haberlo evitado, al fin y al cabo, estaba colocando al Papado y a él mismo como una institución de política internacional, materializando la vieja consagración de ser soberano de soberanos. Lolek; sin embargo, provocó muertes.

- Este deseo de poder se expresaba en sus actitudes - dije recordando el momento en que fue obispo. Esa actitud se repetiría durante el resto de su existencia. Lolek se había convertido en un miembro muy conocido del clero, aunque seguía vistiendo ropa de civil y residiendo solo. Públicamente se comportaba como un hombre religioso de extrema devoción, carácter forjado en prisión. Llevaba túnica clerical solo para confesarse o cuando participaba en actos políticos acompañando al obispo. Esta popularidad le dio poder, ya que se convirtió en extremadamente necesario para los líderes de la Iglesia polaca. También había aprendido la lección de la vida sexual discreta, después de algunos meses, volver a la "libertad." Cuando sintió que tenía cimientos, cifras para abordar el tema, Frederico preguntó en privado:

- Soy consciente que hicimos un voto sagrado de silencio en el episodio de este caso, Frederico, pero espero que entiendas que no actué imprudentemente, no como crees. Me gusta Irene. Éramos felices. No sabía cómo decirle que soy sacerdote y no sabía que estaba embarazada. Intenté ser muy discreto. Nadie lo sabía. No caminé con ella como si fuéramos una pareja. En primer lugar, no teníamos relaciones con otras personas y mis vecinos no sabían que yo era sacerdote. Hasta hace poco no publicité la profesión y me gustaría saber qué pasó con ella - preguntó Lolek, mirando a Frederico -. Creo que tengo ese derecho. He cumplido nuestro compromiso.

Frederico se rascó la cabeza, suspiró, pareció sorprendido y se sintió incómodo, pero estaba esperando en secreto esa conversación. Caminó por la habitación con las manos en los bolsillos y se detuvo frente a la ventana que daba a un jardín interno de la universidad. Lolek tenía la mirada atrapada en la espalda del decano, pero estaba tranquilo y controlado, sentado en la silla frente a la mesa de trabajo en la oficina del decano.

- Ella está bien y su hijo también. Su nombre es Adam. Creo que tiene cinco meses - respondió Frederico.

- ¡Un niño! - Dijo Lolek sin emoción - Cuéntame qué le pasó.

- Nada de más. La llevaron a un convento donde permaneció cinco meses. Es muy testaruda y rebelde. Rebelde, se enamoró profundamente de la iglesia y se volvió violenta con las monjas que la acogieron. También conmigo. Le llevó mucho tiempo aceptar la solución que le propuse. Ella te amaba y sufrió mucho, muchísimo - subrayó Frederico, recordando a la mujer desaliñada y enfurecida encerrada en la celda de un convento. Irena gritó y maldijo a la iglesia y a los sacerdotes.

Había sido difícil tratar con Irena. A Frederico no le gustaba mancharse las manos de sangre, pero había pensado en inducirla al suicidio. Sin embargo, la imagen de vida que se generaba en ella rápidamente se hizo perceptible y lo conmovió. El niño no tenía ninguna responsabilidad por la relación y las torpezas de los padres. La muchacha había sido muy dulce y apasionada y lo estaba pagando caro. Ella era la viva imagen del dolor y la soledad, y su desesperación era comprensible. Por eso, Frederico esperó a que el enfado de Irena diera paso al llanto y que la depresión se instalara en la mente de la joven, antes de administrarle tranquilizantes al final de su embarazo. La convenció de aceptar el matrimonio y la vida que él organizó para ella y el bebé en un pequeño pueblo lejos de la capital.

- Pero ella cedió. La maternidad la hizo ceder. Irena está en casa cuidando a su hijo. No deberías preocuparte por ella. Tus primos prometieron protegerla - volvió a decir Frederico.

- ¿Dónde viven? - Preguntó Lolek.

- Será mejor que no lo sepas, Lolek. No diré nada más. Por favor no insistas.

Unos meses de silencio cubrieron el caso Irena.

Lolek continuó su carrera con una dedicación ejemplar, con los viejos problemas cubiertos por la sotana, satisfechos y complaciendo a sus superiores. Cuando Mons. Basiak lo llamó a su oficina, en una reunión con el cardenal, para informarle que Pío XII había aceptado su nombramiento para obispo, Lolek recibió la información imperturbable y seriamente. Solo el brillo de sus ojos revelaba su satisfacción. Simplemente miró al obispo Basiak y preguntó:

- ¿Dónde debo firmar?

Mons. Basiak le entregó el documento, sonriendo y muy complacido. Estaba consumado, ya que había recibido pruebas de prestigio de Roma y había logrado eludir la política local y la influencia del Partido Comunista en el nombramiento de obispos. Además, la madurez de Lolek, tras el episodio con la joven enfermera, fue una recompensa y una prueba de la corrección de su actitud en el manejo del caso. Después de la firma, los dos se abrazaron en silencio.

El obispo Basiak le susurró al oído a Lolek:

- Seguiremos trabajando juntos por una Polonia libre, amigo.

- ¡Así será, obispo Basiak! Y bajo las bendiciones de Nuestra Santa Madre María – respondió Lolek, de la misma manera.

- Éxito en vuestra misión - deseó Mons. Basiak. Alejándose de Lolek y finalizando la entrevista, recomendó:

- Una vez cumplidos los rituales de nombramiento, asumirás inmediatamente la diócesis.

- Haré todo en mi tiempo - argumentó Lolek, mirando a Mons. Basiak con una mirada que decía: "Tengo la misma autoridad que usted. Ya no acepto sus órdenes."

- ¡Claro! Fue la fuerza de la costumbre - dijo Mons. Basiak a modo de lo siento.

La actitud pedante e inmediata de Lolek, por un lado, irritó a Mons. Basiak, que esperaba gratitud, porque, sin su intervención, ese nombramiento no se habría realizado; por otro lado, le demostró que Lolek era consciente del poder de la autoridad y de inmediato se había puesto a la par. Fue la bandera política que él y Frederico reconocieron como su pupilo y le dieron alas.

El superior lo observó con aire reflexivo. La conducta del padre había activado señales de advertencia en su cerebro. No dudaría, no utilizaría ningún argumento de falsa humildad o modestia. La aceptación sin dudarlo llamará su atención. El nuevo obispo no era solo un predicador carismático y un intelectual preparado: era un político con sed de autoridad y poder. Como superior, siguió su trabajo y tenía restricciones: él era un orador nato y predicó la libertad y alentó la consecución de la misma. Sus discursos describieron lo mejor de todos los mundos alternativos. El ideal del ideal. Sostuvo que el camino hacia la redención de la Humanidad era ayudar a cada hombre a darse cuenta de la gran fortuna que llevaba dentro de sí, que era su herencia divina. Pero, ¿cómo? Lolek había descubierto el poder de vender ilusiones. Este humano, la cantidad de gigantes poderosos y libres no se corresponde con el estado evolutivo de la Tierra. Es una promesa utópica e irrealizable.

En definitiva, era un mensaje peligroso para sembrar en un régimen dictatorial. Sin lugar a dudas, fue un político valiente.

En prisión, agudizó su percepción y manipulación psicológica de las personas para moverlas a su voluntad. Sabía cada día además de la protección y salvoconducto que garantizaba la sotana y no tuvo miedo de utilizar ninguna de las dos herramientas. Empezaría a llevar sobre sus hombros la manta roja, garantía de libertad y poder personal.

En la ceremonia de consagración episcopal de Lolek, la catedral estaba abarrotada. En privado, Frederico temía que apareciera Irena, por lo que caminaba entre los fieles, conversando, saludando, pero, sobre todo, inspeccionando. Finalmente, se alegró que ella no haya aparecido. Cuando saludó a uno de los últimos fieles casi en la puerta de la iglesia, se sintió incómodo al reconocer al hombre en prisión.

- Te dije que nació tu colega, padre - dijo el hombre, mirando a Frederico -. ¿Te acuerdas de mí?

- Sí, nos conocimos en prisión. Estoy feliz de verlo libre.

-Yo también..

Frederico se apresuró a saludar a los demás fieles que se agolpaban allí y regresaban a los lugares reservados al clero. Al final de la consagración, cuando el cardenal anunció el lema elegido por Lolek para su vida, *Totus tuus*[8], identificó la voz del hombre que resonaba en la iglesia en una advertencia burlona:

- ¡Oye, Lolek! ¡No dejes que nadie te deprima! ¡Cuidado, eh?!

Se levantó un murmullo de indignación, molesto por la cordura del individuo al interrumpir la ceremonia. Frederico miró directamente al lugar donde se encontraba el ex preso, quien sonreía y, con indiferencia, caminó hacia la salida de la catedral. El lema elegido por Lolek para inspirar su vida clerical a partir de ese día hacía referencia a su doble compromiso con Mons. Basiak: una vida de dedicación exclusiva al clero y sexualmente discreta.

Los caminos se abrieron y la puerta fue amplia, muy amplia, de la mezcla explosiva entre política y religión para los servidos. Lo cruzó con incomparable placer y avanzó, transformando su personaje en un mito. Las consecuencias que seguimos en la espiritualidad mostraron lo que significaba.

Existe la vieja jerga "nada es casualidad." El nuestro hoy, este tiempo eterno, y cuando tengamos plena libertad de elección y cuando recibimos de forma condicionada el bien o sino las

---

[8] Totalmente tuyo.

decisiones tomadas en el pasado. Pasado ese podría ser el instante que simplemente fluyó.

Después de la consagración, Lolek tuvo el poder de tomar decisiones. La conciencia de este poder brilló en sus ojos en ese momento y solo se extinguió con la muerte física.

CAPÍTULO XXXI
PODER Y PASIÓN

Amaral le informó a Georges que estaba en medio de la crisis y que le gustaría verlo.

- ¡Qué buenas noticias! - Celebró Ricardo.

- ¡De hecho! Esta es la primera vez que hace esta solicitud. Lo veré - respondió Georges con calma.

- ¿Puedo acompañarte? - Pregunté sonriendo.

- Quizás no debería responder a tu pregunta, José, después de todo, en algunos casos eres, literalmente, mi sombra. Entiendo el beneficio potencial que tiene este caso. Rompe ilusiones, abre las cadenas de las creencias, cuestiona la creación de ídolos y mitos en nosotros mismos, innegablemente, liberar a las mentes de estos conceptos o, al menos, hacerlas cuestionar estos fenómenos de la cultura humana y, en mi opinión, algo saludable y preventivo del sufrimiento mental. Me parece ridículo que tengamos que afirmar y reafirmar tantas veces lo mismo: todos somos humanos, creados de la misma manera con un destino idéntico: alcanzar la perfección que le sea posible a la criatura. Estamos sujetos a las mismas leyes universales; no existen privilegiados en la naturaleza; la vida es una secuencia de experiencias y existencias en las que continuamos la obra divina en nosotros. ¡Eso es maravilloso! Es tan maravilloso como observar el espacio o el fondo del mar y estudiar las leyes naturales que rigen este fenómeno que es la vida material y espiritual. Sin embargo, me parece que el mensaje aun no está si has alcanzado un número suficiente de mentes o has florecido plenamente en aquellas a las que has llegado, entonces necesitas seguir repitiendo y diciendo de diferentes maneras la misma verdad: todos somos espíritus, hijos de Dios. Solo existe esta especie en toda la Tierra, en todo el universo, en la materia y fuera de ella. Espiritualmente, podemos parecernos a niños en crecimiento, adolescentes, adultos o seres plenamente maduros. Amarte a ti mismo sigue siendo una gran necesidad humana, José. Cuando la gente tenga amor por sí misma, estos fenómenos populistas cesarán, ya que todos utilizan esta necesidad humana básica y se presentan como santos, salvadores, misioneros, padre o madre de todos. No les interesa el camino del amor ni la revolución del amor, como dice Layla. Intentan consciente e inconscientemente oponerse a obstáculos, porque el amor y la libertad son intrínsecos. Uno no se desarrolla sin el otro. ¡Vamos amigo! Necesitamos ver cómo está operando la revolución de la ignorancia a nuestro cuidado. Está muchos pasos detrás de la revolución del amor. Ya hemos identificado esta condición.

- ¿Y yo? ¿Estoy libre, Georges? - Preguntó Ricardo.

- Por ahora sí. ¡Gracias por la ayuda!

- ¡Excelente! Hasta luego – se despidió Ricardo saliendo inmediatamente.

- Está cansado. El caso es pesado para él - comenté.

- Dicen que quien corre por amor no se cansa. Es un hecho. El amor se retroalimenta. En este caso, a Ricardo se le acabó la lástima. Como todavía no tiene este sentimiento puro, no es solo una expresión de amor por los demás. Yo diría que el que corre pidiendo piedad se cansa, José.

Una sonrisa fue mi respuesta. Uno de los obstáculos para la evolución emocional fue la decantación del sentimiento de lástima. Primera manifestación de amor a los demás, anuncia una nueva etapa de crecimiento en la criatura: la decadencia del egoísmo y el crecimiento del altruismo. Sin embargo, hasta que el egoísmo si cesa, aun se escucharán ecos de orgullo, vanidad, autoritarismo, incomprensión real y clara de la condición del otro mezclados con compasión. Esto nos hace sentir ansiosos, frustrados, impacientes y muchas veces irritados con quien nos causa merced. En esta etapa hay mucha preocupación y poca acción. Un error común es querer resolver la situación sin darnos cuenta.

Sabemos que no nos pertenece, porque todavía estamos afectados por nuestras emociones y creencias destructivas. Ésta es la razón de la frustración, de la revuelta, del cansancio. El amor, en su cara altruista, libera el ser de estos sentimientos, porque hace el bien haciéndolo feliz, y quien es feliz con lo que hace no se cansa, y es productivo, vive un ciclo de retroalimentación de emociones, pensamientos y acciones constructivas, que impulsan su pleno desarrollo. Ricardo atraviesa una fase de transición; de ser servido pasó a ser asistente. Este camino no se puede recorrer sin luchas. Hay unas ganas enormes de ayudar, hay buenos sentimientos; sin embargo, de ayudar, y se necesita más. Quiere ver avances en nuestros clientes actuales, pero cada uno tiene su tiempo y actúa según su evolución. Esto requiere comprensión, tolerancia, paciencia y aprender a lidiar con la frustración, la impotencia y el enojo cuando el otro no responde al tratamiento como queremos, a pesar de nuestro esfuerzo y deseo. Esta barrera interna, más que laboral o de convivencia es relación con la persona atendida, tal vez agotamiento, consumiendo su energía. Charlando amigablemente llegamos a la habitación de Lolek.

Georges entró y se alegró de verlo sereno, tranquilo, sentado en la cama, con las manos en las rodillas. Me quedé cerca de la puerta, mientras Georges se sentaba a su lado y dejaba un paquete sobre la cama. Luego, colocando suavemente una mano en la mano del paciente, le preguntó:

- ¿Cómo estás, Lolek? Recibí tu mensaje.

- Creo que estoy mejor, no estoy seguro. Gracias por venir, Georges. Estoy muy cansado y confundido. A veces tengo la sensación que llevo siglos en este estado, o, como tú dices, en este mundo después de la muerte; otras veces tengo la sensación que estoy reviviendo mi propia historia que ya viví, y eso me aturde, porque no siento la misma satisfacción de volver a vivirla. ¿Puedes entenderme?

- Sí. Estás viviendo un momento de extrema perturbación y gran sufrimiento, en el que también se mezclan los efectos del proceso de desencarnación...

- ¿De qué? - Preguntó Lolek, arrugando la frente.

- Cuando ocurre la muerte física y el espíritu se desprende de la materia, a esto lo llamamos desencarnación. Déjame explicarte algunas cosas básicas, o mejor aun, recordártelas, ya que todos hemos experimentado estos procesos naturales en innumerables ocasiones. Recordar es cuestión de tiempo y voluntad. No te preocupes. Cuando estamos en el mundo físico, nos revestimos de un cuerpo material, que hemos formado desde la concepción del huevo, amoldándolo a nuestra voluntad y necesidades. Le imprimimos nuestras buenas y malas marcas y, a medida que el feto se desarrolla molécula a molécula, nosotros, seres espirituales, nos conectamos con el cuerpo con el que viviremos en el mundo material durante un determinado número de años. En definitiva, esto es encarnación y/o reencarnación, ya que vivimos en la materia muchas, muchas veces. Cada retorno es una reencarnación, una existencia física dentro de la vida espiritual. Desencarnarnos y rompemos con estos lazos que nos conectaban, molécula a molécula, a un cuerpo físico. Deshecho o roto, se produce la muerte del cuerpo y nuestro retorno a la condición de seres espirituales libres de materia densa. Estos procesos causan perturbación, confusión. Cuando renacemos como bebés, dejamos el mundo espiritual, donde estábamos por tiempo indefinido. Para algunos, este tiempo puede corresponder a siglos; para otros, unos años dependiendo de las necesidades de cada ser. Dejamos afectos, amigos, amores y emprendemos un viaje para encontrarnos con otros seres que pueden ser amigos o no tanto. Encontremos nuestras debilidades para fortalecerlas y no solo encontraremos nuestros amores, no viviremos un estado constante de bienestar. Llegamos a un estado de total dependencia física y, a lo largo de la formación y desarrollo del cuerpo, perdemos temporalmente la memoria de los hechos, la identidad física y psicológica. Solo recuperaremos nuestra memoria algún tiempo después de la desencarnación, cuando estemos en buenas condiciones mentales y emocionales. Esto es inquietante, esto provoca una gran confusión emocional que se refleja en "períodos problemáticos en la infancia y especialmente en la adolescencia" para algunas personas. Bueno, saltemos al otro extremo, por este momento que viviste y aun vives. Has alcanzado una edad considerable en la vida material...

Lolek se miró las manos envejecidas, manchadas y marcadas por la osteoartritis. Levantó una y vio que todavía temblaba. Abrió el botón de la manga de su sotana y se lo bajó hasta la mitad del antebrazo, examinándolo de cerca. Georges lo miró en silencio.

- ¡Vejez! ¡Qué carga! Viví hasta la aparición de las enfermedades, Georges. Me sacudieron mucho. Me hicieron sufrir muchas dificultades. No fue fácil disimular los síntomas. Alguien como yo no podía mostrar fragilidad, no podía sufrir... como los demás. Las marcas del paso del tiempo fueron una aflicción. Confieso que no los acepté íntimamente, no me reconocí en ese cuerpo que, día tras día, me dificultaba expresar mi voluntad, cumplir mis deseos. Hablas de espíritus libres de materia, y entendí por qué me sentía atrapado, limitado, incómodo en ese cuerpo que no era yo, ya no era una expresión mía. ¡No antes! Estaba feliz con mi cuerpo, ni siquiera le prestaba mucha atención...

- Los dioses no sangran, ¿verdad, Lolek? - Preguntó Georges sonriendo.

- Sí, Georges. No podía sangrar, ya que eso demostraría mi condición humana. Pero fue aun más difícil porque no vivía solo. Al contrario. Mi vida estaba entre multitudes. Siempre había más personas a mi alrededor y para servirme de las que recordaba sus nombres. Hubo; sin embargo, una serie considerable que subió conmigo y estuvo cerca. Pensé en ellos como la cola del cohete. Yo seguí adelante, pero ellos también impulsados. Sin la cola, el cohete, cae sin ese seguimiento, caería. Y si yo caía, si moría, ellos también caerían. Teóricamente nadie se quedaría en sus puestos, en sus posiciones, y eso crea una tensión permanente. Cuando hay situaciones conflictivas, guerras de intereses, intrigas, los romanos suelen decir que "algo está hirviendo en esa olla." En el ambiente donde vivía había un caldero hirviendo.

El humor de Lolek hizo sonreír a Georges, pero permaneció en silencio. Luego el paciente continuó con sus recuerdos.

- En los últimos años, el caldero ha burbujeado, hirviendo y colapsado muchas veces. Necesitaba controlar el fuego para mantenerme yo y los demás. Solo uno de mis asistentes me dijo que era absurdo, que no había manera de negar la condición humana y me aconsejó que renunciara y viviera mi vida lejos de los focos, de las cámaras de televisión y de la multitud. Es un innovador, alguien capaz de pagar el precio de sus propias opiniones. Yo no. La ruptura con la tradición no fue mi acto, lo acepté. A diferencia de él, yo no podía, para ser honesto. No quería reconocer el fin de mi reinado, porque eso, para mí, sería la muerte en vida. Quizás un sufrimiento mayor que los medicamentos para contener la enfermedad, para permitirme controlar ese viejo cuerpo que, día a día, aborrecía más. Sin embargo, me aferré a él desesperadamente, porque la conciencia me decía que solo la muerte me liberaría, que él se había convertido en mi prisión. No quería morir y no creía en el cielo, el infierno o el purgatorio. Sabía que todos fueron creados por un acto humano que yo tenía el poder de deshacer. De hecho, algunos de ellos fueron muy discutidos porque estaban completamente obsoletos. Fueron creaciones para enfrentar una realidad y un contexto de interés económico y social en el pasado de la iglesia, y ya no había ninguna justificación para enseñarlos. Sin embargo, no tuve el coraje de deshacerlos. Eran mitos, tanto como yo mismo. Pero... estoy huyendo de la conversación y no quiero hacer eso. No quería morir. Amaba tanto mi vida y ¿por qué no decírmelo a mí mismo?

A menudo me preguntaba cómo sucedió todo y admiraba mi capacidad para hacer lo que hacía con mi vida. La enfermedad, sin embargo... ¡Ah! Cuando me diagnosticaron la enfermedad de Parkinson, comenzó mi martirio. La depresión estaba alrededor mío. La temperatura ambiente subió y la olla hirvió como nunca antes. Anunciaron mi muerte inminente, especularon sobre mi renuncia, al fin y al cabo estaba viejo y enfermo. Mi historia; sin embargo, pesó mucho y se impuso. Nuestro grupo era fuerte y no en vano tuve un reinado tan largo. Por otro lado, la gente ama e idolatra el sufrimiento y el martirio, por eso cuando asumimos públicamente la enfermedad, me convertí en un mártir, un ejemplo de sacrificio y desinterés en la visión popular, cuando era exactamente lo opuesto. Mi popularidad aumentó estratosféricamente. Yo; sin embargo, sabía que la enfermedad avanzaba y el tiempo también, lo que me deprimía mucho. Solo mis viajes todavía me animaban y despertaban las viejas fuerzas para transformar las situaciones a mi favor. Solo cuando la demencia empezó a dar señales, con pérdida de memoria y confusión, admití que tocaba el plan en mi último acto. ¡Imagínese un líder mundial demente, que ya no sabía en qué día o año estaba viviendo! ¡Imagina!

Es genial, ¿no? Me matarían antes que esto se hiciera público.

Entonces, aunque todavía había lucidez y cierto control, decidí aceptar y controlar mi último minuto. Cuestión de dignidad.

- Como en los mitos, aceptaste mostrar múltiples órganos, pero no sangraste. No me respondas ahora. Solo te pido que pienses: ¿tu elección por el suicidio asistido fue una cuestión de dignidad o de vanidad?

- Mi inspiración fueron los antiguos romanos. "Digno de", dijeron. Es una tradición. Necesitamos preservar la dignidad del Papado; es una institución antigua, tenemos manchas es una historia, lo sé, pero no la de un Papa loco. No sería el primero.

- Sí, Lolek, los antiguos romanos admitieron el suicidio como algo honorable, un acto para preservar la dignidad, el interés y que los grandes filósofos y pensadores de esta civilización no eligieron este camino. Sin embargo, muchos fueron asesinados.

De hecho, los políticos romanos se suicidaban con el pretexto de preservar su dignidad. Otra cosa interesante en tu caso es que preservar la dignidad significaba morir en poder, fortuna, prestigio o sin afrontar el martirio que impone la enfermedad física… Los papas de la iglesia continuaron esta cultura. Eso es todo es triste, desde mi punto de vista. La dignidad para mí tiene otro significado. No vería ninguna indignidad en dimitir, admitiendo la imposibilidad física de gobernar, de gestionar su propia vida. Las enfermedades, físicas o mentales, son nuestras construcciones y se convierten en maestras de nuestro espíritu. Viviéndolos aprendemos cómo seres espirituales, para domar nuestras pasiones. Regla general: alimentamos pasiones destructivas y qué es una palanca para nosotros de progreso, se convierte, durante algún tiempo, en causa de sufrimiento, provoca estados transitorios de pérdida de la cordura mental y emocional y destruye nuestros cuerpos; sin embargo, somos seres espirituales e inmortales. Estas experiencias resultan en progreso, aprendizaje, autoconocimiento o su repetición hasta lograr este resultado positivo...

- No veo cómo un estado de dolor físico y moral, como la depresión que experimenté y, peor aun, la locura mental que se predijo, podría traerme a mí o a cualquier otra persona los beneficios que mencionas. Siempre me pregunté para qué servían en la Tierra. Son gente inútil. Son enfermedades incapacitantes, progresivamente incapacitantes. ¿Qué aprende un loco? - Preguntó Lolek mirándome con franqueza -.· Solo sirve para despertar lástima o ira en los demás.

- Hablas considerando una sola existencia, ella tiene su mirada limitada. Te acabo de decir que nacimos en la materia innumerables veces. La idea de la reencarnación es muy, muy antigua.

El hecho que la humanidad haya discutido sobre ello en todos los tiempos y en diferentes lugares y culturas nos muestra que existe una insatisfacción natural con muchos destinos, como los mencionados y vividos. La idea de la finitud de la experiencia humana en la muerte física es una paradoja comparada con la sabiduría que es evidente en la naturaleza.

- En la naturaleza nada se crea, todo se transforma - me interrumpió Lolek, citando a Lavoisier -. Las prácticas de embalsamamiento y conservación del cuerpo nos salvan de este destino y dan esperanza de resurrección. Creo en esto. Quiero volver a la vida algún día. Mi vida.

- Bueno, querido, las leyes materiales de la ciencia son estudios de leyes divinas. La inteligencia de Lavoisier no creó la acción de la naturaleza. La observó, la estudió y aprendió cómo funciona la química que la gobierna. Él y muchos otros son espíritus que lograron la evolución intelectual para comprender los mecanismos de funcionamiento de la vida material. Lavoisier, como típico innovador del pensamiento humano, pagó con su vida atreverse a escandalizar y subvertir la cultura de una época.

- Sí, lo sé, Georges. Fue decapitado y en su sentencia de muerte escribieron que "Francia no necesitaba científicos." La iglesia aplaudió.

- Así es. Aplaudió la ejecución de muchos científicos, porque mostraban y muestran un mundo natural, sin dioses, númenes o musas. O un mundo sin santos, beatos ni seres privilegiados. La ciencia destruye la interpretación vulgar de los mitos. Sobre Lavoisier también se escribió que la sociedad humana necesitaría más de un siglo para producir otra cabeza como esa que lo hizo caer en un segundo. La inteligencia de Lavoisier, con todo, no terminó en esa guillotina, ya que hubiera sido un inmenso desperdicio. De hecho, en esta visión no reencarnacionista, el sustrato es la concepción de Dios como un derrochador, un ser que en todo lo que hace demuestra sabiduría y aprovechamiento de las oportunidades, de hacer útil lo más abyecto, como el excremento. Solo con la especie humana - la culminación de su trabajo - desperdicia, se muestra derrochadora. Lolek, las leyes naturales no solo operan en la vida material; son las mismas y operan idénticamente en la vida moral. Entonces, recordando al científico que mencionaste, ninguna de nuestras experiencias se pierde; nos transforman. Los casos que mencionaste de sufrimiento físico y mental, que parecen no tener utilidad en la vida material, son preciosos para el espíritu, que es consciente de lo que vive, aunque sufre las consecuencias materiales durante algún tiempo. Esta experiencia habrá que reflexionarla, analizarla. Encontrando las causas que lo generaron, aprendió a trabajar sobre ellas, transformándolas y, como no vivimos aislados, estas situaciones afectan a los demás y despiertan lástima. ¿Reflexiones sobre el porqué de esa experiencia humana? Incluso cuestionar la justicia de Dios es válido y puede abrir puertas en mentes muy cerradas y endurecidas. Por innumerables razones, estas experiencias son necesarias para el espíritu. Son bendiciones mal entendidas.

- Es degradante ser objeto de la compasión de los demás - dijo Lolek.

Georges se rio de buena gana y Lolek lo miró fijamente con incredulidad y lo reprendió severamente:

- Esto no es una broma. Es en serio. ¿Te gustaría ser objetivo de la lástima de los demás?

- Pero, ¿no es la piedad una virtud? - Respondió Georges sonriendo -. ¿No deberían cultivarse las virtudes?

- Sentir lástima es una virtud, ser objeto de lástima no lo es. ¡Es humillante! - Respondió Lolek manteniendo su tono.

- ¿No es eso contradictorio? ¿Cómo es posible enseñar que la piedad es una virtud, que solo debo sentirla por los demás? Otros, si en algún momento la reciben, ¿eso me convertirá en un ser... como dijiste... exiliado? ¿Es esto lo contrario de la envidia? ¿Por qué muchas personas dicen que son objeto de envidia, pero no admiten haberla sentido? Como la envidia es vista como un sentimiento "feo", un pecado, no debería sentirlo. Sin embargo, puedo ser blanco de ello porque tener cosas que despierten este sentimiento feo en los demás me eleva. ¿Y esa es la lógica? - Preguntó Georges, mirando a su paciente firmemente.

Lolek sostuvo la mirada de Georges durante unos momentos y luego desvió la mirada. El silencio reinó en la habitación. Georges se recostó contra la pared y esperó.

"*¡Touché!*", pensé. Georges volvió a poner en discusión la vanidad de cómo una desviación en el comportamiento puede distorsionar la comprensión de la realidad material y emocional, subvirtiendo los valores.

- Lolek, por ahora nuestra conversación se detendrá en este punto. Tengo otros compromisos y necesitas tiempo para reflexionar sobre lo que hablamos. Te pido que reflexiones sobre nuestra conversación. Te traje un regalo. Espero que te guste y lo disfrutes.

El paciente volvió a mirarlo. Curioso, Lolek tomó el paquete de las manos de Georges y lo palpó discretamente.

-¡Gracias! ¿Cuándo voy a verte de nuevo? Si vuelvo a ser torturado por esas voces, ¿puedo llamarte? ¿Logré escapar de ellos de mi parte? - Preguntó Lolek.

- Cálmate, Lolek. Sigue mis recomendaciones y estarás bien. ¡No temas! Usaste mucho esta recomendación; aplícala a ti mismo ahora. ¡No temas! Sí, si es necesario, puedes llamarme antes de nuestra próxima reunión.

- ¿Lo que sucederá? - Insistió Lolek.

- Dentro de unos días todo estará bien - concedió Georges, respondiendo con un parámetro material a la petición del paciente. Era necesario para su nivel de comprensión en ese momento.

Georges lo besó en la coronilla y se fue. Observé a Lolek un poco más.

Volvió su atención al paquete que tenía en las manos, desató la rústica cinta y lo desenvolvió.

- ¡Libros! - Murmuró satisfecho.

Lo vi feliz, un frágil pero genuino sentimiento de alegría irradiaba de Lolek mientras depositaba, una al lado de la otra, las obras recibidas. Dramaturgia y filosofía. Sus ojos brillaron.

Parecía haber olvidado la petición de Georges, mientras apilaba cuidadosamente los libros junto a la cama y se acomodaba, eligiendo uno de ellos para leer.

Sonreí, admirando lo astuto que era Georges. Dejé a Lolek con el placer de leer las obras seleccionadas.

CAPÍTULO XXXII

CONFESIONES

- El Santo está tranquilo - comentó Ricardo, sentado a mi lado a la sombra de un frondoso árbol en los jardines de la ciudad institución. Un rincón más aislado, solo campos y árboles, silencioso, excelente para meditar.

- ¿Has ido a visitarlo, Ricardo?

- Sí. Ha leído mucho. Es un devorador de libros.

- Mmmm - murmuré -. Preferiría escuchar que estaba leyendo con calma, reflexionando, pero quizás quiero demasiado por el momento.

- Hablamos de libros. Comentó que leyó a Macbeth con otros ojos después de la conversación con Georges. Encontré interesante el pasaje que destacó en Confucio. "Si un hombre aprende de los demás, pero no piensa, se confundirá. Si, por el contrario, un hombre piensa, pero no piensa aprende de los demás, estará en peligro." ¡Lo memoricé!

- ¡Eso es bueno! Se identificó con el mensaje. Lolek continuó haciendo ambas cosas: enseñó a muchas personas a no pensar, las sumió en la confusión y el peligro. Lolek era y sigue siendo ciego en materia de espiritualidad. El problema es que pasó la tarea de liderar multitudes igualmente ciegas, moviendo a los medios de comunicación y de una política dura bajo el mantenimiento de la fe. Interinamente, de ser un hombre santo, se comprometió mucho. Tiene mucho trabajo por delante y, más adelante, su conciencia exigiría reparación por lo que había hecho. Pero esa es una pregunta para el futuro. Dime: ¿se mantuvo libre de crisis?

- Sí. Desde que te sigo, este ha sido el período de lucidez más largo, José. La última crisis fue intensa, pesada. El enfrentamiento con los demás lo desequilibraba profundamente. Está tranquilo ahora.

- Terapia de shock – dije riendo, recordando que Georges había accedido al arrogante pedido de Lolek, sabiendo de antemano qué efectos generaría.

- ¡Buena definición! - Respondió Ricardo sonriendo -. Y me esforcé en investigar la trayectoria de Lolek desde el anonimato hasta la cima del poder. Pensé que Georges necesitaba conocer los hechos para entenderlo, después de todo, se lo conté toda mi vida. Ahora descubrí que a él no le interesan los hechos, solo los sentimientos y pensamientos. ¿Qué hacer? Aprendiendo, ¿verdad? Jacobino me daría esa respuesta, ni siquiera necesito preguntar.

- Nuestro asesor seguramente te diría: "Aprende trabajando con Georges" - reforcé -. Tu trabajo me fue muy útil. Gracias por hacerlo; sin embargo, sabemos que ninguno de esos hechos se puede rehacer, cambiar, después de todo, pertenecen al pasado. Lo que hay que purificar es la fuente que los originó: el espíritu de Lolek. Georges actúa en la causa, no en el pasado. La causa es eterna e inmortal. Los hechos me ayudaron mostrando el mito sangrando. Es realmente increíble cuánto es necesario repetir que todos somos humanos, iguales ante las leyes de la vida e hijos amados de Dios. ¡Todos! ¡Absolutamente todos!

- Y sospecho que Georges aprovechó el caso de Lolek para tratarme, identificar sus emociones, seguir sus pensamientos y relacionarlos con sus actitudes me ayudó a identificar si el mío es mejor. Hasta este caso los recogí, los apoyé y, después que llegaron a la institución, me mudé. Con Lolek, lo volví a ver, seguí su lucha, y esta tarea de ayudar con la observación abrió mis horizontes, arrojó luz sobre mi ignorancia sobre emociones más complejas como la lástima, la dignidad, la paciencia, observar y respetar sin interferencias, reír, esperar los hechos para encajar... O mejor dicho, para las personas se conformen con la vida y adapten los hechos a la nueva condición íntima. De hecho, sería bueno si fuéramos a buscar a Georges. El encuentro con Lolek está cerca.

Miré aquel paisaje tranquilo y enérgico, miré a Ricardo y tocando su brazo le dije:

-¡Vamos!

Encontramos a Georges en la puerta de la habitación de Lolek. Ingresamos. Observé que estaba tranquilo, sentado en la cama, en su postura tradicional, con las manos en las rodillas. Había; sin embargo, pequeños detalles: estaba pensativo, descalzo y sin manto. La habitación quedó sumida en una agradable penumbra. Los rayos de luz de la ventana caían sobre los zapatos rojos cuidadosamente colocados en un rincón de la habitación, con la capa roja doblada al lado.

- ¿Cómo estás hoy, Lolek? - Preguntó Georges sentándose en la cama.

- En silencio interior. Quiero agradecerte por tu ayuda.

- Esas son buenas noticias. Me alegro que nuestro trabajo te ayude a mejorar - respondió Georges, subrayando "nuestro trabajo", una sutil advertencia que el paciente necesitaba trabajar para su propia mejora.

- Logré pensar en lo que me dijiste. La confusión mental es el peor sufrimiento y es insoportable. Creo que estuve a un paso de la locura, pero me siento bien, en control de mí mismo. Fuiste lo mejor que me pasó después de mi último acto. A pesar de ser muy extraña, tu terapia alivió mi sufrimiento.

- ¿Quieres contarme tus reflexiones?

- ¿Se necesita? - Preguntó Lolek.

- No estás obligado a hacer nada, Lolek - aclaró Georges.

- Entonces, hablemos de otro tema. ¿Recuerdas cuando me pediste que me pusieran en otra sala? ¿Aun tienes ese deseo?

A mi lado, Ricardo sonrió, ya que el tema era el mismo.

Georges solo cambió el enfoque, cuestionando las actitudes que revelaban los sentimientos que lo habían llevado a actuar.

- Por favor no. Esta habitación es incómoda, fea, parece una cueva prehistórica en comparación con los ambientes en los que viví en el pasado, pero entendí que es un lugar de protección. Te bendigo. No quiero irme de aquí.

- ¡Lolek! ¡Lolek! - Dijo Georges analizando a su paciente. Noté que su mirada se posó en la pila de libros, luego en sus pies descalzos. Él sonrió y comentó: - ¡Descalzo como un niño!

- ¡Hace tanto tiempo! - Respondió Lolek contemplando sus pies descalzos -. ¡Es bueno! Me sentí de pie, sentí el suelo debajo de ellos. Un sentimiento de libertad. Había pasado mucho tiempo desde que tuve ese tipo de conexión. ¿Por qué me llamas Lolek? De hecho, aquí todos me llaman así.

- Bueno, cuando llegaste, a veces te tratábamos como a un santo. La mayoría de las veces nos referimos a ti como Código Rojo. Luego descubrimos este apodo de la infancia: Lolek. Ahora que te conozco un poco mejor prefiero llamarte así - respondió Georges.

- Sí, Ricardo me informó que aquí no hay títulos. La jerarquía obedece a factores muy diferentes a los de la vida material. Son exclusivamente morales, y no existe subordinación ni sumisión por jerarquía. Él ya no es cardenal y yo no soy Su Santidad. Todo quedó atrás, perdido en el tiempo.

- Los títulos, el prestigio social son cuestiones culturales transitorias; son inútiles en la vida espiritual. ¿Puedo continuar llamándote Lolek? Puedes decirme el nombre que quieras. Los nombres tampoco importan. Teníamos miles. Elige tu voluntad.

- Lolek es mi apodo de infancia. Sabes que me metí en problemas en la escuela por mi nombre. No respondía las llamadas de los profesores, no reconocía mi nombre civil. Me tomó mucho tiempo comprender que tenía dos nombres: uno en casa, entre las personas que amaba y cuidaba; y otro en la escuela, donde no conocía a la gente. Necesitaba estar atento, muy atento, para responder correctamente al llamado. Varias veces fui advertido e incluso castigada por no atender a mis profesores. Fui un niño feliz hasta que murió mi madre, Georges. Después, papá enfermó de tristeza, estaba melancólico, como decían en aquella época, y esto empeoraba mucho cuando estábamos solos. Hoy dirían que estaba deprimido.

Mi padre languideció hasta morir y cedió a su enfermedad sin luchar. Fue durante este período que comencé a construir mi vida fuera de casa. Vivía en un hogar triste y estaba preocupado por mi madre. En mi casa él era una sombra, encerrado en su habitación llorando o deambulando por la casa. Actividades escolares y extracurriculares proporcionadas.

Disfrutaba simplemente que me permitan estar fuera de casa. Si mi padre lo autorizara, haría cualquier cosa para mantenerme alejado el mayor tiempo posible. Esto se intensificó aun más durante la adolescencia, cuando estábamos solo él y yo. En el momento de la invasión de Polonia, comprendí que mi padre quería protegerme y me amaba. Experimentamos tantas tragedias internas que nos endurecimos para sobrevivir. Como éramos los últimos supervivientes de nuestra pequeña familia, cada uno de nosotros, en cierto modo, tuvimos que volvernos fuertes para mantenernos. No miré sus necesidades y creo que mi padre tampoco miró las mías. No tenía nada que ofrecerle más que miedo, y él tampoco tenía otra forma de mostrarme su amor que el miedo a perderme. Cuando murió, mi miedo se hizo realidad. Estaba absolutamente solo en el mundo. Fue un dolor extraño, diferente. También fue la liberación del miedo. Ya no había nada que temer, ¿sabes?

- No moriste, la vida continuó. ¿Te fortaleció o te endureció interiormente? - Preguntó Georges.

- Se endureció - respondió Lolek, sin pensar. Luego, consideró -. Analizándolo mejor, me hizo más fuerte.

- Fuerte. ¿Cómo identificas esta fuerza interior en tu vida, Lolek?

- Conseguí todo lo que quería. Soy un vencedor.

- Entonces, ¿todo lo que viviste fue deseado? ¿Querías ser una persona religiosa? ¿Querías el ascenso que lograste? - insistió Georges.

- Sí, tenía todo lo que quería, pero - al oírlo hablar -, parece que desear es lo mismo que planificar. Mi vida estuvo coloreada en medio del caos de la guerra. Durante mi niñez y adolescencia ella se generó a sí misma. La gente hablaba, temía, incluso lloraba por hechos y personas que yo no conocía y que murieron en la guerra anterior. Luego, desde la adolescencia, cuarenta y cinco o cincuenta años... Me cuesta precisar esa fecha. Los hechos no son irrefutables; resonaron en diferentes lugares durante muchos años. Hasta los años 80, me atrevería a decir. Viví la Segunda Guerra en todas sus fases, la llamada imperceptible, la guerra misma y la guerra fría, desarrollos de los mismos hechos y las mismas causas: nazismo y socialismo, regímenes totalitarios.

Lolek interrumpió sus confesiones y reflexionó unos instantes. Vi las escenas en sus pensamientos: recordó al adolescente temeroso y al adulto que quería sobrevivir en un mundo caótico. Luego recordó su involucramiento con los políticos, con los principales actores sociales de esa época y sonrió. Había incredulidad y satisfacción en su expresión.

- Curiosamente, la guerra me lo dio todo - reconoció Lolek -. Hasta cierto período de mi vida, no planeé nada de lo que conseguí. Yo diría que fue hasta que me convertí en obispo. Hasta entonces actué según se presentó el momento y aproveché la mejor oportunidad. No soy estúpido. Ven: no tenía familia, ni dependientes de ningún tipo, y eso me dio libertad. La increíble libertad de no sufrir. Nada de lo que hice resonó en mí. Era invulnerable al sufrimiento. Pensé que me había bebido toda mi etiqueta cuando era adolescente. La enfermedad me mostró mi vulnerabilidad, como dije. Ser inmune al sufrimiento hace al hombre muy fuerte.

- ¿Realmente creías que eras invulnerable al dolor? - Preguntó Georges -. ¿Creías que el sufrimiento provenía de las relaciones cercanas, del amor al prójimo?

- Sí, eso es exactamente lo que sentí. Simplemente amaba mi vida y a mí mismo y, después de mi primer doctorado, comencé a pensar que una fuerza divina especial estaba actuando en mi vida.

Que Nuestra Señora me protegió e intervino en mi favor. Años más tarde, mis enemigos intentaron matarme y sobreviví. En ese momento el miedo reapareció y mi fe en Nuestra Señora fue mi salvación. Este episodio me convenció que yo era su protegido y que ella tenía un propósito para mi vida. Nuestra Señora me sirvió mucho.

Vi a Georges escribir algunas palabras en su cabeza. No pude resistirme, me acerqué y le dije: "Yo ¿elegido? Propósito propio."

Ricardo hizo lo mismo y me dio un codazo mostrándome sus notas: "Irena, Wanda y Tereza, sus amantes más conocidas." Levanté el pulgar; yo había pensado lo mismo. Era obvio.

- ¿Pasó algo en ese momento que te hizo pensar en eso? - Preguntó Georges con interés.

- Una visita.

- Dime por favor. Quiero entender tu relación con María - preguntó Georges.

CAPÍTULO XXXIII
PADRE PÍO

- Conocí al Padre Pío cuando hice mi doctorado en Roma. En aquella época viajaba mucho acompañado de otro colega polaco, Stanislaw. En aquel tiempo Adam era cardenal y nosotros no había falta de fondos. Peregrinamos por los principales santuarios y las curiosidades vinculadas a la Iglesia católica en Europa.

"En este recorrido no podía faltar la visita a San Giovanni Rotondo, en Italia. En esta posguerra, el Padre Pío vivía en un convento del mismo nombre que el pequeño pueblo y era un caso de devoción popular. Era un hombre, no una mujer, una imagen, una reliquia.

Él fue la persona que más me impresionó en esta vida. Creo que era un santo. Realmente un santo. Era un hombre.

Un hombre frágil, de familia pobre y sin educación. Se hizo fraile por vocación y perteneció a la Orden de los Frailes Menores Capuchinos. Su salud era frágil y los ayunos impuestos por la orden no hicieron más que agravar sus dolencias. Él; sin embargo, nunca se quejó. Como fraile, era obviamente un hombre estudioso, pero no fue este conocimiento lo que me impresionó. Era el conocimiento profundo que tenía el Padre Pío sobre el alma humana, sobre las personas. Los fans me revelaron sus poderes.

Desde que lo conocí hasta su muerte, siempre le canté al Padre Pío. Antes de él, durante mi infancia en Polonia, hubo una persona bienaventurada a quien mi madre y un sinnúmero de personas atribuían poderes curativos. Yo era un niño y me gustaba ese hombre que vivía rodeado de gente que sufría. Los calmó, pero no podía compararse con el Padre Pío, tenía la capacidad de leer las almas. Era un clarividente.

Normalmente escuchaba a los peregrinos en confesión, trabajando doce horas o más, sin descanso. Recuerdo la admiración que me causaba la enorme fila para confesarse con él. Me uní a la fila y descubrí por qué pasaba tanta gente por horas de pie, bajo el sol o la lluvia, alrededor del convento, para hablar con él. No era una confesión común. Realizaba rápidamente todos los rituales, pero, muchas veces, no necesitaba escuchar el informe de los pecadores, porque ya conocía sus pecados, y así como lo hizo conmigo, lo hizo con muchos otros, recordando la verdadera razón por la que estábamos allí, hablando de las razones y destinos que no le habíamos revelado.

Me impresionó tanto aquella visita que dediqué gran parte de mi tiempo a leer sobre el Padre Pío. Hasta el día de hoy, su voz resuena en mis oídos. Mi confesión fue solo protocolar. Tenía curiosidad y por eso me encontraba frente y esa fue la verdad. Después de mi discurso, ignoró el protocolo y dijo: 'Tú eliges caminos fáciles y sigues tus tendencias sin reflexionar. Tienes mucho talento, pero tu talento ha estado fuera de su alcance durante mucho tiempo. La política te rodea como una telaraña que se teje rápidamente y te gusta el poder y la tranquilidad. Tendrás una brillante y larga carrera en la iglesia y ascenderás a los rangos más altos; sin embargo, tu talento estará fuera de lugar, joven. Las tumbas se desbordan de buenas obras dejadas para después... Si lo demoníaco no duerme para perdernos, Nuestra Señora no nos abandonará ni un solo momento. Recuerda esto. Recuerda que tu padre te entregó.'

Nunca olvidé esas llamadas. Varias veces en mi vida fui a ver al Padre Pío. No iría a Italia sin visitarlo. Su sangrado me fascinó. ¿Cómo podía un hombre frágil sangrar durante tantos años y no morir? Ni siquiera tenía anemia. Dijo que padecía dolores atroces en los estigmas, que padecía dolores durante años en los lugares donde aparecían, sin que los médicos pudieran encontrarle una causa. Un día el dolor fue demasiado intenso, y las heridas en sus pies y pecho se abrieron y sangraron. Pasó días en estado de éxtasis cuando sucedió."

Lolek hizo una pausa en sus recuerdos, se volvió hacia Georges y le preguntó:

- ¿Sabes qué es el éxtasis?

- En el contexto de lo que me cuentas, creo que estás usando la expresión para referirte a un trance. El estado de éxtasis místico. Soy estudiante de magnetismo. Estudiamos el estado de éxtasis. La persona se vuelve inmóvil, incomunicable, tiene todas las apariencias de muerte. ¿A eso es a qué te refieres?

- Sí.

- Continuar por favor tu historia, Lolek. Esta reunión fue muy memorable para usted. Me interesó.

- Estos estados se repitieron con cierta frecuencia en su vida. La capacidad del Padre Pío para curar a las personas, para encontrarlo sin moverse de su lugar...

- ¿Tenía la capacidad de bilocarse? - Preguntó Georges.

- Sí. Veo que tienes dominio del tema. Eso es bueno.

No tendré que preocuparme por explicártelo. En su vida hay muchos casos, cientos de testigos. Los pilotos aliados informaron que lo vieron ayudándolos en combate, animándolos y diciéndoles que Nuestra Señora los ayudaría a protegerse del peligro. Tuve la oportunidad de hablar con un general que pretendía suicidarse y a quien se le impidió porque, cuando estaba a punto de pegarse un tiro en la cabeza, apareció de la nada en el campo un sacerdote y habló con él durante un largo tiempo, restaurándolo, dándole esperanza y fuerza interior. Convencido por lo que decía el sacerdote, el soldado bajó el arma y, cuando fue a agradecerle su intervención, notó que estaba solo. Debido a estos accidentes de la vida, la guerra ya había llegado a su fin, cuando, en realidad, la victoria aliada ya no era una esperanza, pero en cuestión de días, estaba en el sureste de Italia y fue a asistir a la famosa misa del Padre Pío y lo reconoció.

Me dijo que esperó mucho tiempo hasta que la iglesia estuvo vacía para acercarse al sacerdote, y cuando se detuvo frente al Padre Pío, sonrió y, antes de decir nada, lo bendijo y le dijo: 'Fue muy bueno haber hecho la mejor elección. Estoy feliz por ti'.

También me ayudó cuando Wanda enfermó, o mejor dicho, la ayudó a petición mía. Su fe en la intervención de Nuestra Señora en los acontecimientos de la vida es prueba viviente de sus poderes, de los que yo mismo fui testigo y los cientos de historias y testimonios., me convenció que el Padre Pío era un fenómeno de verdadera fe. ¡Un santo! El sucesor de San Francisco de Asís. De hecho, tienen historias muy similares, excepto que Francisco de Asís era un hombre rico, un soldado, y su llamado era para restaurar la iglesia. El Padre Pío tuvo una muy humilde, no recibió ningún llamado, y su vida se convirtió en un llamado a la fe, diría yo. Ambos; sin embargo, recibieron los estigmas de Cristo y exhalaron perfume. Las personas que presenciaron las apariciones del Padre Pío dijeron que el indescriptible perfume que exhalaba llenó el lugar y tardó un tiempo en evaporarse tras su partida. Perfume de verdadera santidad. El Padre Pío se preocupaba por el sufrimiento humano, por eso se dedicó tanto al confesionario, para aliviar el sufrimiento moral de la humanidad. Más tarde comprendió que también necesitaba aliviar el sufrimiento físico, ya que muchas enfermedades se originaban en ese interior torturado. Creó un hospital, un lugar hermoso, que no recuerda en nada a esos hospitales llenos de equipamiento y largos pasillos llenos de gritos, gemidos, ruidos mecánicos y olor a medicinas. El hospital del Padre Pío, Casa de Alivio al Sufrimiento, así se llama, es un hermoso edificio, de extremo gusto, con los más bellos materiales de construcción, rodeado de jardines floridos y fragantes. Allí el enfermo realmente se recupera. Me pareció increíble cómo un hombre tan sencillo, que pasó toda su vida en casas pobres y celdas de conventos, podía concebir ese lugar.

Me preguntaste de dónde vino mi conexión con María... viene de vivir con el Padre Pío. Su fe y su vida me mostraron que María era una fuerza real. Polonia es un país dedicado a María. Mi familia, especialmente mi madre, me dedicó a ella. Quizás eran solo semillas. Fue con el Padre Pío que realmente me convertí en mariano.

Pero, durante todos los años que seguí su vida, prácticamente veinte años, aprendí que más que todo los fenómenos sobrenaturales que le sucedieron, incluso mayores que los estigmas, la influencia del Padre Pío sobre las personas procedían del confesionario. Y también me dediqué, inspirándome en él y en el Cura d'Ars. No era lo que se llamaría un buen sacerdote, que absolvía a todos los pecadores. Allá como, y practicar la absolución de los pecados cualesquiera que sean antes de la penitencia. Pero el Padre Pío no actuó así. Rechazó el perdón sacerdotal, rechazó la absolución, no prescribió penitencia, habló mucho y severamente con el pecador. Curiosamente, se marcharon pensativos y aliviados de una manera que no entendí. El Padre Pío dijo que rechazaba el perdón a cualquiera que no estuviera sinceramente arrepentido. Creía, y tenía razón, que no ser absueltos los hacía más auténticos y dispuestos a cambiar de vida."

- ¡Muy sabio! Conozco la Casa de Alivio del Sufrimiento, dijo Georges -. Estoy de acuerdo contigo, es un hermoso lugar. Un concepto adecuado de lugar material y espiritual para cuidar a quienes sufren.

Lolek miró alrededor de su celda y miró a Georges, quien sonrió y respondió.

- Es un concepto que seguimos aquí. Viste que no solo tenemos habitaciones como ésta; sin embargo, admitiste que tenía razón al mantenerte aquí. Aunque sea feo, este celular te ofrece protección.

- ¡Es verdad!

- ¿Le confesaste? - Preguntó Georges.

- No. Simplemente me escuchó y me dio consejos repetitivos. Creo que hizo eso con todos. Siempre me dijo que las tumbas rebosan de buenas intenciones que quedan y que no debería hacer eso.

- ¿Y cómo interpretas este consejo?

- Como parte de las lecciones que dio a todos: valorar el tiempo, hacer el bien y confiar en Dios y la intercesión de María.

- ¿Nunca pensaste que se podría estar refiriendo a la vida después de la muerte y los desvíos que a menudo toma entre la propuesta espiritual y la vida material? – Preguntó Georges -. Al fin y al cabo, disfrutaba de una gran libertad espiritual incluso cuando estaba encarnado, por lo que tenía conciencia de la vida espiritual.

- Nunca pensé en eso, Georges. Ya te he dicho. ¡Entiende! Viví para las cosas grandes e inmediatas. Mi mente estaba ocupada por cuestiones de política internacional, política eclesiástica, mis ideas. Mi agenda era intensa y siempre tenía mucha energía, como resultado de disfrutar de vivir al aire libre. Nacieron de algo que me dejó el periodo de trabajos forzados durante la guerra. La vida después de la muerte no era un tema frecuente, ni siquiera en mis homilías. Paraíso, infierno, purgatorio, limbo, estas cuestiones teológicas no ocupaban mi mente. Pensé en lo inmediato y en cómo vivir. El Padre Pío me hizo creer en las cosas trascendentes, porque me dio pruebas materiales, ¿sabes? Era un puente vivo que podía tocar. Para mí era un santo en la Tierra. La iglesia no hizo más que reconocer el hecho. No acepté barreras a su canonización. Me dejó en un momento crucial de mi vida, en 1968, y lo extrañamos mucho. Recé mucho pidiendo verlo después de su muerte y su intercesión por mí. Incluso escribí una oración a San Pío de Pietrelcina; sin embargo, no recibí esa gracia. Creo que los palacios de Roma no eran dignos de él, sin embargo me sentí fortalecido.

- Perdóname. Me dijiste eso la primera vez que hablamos. No lo olvidé. A veces hablo con gente que dice esto, pero tiene dudas. En el fondo de ellos mismos piensan en el después de la muerte física, por eso insistí. Viviste con alguien cuya vida estuvo llena de fenómenos trascendentes. Podría haberlos interrogado o podrían haberle hecho pensar en el Más Allá - explicó Georges.

- No. No tuve tiempo. El Padre Pío me alivió, me fortaleció. Como sucedió con tantos otros peregrinos, él nunca me absolvió de mis pecados. No fue amable, pero estar con el Padre Pío me hizo un inmenso bien. El anotó yo, pero no en la forma en que preguntas.

Durante su tiempo de vida, la iglesia estaba dividida en relación al culto popular que creció a su alrededor. Muchos lo persiguieron y atacaron sin piedad. Lo acusaron de mantener relaciones demoníacas y otros lo persiguieron queriendo destruirlo. Hubo una conspiración del clero en su contra. Le colocaron sustancias en la celda durante uno de sus trances y lo acusaron de falsificar los estigmas con ácido. Temían el poder de influencia del Padre Pío sobre las multitudes en Italia.

El obispo local temía informar a los fieles de los problemas de la iglesia, especialmente de los suyos propios. Era un idiota, completamente ciego. Luchó duramente contra el sacerdote, pero fue inútil. El Padre Pío nunca respondió ni se defendió; Simplemente continuó su ministerio de aliviar el sufrimiento humano. Este obispo movió poderosas fuerzas eclesiásticas contra él y consiguió que el Vaticano emitiera decretos que restringían las acciones del sacerdote, lo que solo podía rezar misas públicas y ofrecer el sacramento de la confesión. De lo contrario, fue confinado en la celda del convento. Sin embargo, aunque esto le hizo llorar mucho, según me dijeron sus compañeros, no le impidió seguir trabajando para aliviar el sufrimiento, ni frenó los fenómenos que tanto molestaban al clero. Era un prisionero de la iglesia. Una vez lo interrogué y le ofrecí mi ayuda. Ya tenía prestigio en Roma, podía interferir. Él sonrió y me dijo: "Mi torturador sufre. ¡Sufre terriblemente! Y no puedo ayudarlo, porque sufre de males irreales, de miedos. Me ataca porque piensa que soy una amenaza a su poder. Eso no me importa. Sin embargo, sus sentimientos lo hacen sufrir. Si me hablara, en lugar de atacarme a mis espaldas, podría ayudarlo. Él; sin embargo, me ignora. Así que todo lo que puedo hacer es mirar la pelea de esta batalla. Mientras él pelea, yo confío en Nuestra Señora, en San Pedro, en Dios y espero que el Señor me salve! Sé que Él me extiende su mano, aprieta la mía con fuerza y me hace caminar feliz. Así que sigo mi camino, fiel a mi propuesta de sanar, hacerlo siempre mejor: hoy mejor que ayer, mañana mejor que hoy. Y espero que mi torturador se dé cuenta que no pelearé ni lo amenazaré de ninguna manera. Sus excesos son solo otro montón de buenas intenciones olvidadas. Rebosarán de su tumba, como muchos otros. Aquí, porque es tiempo perdido, y sufrimiento que se renueva. No necesitas preocuparte por mí, Lolek. Guía para vivir bien tu vida. Guía para que sea como el de las pequeñas abejas espirituales, que llevan solo miel y cera a su colmena. Que tus actitudes y pensamientos llenen tu vida de docilidad, paz, concordia, humildad y piedad. No temas por mí."

- Has memorizado muchas cosas que te ha dicho - dijo Georges - Es un espíritu sabio, que te ha dado conexiones sencillas y excelentes y ejemplos edificantes de conducta coherente y verdaderamente superior. Los repitió, porque son el camino de la evolución. Muchos los dieron, los dan y todavía los darán a los espíritus encarnados en la Tierra. ¿Viviste algo que él te enseñó? - Preguntó Georges.

- Obedecí su petición. Mientras vivió, no interferí en sus relaciones con el clero. No lo acusé ni lo defendí públicamente. Después de la muerte del Padre Pío, cuando me convertí en arzobispo, príncipe de la iglesia, recordé su profecía el día que nos conocimos, cuando yo era un simple sacerdote como él. El Padre Pío ya estaba muerto y su memoria seguía empañada. Ese día pensé que el Padre Pío no había hecho nada incompleto. Yo estaba realmente en la cima de mi carrera eclesiástica y, nuevamente, yo estaba equivocado y él tenía razón. Entonces, cuando pude, hice lo mejor que pude para santificarlo, porque se lo merecía. Así el clero cesó su lucha contra el Padre Pío. Ese fue un día en el que sentí una gran felicidad con mi papel en el mundo. Me sentí en paz.

Georges enarcó una ceja. Me pareció sorprendido, tal vez incrédulo ante la personalidad que estaba analizando. Cayó en un prolongado silencio y se quedó pensativo. Lolek no se sintió perturbado y se entregó a sus recuerdos. Me sorprendió, entonces, verlo arrodillado en el suelo, con las manos cruzadas, el mentón pegado al pecho, murmurando en oración: "Enséñanos, te rogamos, la humildad de corazón para ser incluido entre los pequeños de los cuales el Evangelio habla, a quien el Padre prometió revelar los misterios de su Reino. Ayúdanos a tener una mirada de fe, capaz de reconocer fácilmente en los pobres y en los que sufren el rostro de Jesús mismo. Susténtanos en la memoria de las luchas y pruebas difíciles y, si caemos, haznos experimentar la alegría del sacramento del perdón. Transmítenos la tierna devoción a María, madre de Jesús y nuestra. Acompáñanos en la peregrinación terrena hacia la Patria bendita, donde también nosotros esperamos.

Llegará un día para contemplar eternamente la Gloria del Padre, del Hijo y del Espíritu Santo. Amén."

Fijé mis pensamientos en él y vi que Lolek rezaba al Padre Pío. Una evocación sincera.

CAPÍTULO XXXIV
CONFESIONES II

Georges observó respetuosamente el momento de devoción de Lolek. La verdad difería de su teoría anterior. Lolek era un hombre acorralado, pero su devoción por María no era una búsqueda para sublimar sus conflictos con lo femenino. Era místico. Un tomo moderno: creyó lo que vio. Un ignorante en cuestiones de espiritualidad que la luz del Padre Pío eclipsó. El espíritu bondadoso, mientras estaba encarnado, había logrado despertar en él fuertes y sinceros sentimientos de amistad y había tolerado su idolatría con la esperanza de ayudar al progreso de aquella alma tan descarriada de su camino.

Después de recitar la oración, la expresión de Lolek era sombría. Con cierta dificultad se levantó, pues aun llevaba las limitaciones de su cuerpo anciano y enfermo fuertemente grabadas en su mente, reflejadas en su cuerpo semi material, y caminó por la habitación. Cuando volvió a sentarse, le comentó a Georges:

- ¿Por qué no hice esto antes? Esta oración tiene el poder de calmarme. Es como si volviera a la presencia del Padre Pío. El recuerdo es tan fuerte que casi puedo oler el perfume que exudaba. Tuve el privilegio de sentirlo varias veces. Una experiencia poderosa y transformadora. ¿Por qué no me acordé de él y de la oración cuando estaba desesperado?

- Me atrevo a decirte que has bloqueado tu mente por la desesperación, por el problema. Actuando así, difícilmente encontramos la salida, la solución. Nuestro asesor suele decir que hacer el sexto es obvio y sabio. Te quedaste tanto tiempo en uno de los templos más bellos de la actualidad y no pensaste en decir una oración, no pensaste en lo obvio. Solo podías sentir la desesperación causada por el clamor dirigido al mito que habías creado. Estaba concentrado en el problema y eso te hizo crecer y parecer insoluble. No te permitió ampliar tus horizontes. No pensaste ni sentiste otra cosa que esa tortura desesperada provocada por las vibraciones emitidas por miles de personas encarnadas y desencarnadas. No te vuelvas a torturar. El sufrimiento era una necesidad de tu conciencia. Una acción terapéutica para tu futuro es proponerte no mover ni explotar la fe ajena para beneficio personal, al fin y al cabo estas actitudes no quedan impunes. El tribunal de conciencia espiritual sentencia, y la sentencia se ejecuta inmediatamente.

Disfruté aprendiendo sobre tu experiencia con el Padre Pío. Es una gran experiencia.

Soy tan sabio; sin embargo, me gustaría volver a algunas preguntas para nuestra conversación...

- Siéntete libre - animó Lolek, cómodo en su sitio, dice el entrevistado. La oscilación fue genuina y el carácter creado fue fuerte.

- Me llamó la atención el pasaje en el que dijiste que creías que María tenía un propósito para tu vida. ¿Y tenías un propósito, Lolek?

Lentamente, volvió su mirada hacia Georges. Pasaron unos minutos antes que él respondiera:

- Los desafíos de la vida, o más bien de sobrevivir, me abrumaban. Nuestro único pensamiento era sobrevivir al día siguiente. Más tarde pensamos en el día que vivimos y llegamos al absurdo de buscar la supervivencia inmediata, durante la próxima hora. No teníamos la posibilidad de hacer planes y esto me condicionó a actuar de inmediato, a elegir lo que es mejor para mí, a no dudar en las decisiones. Entonces sobreviví a la guerra.

Solo desperté de este trance alucinado de sobrevivir a cualquier precio en la década de 1960, en el apogeo de la Guerra Fría, la carrera armamentista nuclear, la carrera por conquistar el espacio.

Mientras algunos lanzaban cohetes, cientos cavaban túneles, espiaban y traían extravagantes planes de escape de los países comunistas y miles continuaron muriendo. Mi pompa de jabón estalló en ese momento, y fue entonces cuando comencé a actuar con un propósito real de exterminar al comunismo. Hasta entonces había sido funcionario religioso, maestro, confesor, predicador mediático, como me llamaron después, pero no tenía planes; eran solo actuaciones. Una representación, mi obra. Convivir con las reuniones del alto clero, con los concilios promovidos por los Papas de la época, con Juan XXIII y Pablo VI me lanzó a un ambiente político intenso y me despertó, al fin y al cabo, estaba dentro, aunque él no lo hubiera hecho conscientemente el caminó hasta allí. Adam y Basiak me empujaron. Gran parte de lo que hice y viví fue impulsado por su propósito. Gravité como un satélite y ellos dieron órdenes. Al mismo tiempo, muchos sacerdotes y líderes sindicales, estudiantiles y comunitarios comenzaron a gravitar hacia mí. De esta manera me convertí en un líder del clero polaco. Frederico y Reginaldo, fieles escuderos en mi vida privada, todavía me acompañaban en aquella época. Entonces comencé a tener mis propósitos de acción.

- ¿Qué hiciste? ¿Por qué tenías escuderos para tu vida privada, Lolek?

- Los soviéticos defendían el amor libre y el aborto, y esto, obviamente, desanima a la gente. Fue la liberación del placer sin responsabilidad. ¿Quieres algo más atractivo, más seductor para las multitudes que una moral laxa? En Berna, en este momento, Juan XXIII convocó el Concilio Vaticano II. Roncalli era un italiano muy típico del norte de Italia. Era decidido, innovador, tenía una carrera diplomática y había servido en muchos países de Europa del Este. Lo conocía superficialmente. A diferencia de Pío XII, él, de hecho, ayudó a los judíos durante la guerra. Muchos le debieron la vida. Roncalli no estuvo de acuerdo con la política de silencio y apoyo velado a los regímenes totalitarios. No era un Padre Pío, pero tampoco era Pío XII. Quizás se alinearía con Churchill, teniendo en cuenta las proporciones de la acción de cada uno. Tenía la intención de renovar verdaderamente la iglesia y unirla; buscó obtener el perdón de los judíos por los actos de la iglesia durante la Guerra; no aprobó excomuniones, anatemas; Quería la participación de las iglesias excluidas y la unión de los católicos, ya fueran romanos, ortodoxos o anglicanos; y quería más: unión también con las iglesias protestantes. Por último, quería una conferencia con la presencia de todas las iglesias cristianas para discutir libremente nuevos caminos para la Humanidad. Pensaba que la iglesia libre y abierta tenía el potencial de desarrollarse y cambiar la sociedad y la historia. ¡Imagina! ¡Qué utopía! No sé cómo se libró de todas las intrigas y trampas para abortar sus ideas. Juan XXIII tuvo un reinado corto, no duró mucho; sin embargo, sus ideas levantaron todas las alarmas en el Vaticano, y en esa olla hervían muchas cosas. Desde el principio se impuso una pregunta: ¿qué actitud debería adoptar el clero polaco, especialmente nosotros, los obispos que estuvimos allí, en relación con el comunismo soviético? Aquella propuesta de apertura fue el detonante para que el clero polaco cerrara y consolidara sus relaciones con el representante de la Iglesia católica detrás del Telón de Acero. Nuestras opiniones eran conocidas: estábamos en contra del diálogo y a favor de luchar contra el comunismo. Catalicé todos los discursos y mis dotes teatrales me dieron una enorme influencia como orador. Resumen: ningún discurso fue más intransigente que el mío. El predicador más radical, el más intenso, el defensor del personalismo. Sostuve que el hombre necesitaba encontrar la trascendencia y creer en un destino para Dios, un discurso religioso extremadamente fácil que estaba justificado, ya que era un hombre religioso el que hablaba. Me interesaba cuestionar cómo explicamos que esos mismos seres humanos destinados a Dios hubieran producido Auschwitz, el Gulag[9] y los horrores que se vieron bajo el Telón. Defendí una

---

[9] *Glavnoe Upravlenie ispravitel'no-trudovykh LAGerei* (Administración Central de Campos de Trabajos Correccionales). Eran campos de trabajos forzados para criminales, presos políticos y cualquier ciudadano que se opusiera al régimen de la Unión Soviética. La mayoría de ellos estaban ubicados en Siberia. Existieron desde 1919 hasta 1960. Según el régimen comunista soviético, 1.053.829 personas murieron en los

mayor participación de los laicos en la Iglesia, reformas litúrgicas y, obviamente, un énfasis en las actividades pastorales con grandes eventos, creando oportunidades teatrales, promoviendo el deporte e involucrando a los jóvenes. En comparación con las ideas de Roncalli, mis propuestas eran ideas infantiles; sin embargo, así me convertí en un líder nacional del clero polaco. Los polacos llevábamos una vida muy discreta, muy austera, una jerarquía rígida como el clero. La anarquía que presencié en Roma en esas reuniones me aterrorizó. Me acordé de la Roma de Pío XII. Roncalli no sobrevivió en mi comparación personal con don Eugenio; parecía el primer ministro de un régimen parlamentario. Creo que no veía muy bien dónde pisaba o era, de hecho, como decían de él, un esperanzador incorregible de un mundo mejor. Quizás pensó en convertir ese ambiente en un lugar de política seria y ética. ¡Un engañado! Yo, que seguía la vida del Padre Pío, sabía bien que el clero italiano era sórdido y lleno de intrigas. Nosotros, los polacos, éramos diferentes. Nuestra realidad nos moldeó a la unidad y conducta férrea de los liderados. Cuestión de supervivencia. El escudo de Nuestra era el mito de la religión en la mente del pueblo, que nos protegía y garantizaba nuestra supervivencia en la lucha contra los regímenes enemigos. Éramos una iglesia erizo en Polonia, ¿sabes?

Georges asintió con la cabeza y permaneció en silencio. Lolek continuó:

- Me mantuve alejado de ese bullicio romano. Frío y distante como mi amada Polonia. Lo que hicieron los obispos en aquel momento fue verdaderamente absurdo. Roncalli estaba permitido. Sí, se llamó democrático. Me pareció horroroso que hablaran libremente con la prensa. No hubo voz única, una orden.

Era un caos, una guerra de información verdadera y falsa. Imagínese que también las sugerencias de algunos obispos para el Concilio aparecieran en los medios de comunicación y se convirtieran en blanco de críticas, algunas incluso justas - el rostro

---

Gulags entre 1934 y 1953. El sistema entró en declive después de la muerte de Stalin.

de Lolek se iluminó de buen humor al recordarlo -. Un obispo sugirió discutir si había vida inteligente en otros planetas. ¡Imagínense qué absurdo! Era la época de la carrera espacial y creo que le interesaba promover la evangelización de los extraterrestres. Sinceramente, quería preguntarme si había vida inteligente en su diócesis, porque era difícil creer que fuera así, hay alguien con esa mentalidad. Parecía que no vivía en el mismo mundo que nosotros. Hubo sugerencias patéticas de todo tipo y ese Consejo se prolongó durante años. En él crecí como expresión política dentro del clero que vivía bajo el Telón de Acero.

Sin embargo, llegué a ser arzobispo sin oposición interna. Nuestro primado no estuvo de acuerdo con mi recomendación, pensaba que yo era un intelectual débil, que no era más que una marioneta en manos del arzobispo Basiak. El Consejo; sin embargo, me había dado una base electoral notable y, a regañadientes, me aceptó. Roma votó y yo me convertí en arzobispo. A los comunistas les encantó, porque una vez más había tenido una confrontación de ideas, en la línea del primado o del difunto obispo Adam. Mi influencia en el Concilio creció.

Contemporicé mis discursos, comencé a tener mis propios propósitos sacudidos. Fui consciente que poseía el poder de un príncipe de la iglesia y comencé a actuar como tal. Don Basiak estaba muerto y yo era libre y había crecido mucho. Me sentí muy cómodo y acepté el ejercicio del poder como algo natural. Me moví con una habilidad innata en esos círculos y comencé a defender la idea que no era papel de la iglesia predicar a los que no creen. Dije que solo quería la compañía de mis semejantes, aquellos que compartían mi fe, y proclamé que no la quería, aunque evité moralizar o sugerir que nosotros, los católicos, teníamos el monopolio de la verdad. Mi inspiración en Pío XII fue evidente y, siguiendo un camino familiar, llegué al mismo lugar.

- Es lógico, querido, pero todavía no me has dicho por qué necesitabas escuderos para tu vida privada - insistió Georges, volviendo al tema -. Evitas este tema. Sin embargo, varias veces en nuestras conversaciones surge el tema y te desvías. Lolek, tengo mucha curiosidad, ya te lo dije, y esta estrategia de desviar el rumbo de nuestra conversación me hace sentir aun más curiosidad. Tu historia me interesó tanto que, cuando supe que habías escrito obras, tesis, artículos, libros, poemas y obras de teatro, los busqué y algunos encontré.

Lolek sacudió la cabeza sorprendido. Vanidad y orgullo estaban estampados en su expresión. No hizo ningún gesto de falsa humildad o modestia.

- Sí, escribí mucho. Todos los días.

- El tema dominante en tu obra es el amor conyugal, la vida sexual y temas afines.

- Escribí sobre ello porque era una forma de luchar contra el socialismo. Predicaban el amor libre, el sexo libre, el aborto...

- En respuesta, intensificaste la defensa de principios éticos caóticos, llevándolos al extremo, a una condición, perdón por el término, absurdamente inhumano en materia de sexualidad. Defendiste ideas utópicas sobre este tema que, tomadas en serio, provocarían enfermedades físicas y psicológicas en las personas. ¿No pensaste que algunos o muchos de tus lectores y fieles podrían suicidarse debido a la desesperación que genera una meta de conducta inalcanzable? Sin embargo, me dijiste que la sotana era una aliada para conquistar a las amantes; que había convivido muy bien con parejas homosexuales y de ambos géneros en el clero; que había tenido amantes, aunque había hecho voto de castidad; que había aprendido a tolerar deslices sexuales de cualquier tipo en sus compañeros sacerdotes, en definitiva, hay un conflicto entre teoría y práctica. ¿Dónde está tu verdad, Lolek? - Preguntó Georges.

CAPÍTULO XXXV

ENFRENTAMIENTOS

- Es una buena pregunta, Georges. No sé cuál es la verdad. ¿Tú sabes? Creo que es muy confuso decir dónde está la verdad. Pertenecí a una institución que ha predicado durante milenios, que tiene el monopolio de la verdad, que es la representante de Dios en la Tierra. Mira, esta idea es absurda. ¿Estás de acuerdo?

- ¿El monopolio de la verdad? Sí, es absurdo. Soy la verdad así. No creo que haya verdad en la Tierra. Dios no tiene representantes en la Tierra. Él no es inválido, incapaz, no delega poderes ni necesita propagandistas - respondió Georges.

- Sí, pero eso también es cierto para millones de personas que los necesitan para vivir - respondió Lolek -. Porque no hay suelo, no tienen Norte, están desorientados.

- ¿Y la ilusión es una buena guía? ¿A dónde conduce a la gente? En mi lógica, conduce a la desilusión, al sentimiento contrario. ¿No son las religiones responsables de la lenta evolución moral de la humanidad? ¿Todas las personas que llenan la mente ajena de dogmas, mitos, supersticiones y creen en los milagros, en lo sobrenatural, en lo maravilloso o en su contrario, en lo infernal, en lo demoníaco, en las posesiones y en los exorcismos, no tienen responsabilidad por qué causan en el mundo?¿Su mente? ¿Alguna vez te has preguntado sobre los efectos de tus palabras en las multitudes que tes escuchaban? ¿Conoce a las personas a las que tu influencia, a través de esta institución, llegó de manera directa e indirecta?

Lolek bajó la cabeza y el silencio prevaleció durante un rato.

Cantidad considerable. Intercambié miradas con Georges y, mientras él permanecía tranquilo, esperando simplemente la respuesta, hice lo mismo. Georges profundizó las preguntas, rodeó a Lolek, mantuvo la línea de cuestionar acciones y sentimientos, y ahora incluye la responsabilidad autoral y la difusión de ideas.

Ese, en mi opinión, fue su gran compromiso. Dijo socavar ideas y generar sentimientos y actitudes en los demás, y en esto se convierten en coautores de infinitos actos. Ese horror que lo rodeaba fue la más mínima consecuencia. Comparo el acto de difundir ideas, como lo había hecho él, con el uso de un arma biológica, un virus o una bacteria extremadamente poderosa. Los agentes biológicos se acumulan en el organismo, destruyen tejidos, provocan infecciones, enfermedades e incluso la muerte. Las ideas dañinas son como bacterias y virus psíquicos de acción prolongada, ya que se alojan en el intelecto humano, una facultad del espíritu, causando perturbaciones mentales y/o emocionales que pueden trascender la vida física. Provocan fanatismo, desesperación, suicidio. Por supuesto, alguien podría contradecirme y recordarme que muchas personas encuentran fuerza en las religiones para afrontar experiencias difíciles. Es un hecho. No hay otra razón para que existan tantas salas de milagros y lugares de peregrinación en todo el mundo. Sin embargo, me atrevo a no estar de acuerdo. No creo que la religión ofrezca fuerza interior; se convierte en un bastón, un antídoto contra la fragilidad emocional que explota. La desilusión que, tarde o temprano, se produce provoca daños que necesariamente implican indiferencia, enojo, incredulidad, entre otros. Y estos sentimientos también generarán pensamientos y actitudes, marcadas, en general, por el egoísmo y el materialismo.

Nunca hemos visto tantos templos en la historia de la humanidad como hoy, pero ¿cuál es su resultado efectivo para la construcción de templos?

¿Dios de paz en lo más profundo del ser humano?

El progreso logrado en la humanidad no proviene de la religión, las Artes, las Ciencias y las Filosofías han llevado esta llama a despertar la espiritualidad del hombre y el camino hacia promover la evolución moral, despertar la reflexión, la conciencia de la necesidad de vivir auténtica y libremente, y de tener una vida bien analizada. Estos son algunos elementos que nos encaminan hacia la felicidad y el logro de la paz, y la fuerza interior y nos hacen capaces de utilizar bien, y desarrollar los potenciales del alma que son posibles en nuestra condición evolutiva.

Creer que somos inferiores, pecadores, indignos de la mirada de Dios, incapaces de dialogar con Él, necesitados que Él anule sus leyes para atender nuestras súplicas, que hay seres especiales y privilegiados - ya sea para el bien o para el mal -, que el camino hacia la felicidad no está en la Tierra y en el uso y disfrute de lo que este hogar ofrece, sino más allá, mucho más allá, y que, para alcanzarla, es necesario negar por completo la vida material y sus necesidades y difundir el máximo poder son virus corrosivos de la autoestima. Sin él, la evolución espiritual sufre y la enfermedad se propaga. Y literalmente el mensaje del Anticristo, porque la mayor de todas las conexiones de Jesús es amar a Dios sobre todas las cosas y al prójimo como a uno mismo.

Lolek había fortalecido esas ideas y todavía hacía uso del miedo y la culpa. El despertar de estas creencias y sentimientos, combinado con la negación de una sana autoestima, genera una fuerza interior, que hace al hombre capaz de vivir y progresar sin bendiciones, muletas o amuletos con un efecto psicológico y desastroso, y se aprovecha políticamente de una multitud tan contaminada.

Ciertamente influenciado por recuerdos de la época que Lolek informó, me di cuenta que comparó su acción con el bien.

Bomba atómica lanzada sobre Hiroshima y Nagasaki, que destrozó millones de cuerpos en minutos. Los efectos radiactivos tienen un período de acción específico, pero las ideas tóxicas... son impredecibles.

-¿Quieres pensarlo, Lolek? - Preguntó Georges rompiendo el silencio -. Puedo volver más tarde. Me gustaría sugerirte que des un paseo por los jardines, pero la prudencia me lo impide. Por eso prefiero irme y volver más tarde.

Lolek lo miró y, por primera vez, vimos que su mirada cambiaba. No tenía el habitual brillo azul, frío y penetrante; expresó confusión. Su expresión afable y amistoso se rompió. Identifiqué rastros de culpa.

Georges consideró el silencio restante y lo que vio en el rostro de Lolek como una aceptación de su oferta. Tomó su material, rápidamente sacó sus notas y se las ofreció al paciente.

- Lolek, te dejaré material para que escribas y algo que te guste. ¿De acuerdo? Es un excelente ejercicio para organizar nuestras ideas, nuestra mente. Nos ayuda a adquirir una visión clara de las cosas. Te pido que escribas tus respuestas a mis preguntas.

Lolek miró el material y preguntó:

- ¿No tienes papel y bolígrafo? Lo prefiero. Mi concentración es mayor y más fácil si conecto mis pensamientos directamente con las manos.

- Claro. Haré los arreglos para que te los entreguen.

Inmediatamente tomé lo que tenía conmigo y lo puse a disposición frente a él. Él notó mi presencia y me miró confundido. Luego, volvió su atención a Georges y comentó:

- Tus servidores. Son extremadamente rápidos y están bien entrenados. Debes ser muy severo.

Georges se rio y respondió en tono de broma y repitiendo un viejo dicho popular:

- "Envía a quien pueda, obedece a quien tenga sentido" - luego, explicó con calma: - Él no es mi sirviente. No tengo que tenerlos; tengo colaboradores voluntarios y trabajamos juntos. Lo que hago es coordinar algunas actividades porque tengo conocimientos específicos, lo que me hace más responsable que ellos. Quien le consiguió papel y bolígrafo fue José Antonio, un amigo que nos ha acompañado a Ricardo y a mí en tu tratamiento.

Lolek me miró con indiferencia, pero cortésmente me agradeció la ayuda.

A nuestro regreso, le pregunté a Georges sobre la culpa que había visto en la expresión de Lolek.

- Lo noté. Probará su propia medicina. Además, no hizo ni dijo todo lo que sabemos. No utilizó estas ideas impunemente. Quedaron grabadas en su mente y generaron la auto tortura que vimos, la necesidad inconsciente de castigar.

Lo enfrenté con la esperanza que esta culpa salga a la superficie, porque solo entonces podemos esperar trabajar en ella, dirigiéndola hacia una expresión natural y saludable de responsabilidad, por ejemplo, un arrepentimiento saludable. Creo; sin embargo, que hay que esperar mucho.

Estaré satisfecho con la conciencia de sentirme culpable, de creer que merezco ser castigado, sufrir. En fin, toda esta "noia", como dicen nuestros amigos encarnados. Deconstruir desde la fe para que se descubra como alguien responsable, que podrá afrontar las consecuencias de lo que hizo y repararlas. Este es el arrepentimiento que conduce al progreso. La dañina, culpa, remordimiento y cambio de una "noia" por otra. Para eso necesitaría tiempo. No lo buscaré; esperaré a que me llame. Lolek necesita soledad para reflexionar, descubrirse a sí mismo.

- ¿Descubrirse? - Cuestioné.

- No, si realmente lo descubres. En el sentido de quitárselo, de dejarlo al descubierto, ¿sabes?

- Creo que sí.

- Bueno, mientras él hace su trabajo, hagamos el nuestro, José. Tenemos mucho que hacer. Te avisaré cuando llame. Ahora, atiende tu curiosidad, querido - bromeó Georges despidiéndose de mí con una suave palmada en el brazo y entrando en uno de los pasillos del ala.

Apoyé la curiosidad durante un tiempo considerable, el equivalente a unos meses. Un día, al abrir la puerta me sorprendió ver a Ricardo sosteniendo dos carpetas similares a las de la serie Código Rojo, pero con tapa verde y el título "La persona actuante - Mi vida oculta, autodeterminación y voluntad."

- Lolek te envió uno a ti y otro a Georges - me informó Ricardo entregándome una copia.

- Estoy sorprendido. No me esperaba eso - le confesé a Ricardo.

- Hablo con Lolek todos los días - mi expresión debió ser reveladora, porque Ricardo se rio y continuó casualmente:

- Sí, hablamos mucho. Él es consciente del tipo de organización que somos, de lo que hace nuestra institución. He estado usando mucho la ventana alta de su habitación. Digamos que hemos estado espiando el mundo desde donde está. Le di una copia de *El Obispo* para que pudiera entender mejor quién eres, cuál es tu trabajo, cómo me ayudaste, qué he estado haciendo y cómo he mejorado durante el tiempo que he estado aquí. Creo que fue un buen incentivo o refuerzo positivo, ya que hace un tiempo me entregó este material pidiendo que le enviaran una copia.

Me apoyé en el marco de la puerta, feliz por la sorpresa. Incluso antes de leerlo, entendí que era una autorización tácita para mí escribir sobre sus experiencias.

- Ricardo, ¿dijiste "hace algún tiempo"? Y...

- Necesitaba leerlo - interrumpió Ricardo, riendo. Él parpadeó un ojo y continuó -. Consideré que tenía ese derecho, después de todo, lo traje. ¡Adiós amigo! Necesito conseguir la copia de Georges allí.

¡Oh! Te sugiero que rehagas el ensayo. Lolek quiere y piensa ser escritor, pero todavía no tiene los medios. ¡Necesita ayuda!

Miré la gran cantidad de páginas, miré mi trabajo inacabado, que descansaba en el expediente del Código Rojo de Ricardo en una esquina de mi escritorio. Sí, había mucho en qué ocuparme. Volví a levantar la vista y solo vi el dobladillo de la falda de sotana de Ricardo. Él caminó hacia el jardín.

Regresé a mi escritorio, me senté y abrí el texto de Lolek.

CAPÍTULO XXXVI
PERSONA ACTUADORA

Saludos de Lolek a Georges.

Te escribo fragmentos de mis recuerdos como respuesta a tus preguntas y en ellos incluyo algunas reflexiones despertadas en ese momento. Confío en que las entenderás y, si no me juzgas impasible, te pido que seas amable.

Hoy reconozco mi mayor error: no haber sido quien soy y no haber vivido mi verdad plena y auténticamente. Mantengo la confianza, renacida durante nuestras conversaciones, que un día el Padre Pío había cumplido su palabra. Dijo que esperaría a todos sus hijos a las puertas del paraíso. No entraría mientras todavía hubiera uno en la Tierra. Espero que esto signifique una nueva oportunidad de aprender de él. El Padre Pío sabía que el paraíso es un meta. Afuera no es un lugar real, por eso dijo que esperaría en la puerta. Ni dentro ni fuera, sino en un lugar, eso le permitiría esperar y ayudar. Era un prisionero sabio. Aprendió a utilizar las palabras para codificar la verdad en el mensaje ficticio, obligatorio en el ambiente donde vivió y sufrió. Espero encontrar el camino que me permita verlo esperando – eso me ayuda.

Creé un personaje; sin embargo, mis líneas y actitud eran totalmente ajenas a mi voluntad o a mi pensamiento. Durante mucho tiempo creé un guion que me gustaba y respondí al entorno en el que me movía. Nuevo, había más dentro de mí que el deseo de supervivencia, de mantenerme.

Quería complacer y ser protegido. Este sentimiento que pasé mucho tiempo identificándolo y solo ahora lo admito y lo reconozco. Actué impulsado por un miedo inconsciente, que me impulsó a buscar protección. Miedo que quizás se originó con la muerte de mi madre, se agravó con la progresiva soledad en mi juventud y la conciencia que estaba solo en el mundo. En un mundo hostil y violento, donde no había espacio para un joven soñador, apasionado por el arte dramático y la filosofía. Quizás busqué los brazos amorosos de mi madre en la Santa Madre Iglesia para protegerme. Quizás María vivió allí y me apoyó. Una vez aceptado, hice todo lo posible para no perder esta protección.

No fui el más fiel de sus hijos, ya que tenía necesidades humanas y sexuales que una madre no puede satisfacer. Entonces, nuestra relación sufrió cierto desgaste. Estrictamente, me impuso su voluntad y su amor posesivo por el chico casto al que un día había dado a luz y le pertenecía, y, en mi amor infantil.

Por ella, deseoso de complacerla, siempre la traicioné y cedí. No me atrevía a crecer en esta relación maternal. Esta dicotomía interna se reflejó en mi vida oculta y en mi vida pública, se proyectó y materializó en mi sacerdocio. Se escuchó la voluntad de mis obispos y la voluntad de esta familia interna, cuya protección era vital para mí. Desobedecí y, al descubrirme, me avergoncé, me volví obediente, sumiso, pero la necesidad fue mayor que el miedo. Ella gana y me vencía.

Durante mi etapa de seminarista y estudiante de doctorado, descubrí con mis hermanos que las travesuras eran bien toleradas, siempre que la sociedad no supiera nada de ellas y siempre que, públicamente, yo fuera un buen chico, un ejemplo. En privado, la conversación fue diferente. La primera lección fue el comienzo del personaje, de experimentar una vida real oculta, de enmascarar miedos y necesidades.

Tenía una necesidad de ser amado y creo que mayoritariamente fue sofocada por la soledad y el miedo. Tuve relaciones fugaces durante la guerra y la posguerra y no me permití darme cuenta de este malestar, de esta carencia. Sin embargo, sobrevivir fue imperativo cuando obtuve un poco de estabilidad y libertad,

Necesitaba ser amado. Fue entonces cuando encontré a Irena. La necesidad me venció.

Ella me amaba mucho y desinteresadamente. Me conoció cuando yo era anónimo. Creía que yo era un profesor de filosofía, un hombre libre, sin compromisos. Su principal preocupación era que yo no estaba casado. Y no lo estaba, así que no fue una completa mentira. Estaba comprometido con la Iglesia. Teníamos una relación intensa y profunda. A su lado recuperé mi vida familiar, mi pertenencia a alguien.

Sé que conoces nuestra historia. La Iglesia nos alejó como a una suegra celosa. La revelación de mi secreto fue traumática para Irena. Nos volvimos a encontrar cuando nuestro hijo era un bebé aprendiendo a dar sus primeros pasos y yo era el nuevo obispo de una gran diócesis. Estaba casada con un hombre de muy poca inteligencia, quien le encontró trabajo en una de las escuelas de la orden del obispo Basiak. Le dieron a Irena una casa cómoda y un trabajo en otra ciudad, además de ayudarla con la educación del niño. Ella; sin embargo, estaba triste y enferma. Reginaldo los supervisaba y don Basiak ordenó al párroco de la parroquia donde vivía que velara por ella. Su padre para mí fue más grande que la revuelta, lo que le hizo perdonarme por no haberle revelado que yo pertenecía al clero y que no podía casarme. Con la conformidad del obispo Basiak, entonces mi cardenal, reanudamos nuestra relación. Reginaldo fue el encargado de llevarla personalmente a mi departamento. Basiak la conoció y quedó convencido de la sinceridad del amor de Irena por mí. Pensó que sería más prudente para mí mantener una relación con ella que arriesgarme a ser sorprendido por un escándalo.

Sin embargo, la presión sobre ella aumentó proporcionalmente mi fama y mi crecimiento en el clero polaco. Cada día, ella y el niño necesitaban, cada vez más, volverse invisibles, y nuestra relación empezó a sufrir tantas prohibiciones. Por otro lado, el marido arreglado empezó a convertirse en un problema. Borracho, temían su lengua. Aunque no sabía nada, tal vez sospechaba de las estrechas relaciones entre el alto clero polaco y su "esposa", una orgullosa descendiente de judíos, pero católica no practicante. Un par de veces lo vi mirarnos a mí y a mi hijo, que era una copia fiel de su padre, a quien llamaba tío. Comenzó a pelear mucho con Irena, ofendida y trató de extorsionar a la Iglesia. Murió unos días después. Lo encontraron muerto en una acera con signos de ebriedad y cubierto de nieve. Oficialmente, la causa de la muerte fue la hipotermia.

Irena estaba asustada porque tenía mucho miedo por nuestro hijo y se sentía culpable de la muerte de su marido. Me dijo que se odiaba por no poder dejarme para proteger a su propio hijo. De nuevo estaba nerviosa, irritada, dominada por el miedo y se creía excesivamente perseguida y vigilada. Empezó a odiar a la Iglesia. Empezamos a pelear a menudo, lo que me hacía infeliz.

En ese momento me enfermé. Mons. Basiak recomendó para que me tratara la doctora Wanda, una excelente y hermosa doctora, casada y madre de cuatro niñas. Su matrimonio se mantuvo por intereses económicos, pues había descubierto que su marido era bisexual y no había podido vivir con el descubrimiento que tenía una amante. Entonces, vivieron juntos para mantener las apariencias, los negocios de la pareja y por el bien de sus hijas. Wanda; sin embargo, se consideraba una mujer libre y actuaba como tal. Ella fue mi amante.

Wanda era una mujer culta, interesada también en la nomenología. Mi relación con ella se volvió más satisfactoria que con Irena, aunque seguí amándola a ella y a mi hijo. Nuestra relación se enfrió mucho, ella empezó a sospechar y descubrió a Wanda. Tuvimos peleas horribles. En ese momento mi hijo ya tenía 6 años, era un adolescente.

Había crecido ante el Vaticano como representante del clero polaco y de la Iglesia bajo el comunismo, lo que para Irena y el niño significó más sufrimiento y vigilancia. Tras la muerte de su "marido", Irena también cerró su círculo de relaciones sociales; dijo que no quería ser responsable de otras muertes. Se sentía como una Medusa, maldita por un crimen que no había cometido, desterrada de la sociedad, perseguida por la Iglesia y capaz de provocar la muerte de las personas que convivían con ella. Estaba emocional y mentalmente perturbada, lo que la hacía dependiente de los barbitúricos y del alcohol.

Don Basiak lo consideró, en aquel momento, un problema para mi carrera y para nuestros planes de acción en el país. Un día, durante un sínodo en Roma, Reginaldo me informó por teléfono que se había suicidado y que llevarían a mi hijo a estudiar a una universidad católica fuera de Polonia.

Continué mi relación con Wanda, que fue satisfactoria en todos los sentidos. Era católica devota y practicante, mujer adinerada, de buen concepto social, madre de familia, bella e inteligente. Nuestra relación no tenía secretos. Ella quedó satisfecha y me satisfizo. Después de los últimos años de una relación agotadora con Irena, la amistad de Wanda me satisfizo por completo.

Me convertí en arzobispo en la década de 1960. Unos años más tarde, Teresa y sus largas y maravillosas piernas llegaron a mi vida.

CAPÍTULO XXXVII
PERSONA ACTIVA EN POLÍTICA

Me gustan mucho las citas. Son emblemáticas, llamativas. Se prestan a la movilización social, de hecho, esta es una de sus razones de ser. Renuevan y reafirman convicciones. La Iglesia las usa.

Fue suficiente, y las utilicé cuando tuve la oportunidad de poner en práctica lo que había defendido toda mi vida como forma de acabar con el socialismo soviético: la movilización de masas con carácter religioso. Como cardenal no necesitaba autorización ni acuerdo de nadie para llevar a cabo mis ideas.

Tenía poder absoluto de mando sobre el rebaño y la parte del clero se sometía a mí.

Cuando asumí el cardenalato, contaba con el apoyo de la mayoría de los obispos polacos y de algunos cardenales, pero nuestro primado no me aprobó. Él defendió la línea de acción de Adam y yo seguí al obispo Basiak y, por mi propia inclinación, me alejé de esa línea de confrontación abierta con el régimen soviético.

El gobierno polaco vio en mi elección la elección de un político débil, me consideraba alguien sumamente intelectualizado, pero sin capacidad de movilizar la organización administrativa y administrativa, tal vez la política, por eso, fueron complacientes conmigo. Apostaron y actuaron explotando el disgusto del Primado por mi trabajo. Una división entre nosotros sería una brecha excelente para el partido comunista.

Lo sabía, aunque ellos pensaran lo contrario. Su gran movimiento fue negarle al Primado una visa para salir del país y participar en un sínodo en Roma. Mi solicitud de viajar el mismo día y con el mismo propósito fue concedida. Cuando descubrí lo sucedido, identifiqué la trampa. Señor de buena agilidad mental, envié un comunicado a las autoridades y a todas las personas interesadas en la cuestión, haciéndoles conscientes de mi solidaridad irrestricta con el Cardenal Primado, motivo por el cual no participaría en el sínodo. Fue el punto de partida de mi acción política en Polonia. Era el mensaje del clero católico polaco unido contra el sistema de gobierno y el comunismo soviético. Y yo era su portavoz.

Cambié el tenor de mi predicación. Antes, prediqué la libertad y la búsqueda del mejor de todos los mundos dentro de los muros comunistas y bajo la política del Telón de acero. Para ellos esto no era un peligro. Nadie vio lo que don Basiak y yo habíamos construido. Teníamos millones de seguidores y se nos escuchaba en Occidente. La situación social era caótica. El precio de los alimentos era altísimo, había escasez, sobre todo de los artículos más consumidos por los trabajadores manuales en las minas y puertos, como la carne. Un trabajador polaco sin carne en su plato se convertía en una bestia, y la carne escaseaba y era muy, muy cara. Esto se rebeló y generó el hambre. El hambre nunca tendrá comida, pero su hambre nunca será saciada. Las personas se vuelven irritables en cualquier situación en la que no se satisfacen sus necesidades básicas. Día tras día, los altos precios, los bajos salarios, el trabajo forzoso y la escasez de alimentos generaron incendios forestales entre la población. La ira popular estalló y amenazó al régimen. Era el momento ideal para catalizar y capitalizar esos sentimientos en torno a un nuevo líder que se presentó con un mensaje de liberación.

Fui sincero en esta lucha, porque realmente odio el comunismo y todo lo que le hizo a la vida de millones de personas. Odio el genocidio, los campos de concentración de prisioneros políticos, la vida bajo vigilancia, la boca controlada, la elección de qué comer o no comer. Personalmente, experimenté esto antes de unirme al clero, pero nunca lo olvidé y sentí pena por la población. Hasta mediados de 1966; sin embargo, toleré la situación, ya que no era más que un obispo, filósofo y profesor universitario, orador de la Iglesia, muy conocido y popular. Me opuse al régimen intramural del clero, argumentando que la Iglesia debería permanecer en silencio, no confrontar, sino fortalecerse y levantarse como un imperio. Y nada sería mejor que el buen y antiguo teatro monumental.

El Papa Pío XII fue mi inspiración y recordatorio constante.

A pesar de todas las críticas, había salvado a la Iglesia y la había guiado con seguridad más allá de una larga guerra. Juan XXIII fue la respuesta de la época a estas críticas y a la búsqueda de recuperar a los creyentes, de creer en la sociedad. Lo vi como una continuidad. Quería cambios litúrgicos y de otro tipo que desagradaran a la curia. Su Papado fue corto. De hecho, la duración de un Papado tiene más que ver con la capacidad política del Papa para interactuar con la curia y las muchas facciones de la Iglesia que con su salud. Quien se sienta en el trono de San Pedro sabe que su salud depende de sus hermanos y de su satisfacción. Esta es la duración de su Papado.

Mientras en Polonia crecía la agitación social, en Roma el descontento apuntaba al fin del Papado de Juan XXIII. En 1963, el cardenal Montini fue elegido Papa. Tenía una buena relación con él y traté de intensificarla. Continuó el Concilio Vaticano II con la intención de liquidarlo y calmar los movimientos internos del clero que querían reformas. Siempre hay mentes exaltadas en busca de verdades históricas haciendo arqueología sobre las reliquias de la Iglesia. Un lugar que no se presta a eso. Y a partir de estas ideas defendieron posiciones cristianas diferentes a la teología dominante en el Vaticano. Las ideas de un Cristo rebelde y revolucionario comenzaron a surgir e inspirar la acción política del clero. Se estaba acercando peligrosamente al comunismo y sabíamos que había una infiltración de políticos comunistas que eran militantes católicos entre esa parte del clero. Se alzaron voces discutiendo el papel de la mujer en la Iglesia, acusándonos de ser una institución sexista y chovinista. No ven que la Iglesia pertenece a los hombres y es poder masculino.

Ah, qué agotadoras eran estas discusiones. Las mujeres son aceptadas en su rol, tienen sus congregaciones, pueden actuar en comunidades, pero pertenecientes al clero con poder de mando y traicionando la sagrada tradición, pero todo fundamentado en un mito: la historia de los apóstoles. El voto de castidad y la prohibición del matrimonio entre sacerdotes fue otro de los temas que se debatieron. Esto tiene graves implicaciones económicas y sociales. La barrera más grande es la pérdida del mito que el sacerdote es un hombre de Dios, alguien que vive en el umbral entre la Tierra y el paraíso celestial, un intercesor indispensable para que el hombre común en el camino hacia Dios, para vivir las dificultades del ser humano y trascenderlas. La castidad es la marca de este don divino, de este hombre elegido. Necesita diferenciarse del hombre común. ¿Y qué medios pueden ser mejores que la renuncia a la vida sexual, al amor conyugal, constituir una familia?

Pero me estoy desviando de la idea original. Aunque mi lealtad a este mito fue cuestionada clara e incansablemente durante mi reinado, conocía su importancia en mi propia vida. Deconstruirlo era deconstruirme a mí mismo y a la historia antigua de la Iglesia. Esta teología era tan utópica como el socialismo y su idea que todos tendrían satisfechas sus necesidades. ¡Mentiras reveladas para encubrir dictaduras!

Tuve una relación extremadamente estrecha con el Cardenal Mantini, el Papa Pablo VI. Me hizo cardenal. Yo era uno de sus consejeros, un príncipe de la Iglesia de 47 años. Me destacaba porque me veía joven, tenía un cuerpo atlético, tenía una presencia atractiva y carismática. Mi personaje tenía un éxito público garantizado. Público y poder, y en la Guerra Fría no fue diferente. Mantini también apreció mis discursos eclesiásticos. Les di un tono apocalíptico, dramático, describiendo un escenario decadente y cruel, que exaltaba la acción salvadora de la Iglesia. Dar la bienvenida a los desesperados y guiarlos nos dio autoridad y popularidad ante los gobiernos de todo el mundo.

Entonces, en 1966, como obispo, rechacé la libertad que me habían dado.

Odiaba al gobierno comunista de Polonia y no viajé a Roma para el sínodo, prometiendo solidaridad con mi Primado, a quien, hasta entonces, no le agradaba mucho. Sin embargo, unos meses más tarde aproveché el beneficio y viajé a Roma para recibir mi sombrero cardenalicio, tomando asiento entre los consejeros del Papa y los líderes de la Iglesia. Me involucré en la política del Vaticano y mi vida estuvo dividida entre Polonia y Roma. Como cardenal, comencé a llamar la atención sobre las fechas significativas más cercanas: el advenimiento del tercer milenio - faltan tres décadas, pero era necesario explorar -, y el comienzo del primer milenio de presencia católica, y por tanto del cristianismo en Polonia. Estas fechas dieron la excusa perfecta para grandes celebraciones y discusiones, y, además, el tercer milenio tendría, como todos, ese tono del fin de los tiempos, lo que intensificaría la necesidad de salvación y la prisa hacia los templos. ¡Esto es histórico! No sería diferente con la llegada del año 2000. La diferencia era quién estaría preparado para el evento cíclico, fenómeno de masas y que le ayudaría y que no le daría importancia. Paulo VI fue sensible a mi voz.

Como cardenal de Polonia, mi primera acción fue realizar grandes celebraciones ininterrumpidas a lo largo de ese año. Combiné liturgias, romerías, misas, fiestas y procesiones de todo tipo. Nuestra Señora me ayudó inmensamente. Ella es la "Reina de Polonia" y ¿quién mejor que ella podría oponerse al régimen que esclavizó y maltrató a su pueblo? ¿Quién podría matarla? ¿Quién rechazaría el amor y la protección de su reina, cambiándola por un político humano?

Nuestros "presidentes" y "líderes de partido" no vieron que yo desfilaba con la reina y que mi reina era la más grande de todas. ¡Era inalcanzable! Sea lo que sea: atacarla sería inmensamente estúpido y la haría crecer, destruyendo al atrevido e insensato agresor. ¡Cómo lo hiciste!

Mandé a hacer una copia de la imagen de Nuestra Señora de Czestochowa para recorrer en procesión todas las parroquias del país. En todas partes reavivó la devoción religiosa en ese caldo social hirviendo de ira e insatisfacción. Las peregrinaciones al Santuario de Nuestra Señora de Czestochowa tuvieron lugar millones de peregrinos la presencia de la imagen sagrada original.

Estuve presente en las celebraciones más importantes y en todas ellas el clero polaco obedeció mis órdenes. Mi unidad con el Primado había sido sellada unos meses antes. Las facciones políticas que él representaba estaban perdiendo terreno y él fue lo suficientemente inteligente como para darme espacio. Quería el bien del pueblo, la liberación del yugo soviético. Busqué construir esto en el campo de las ideas, de la conciencia, tal como Adam. No era el camino. Dijo que mi propuesta era manipular a las masas, utilizar sus sentimientos, no liberarlas de hecho. Esa liberación solo llegaría con la erradicación del pensamiento, de la teoría. Yo argumenté que esto vendría después y aquellos, destronados, estarían muertos. Cuando la situación social se volvió calamidad, él me brindó su apoyo en 1966.

Nuestra Señora reanudó su reinado polaco y yo, como su más fiel devoto y escudero, la acompañé. En su nombre hablé a la multitud, exhortándola a amar a María y alabando las infinitas gracias que Ella había prodigado a nuestro pueblo en el pasado, por lo que era Reina de Polonia. En medio de esto, comenté la situación actual. María estaba triste por los acontecimientos, por el sufrimiento de la gente, insatisfecha y dispuesta a ayudar. Llamó al pueblo a una insurgencia moral no violenta. Mientras mi voz resonaba en Occidente y me sentaba junto al Papa, reuní muchas influencias políticas, económicas y militares que, de ser necesario, *respaldarían mi apoyo contra el régimen comunista. Muy rápidamente, un gran poder se concentró en mis corazones: tenía apoyo popular, apoyo de la Iglesia y apoyo internacional. Yo era el heraldo de la Reina de Polonia.*

El régimen comunista no se dio cuenta de mi construcción y actuó tarde. Creían que yo no tenía capacidad política, no me consideraban un organizador, después de todo, no me movía abiertamente en la escena política estatal. Yo era un líder religioso - algo que ellos aborrecían -, y simplemente me molesté cuando lo vieron y respondí exactamente como lo había predicho y provocado. Se atrevieron a golpear a Nuestra Señora de Czestochowa. No había mordido el anzuelo, pero se tragaron el mío, con anzuelo y todo.

El contraataque político fue el lamento de la mayoría de los círculos que manipulaba: el deporte y las artes. Intentaron socavar mis eventos, promocionando grandes eventos deportivos y artísticos en la misma fecha y hora. Estábamos compitiendo por el público, el dominio es la condición del pensamiento popular. Apelaban al entretenimiento, a la diversión, a la exaltación nacional, en definitiva, al placer inmediato y catártico de las emociones. Apelé a la devoción religiosa y la promesa de apoyo y felicidad. Contrastaba la monarquía divina y sacerdotal con el régimen dictatorial comunista. Golpearon a Nuestra Señora de Czestochowa, que se dirigió a nosotros, yo era más poderoso que todos los atletas y artistas programados para actuar en mis ceremonias. Nuestra Señora reunió multitudes. El régimen no toleró el fracaso en la disputa y emitió un decreto prohibiendo las peregrinaciones de la imagen. Ordenaron cesar el culto y devolver la imagen a su monasterio original. Me dieron la victoria con ese acto. Soy experto en darle la vuelta a situaciones difíciles a mi favor, algo que no sabían. Yo; sin embargo, había causado esa situación. Bajo mi mando, el clero obedeció, pero denunció el orden estatal en todos los altares y por todos los medios a nuestro alcance en todo el país. La red de la Iglesia es poderosa. La imagen de Nuestra Señora de Czestochowa fue retirada; sin embargo, las peregrinaciones continuaron y crecieron.

Llegó sutilmente a la población y pareció una actitud espontánea. Sintonizaron la idea de salir a procesiones y adorar marcos vacíos que representen a Nuestra Señora, quien fue una "víctima política" del régimen.

Este episodio fue leña seca sobre las brasas de ira que la gente llevaba dentro, y el clero polaco sopló con fuerza y voluntad como le ordené. Entonces se elevaron las llamas.

En universidades, escuelas y movimientos juveniles creados en parroquias y diócesis católicas informamos a los jóvenes sobre los logros de los movimientos de protesta en Occidente. De todas las formas que pude, reviví la reacción de resistencia y oposición utilizando el teatro. Representaron obras antisoviéticas al mejor estilo de nuestra tradición: de manera sublime. Fueron prohibidas. Los estudiantes reaccionaron saliendo a las calles imitando las protestas occidentales, denunciando la censura y la dictadura del régimen. La violencia se apoderó de las calles, muchos fueron golpeados, varias universidades fueron cerradas, muchos fueron arrestados y llevados a "campos de concentración."

La represalia fue brutal y culparon a los judíos. Nada nuevo en Europa del Este. Expulsaron a todos los judíos de las carreras civiles públicas y de la enseñanza en Polonia. En 1968, el escenario internacional cercano a Polonia me deparó una grata sorpresa: la Primavera de Praga. Nuestra población reaccionó con furia ante el envío de tropas polacas para apoyar la ola de reformas sociales en Checoslovaquia, otro país bajo dominación soviética. Reformas que nos interesaban mucho, en definitiva, significaban lo que en ese momento se llamaba "desestalinizar"; es decir, destituir a Stalin, poner fin al autoritarismo, a la tiranía comunista. Hicimos que esto resonara mucho en Polonia.

Los precios de los alimentos seguían subiendo, había una enorme escasez de suministros, los salarios nunca se ajustaban y las calles estaban convulsionadas por diversas expresiones de descontento: político, estudiantil y religioso. Los trabajadores estaban desaparecidos.

Y esto ocurrió en los astilleros de Danzigue en 1970. La huelga de los trabajadores fue violentamente masacrada por el ejército. Hubo un enfrentamiento armado y muchos trabajadores fueron asesinados y arrestados. Gdansk es el puerto polaco más grande. El conflicto generó grandes pérdidas económicas, y el gobierno no tenía interés en mantener un conflicto largo, pero entendió lo más básico en política: no hacer mártires. Al menos nuevo públicamente. La situación llamó la atención de los medios internacionales, porque la denunciamos en Occidente, generando así presión interna y externa al mismo tiempo. Era el embrión *de Solidarnosc*[10]. *En aquella época, Lech Walessa era electricista en los astilleros.*

Católico practicante y militante, tardó un tiempo en darse cuenta de lo que mi amigo político al que refugié secretamente en la Iglesia y creció bajo mi sombrero cardenalicio. Empezamos a defender los derechos humanos para diferentes públicos. La pasamos genial.

Por afinidad, ambos éramos dobles, teníamos vidas ocultas y un objetivo común.

La década siguiente estuvo llena de huelgas y manifestaciones de todo tipo, y en secreto me involucré con el KOR, un comité para desestabilizar a los trabajadores. Financié muchas de sus actividades y apoyé la conexión de las redes parroquiales con la organización de trabajadores, promoviendo seminarios sobre derechos humanos, atacando la censura, defendiendo la libertad de expresar e inspirar al pueblo a la insurgencia civil no violenta. Todo bajo la protección y patrocinio de la fe.

El gobierno militar comunista siempre reaccionó, y en esta década la reacción intentó darle al pueblo lo que pedía. Desarrollaron una política económica populista, tomando grandes préstamos de Occidente para apoyarla y endeudando al país. Cuanto más sabía que pedían préstamos, más dinero pedía para la Iglesia y lo destiné a financiar actividades secretas. Pedí y presioné para que se construyeran nuevas iglesias, monumentos religiosos, escuelas, monasterios, cualquier cosa, porque los volvía locos. Me temían. Los servicios secretos me espiaron, pero no tenían pruebas de nada. Públicamente yo era el heraldo de la Reina de Polonia, un hombre religioso que defendía al pueblo y los derechos humanos. Comencé a confrontarlos abiertamente cada vez que tomaban medidas represivas contra la Iglesia, como cuando promovieron el cierre de las clases de catecismo y el servicio militar obligatorio para los seminaristas.

---

[10] *La Unión Autónoma de Solidaridad* fue una federación sindical polaca, fundada el 31 de agosto de 1980. Fue uno de los agentes de oposición más importantes al gobierno comunista local. Su líder, Lesch Walessa, recibió el Premio Nobel de la Paz en 1983 y fue presidente de Polonia de 1990 a 1995, contribuyendo a la transición del país de un régimen socialista a una economía de mercado típicamente europea. Fuente: https://www.infoescola.com

Trabajé mucho durante este período y estuve extremadamente comprometido con esta actividad política. Al igual que Churchill, me quedé dormido 10 minutos después del almuerzo. Era sagrado. No importaba lo que estuviera pasando. Viajé mucho, tanto en mi país como en el extranjero. Ni siquiera tuve tiempo de leer los periódicos; sin embargo, admito que no me interesaron. El editor de un periódico católico y un amigo personal me enviaba un resumen diario de las principales noticias del mundo. Mientras viajaba en coche por las carreteras de Polonia, trabajé. Mi auto tenía una mesa de trabajo adaptada y una lámpara de lectura, porque, en medio de todo el caos que estaba creando para derrocar al comunismo, seguí escribiendo y crecía como intelectual de la Iglesia. Durante estos viajes trabajé en mi obra literaria.

Mis encuentros con Wanda tenían lugar a menudo en santuarios remotos, en las colinas, a donde iba ciertas noches.

CAPÍTULO XXXVIII
"¡NO TENGAN MIEDO!"

Mi trabajo como cardenal-arzobispo continuó sin tregua. A mediados de los años 1970 conocí a Tereza. Ella fue la realización de un sueño en mi vida.

Tereza vino a mí por mi trabajo filosófico, mi trabajo literario. Era hija de una familia rica e influyente de la extinta nobleza de mi tierra natal. Una mujer bella, rubia, elegante, inteligente... y filósofa. Era una mujer cosmopolita. Había vivido la ocupación y la Segunda Guerra en Polonia; sin embargo, había abandonado el país para estudiar en las mejores universidades de Europa y América. Cuando la conocí, estaba casada con un economista estadounidense y vivía y enseñaba en Estados Unidos, donde había creado un instituto filosófico para el estudio y la investigación de la fenomenología. Ella era católica. Tenía un pensamiento claro y lúcido y escribía muy bien. La conocí en Nápoles, durante una conferencia en 1974.

Después de eso, Tereza vino a verme a Polonia interesada en editar mis obras, especialmente la más reciente en ese momento: Persona y Acto, traduciéndolas al inglés.

Nuestro encuentro nació de una conexión de mentes y almas, solía decir, y, como ella era la mujer más sensible, vino a mi encuentro. Mi pensamiento la atrajo. Tereza vivía en Estados Unidos y era mujer en el mundo, actuaba según su época, vestía a la moda americana.

Nos volvimos inseparables. Ella me ayudó con sus contactos políticos e intelectuales y con sus ideas y su presencia se reflejó en todo en mi vida. Era mi amor maduro e invadió mi vida con sus ojos brillantes, sus minifaldas, su cabello rubio recogido en una cola de caballo. No usaba cabello largo en ese momento, pero le llegaba hasta los hombros.

Estaba hipnotizado por sus piernas. Tereza era una mujer fascinante en todos los sentidos y muy decidida. Ella sabía lo que quería. Quería mi libro, con las modificaciones necesarias. Quería traducirlo, pero quería hacerlo a mi lado. Quería al autor. Acepté su propuesta sin dudarlo; aceptaría cualquier cosa para mantenerla cerca de mí. Todas las facilidades y todos los intereses se conjugaron para hacer nuestra amistad cada vez más estrecha. Tereza, como la llamaba, conocía mi obra escrita y estaba interesada en compartirla. Reconoció mi valor como filósofo, me admiraba como político, aunque no sabía todo lo que hacía. Se sentó en mi coche y me acompañó en muchos viajes por Polonia mientras trabajábamos juntos en el libro. Ella fue un buen oyente y asesor político. Discutimos mucho sobre la autodeterminación y la cooperación social e inevitablemente hablamos de los regímenes político-económicos bajo los cuales vivíamos cada uno de nosotros. Es en Estados Unidos y Europa Occidental, países del llamado primer mundo, defensores de la democracia y del capitalismo y presentados ante el bloque comunista, o el segundo mundo, como sociedades individualistas, egoístas y codiciosas. Tereza me mostró el otro lado: la libertad, la oportunidad, el pluralismo, los muchos pueblos en un mismo territorio.

Ella patrocinó mi acercamiento a los Estados Unidos, promoviendo mis viajes acompañada de algunos obispos polacos. Dimos conferencias en universidades, estrechamos lazos con la Iglesia americana y ella nos ayudó mucho con las cantatas americanas que nos dieron información valiosa sobre las acciones del gobierno polaco de la época. Me ayudaron económicamente y formé relaciones preciosas con obispos y cardenales estadounidenses. Tereza demostró ser la anfitriona perfecta para nuestras reuniones informales y confidenciales con el clero estadounidense, con diplomáticos, políticos y agentes especiales.

Me alojé en una hermosa propiedad suya en Vermont, donde me permití descansar de la agitación social en Polonia, pero sin descuidar la situación. Era una propiedad grande, con todas las cosas que me gustaban: área para nadar, senderos para caminar al aire libre, gimnasio para actividades físicas. Disfruté y aprendí a gustar de ese estilo de vida aristocrático, sin sotana. Al lado de Tereza, yo era realmente cierto: era el filósofo, el político y un hombre encantado con su amante, que disfrutaba lo mejor de la vida. Fui extremadamente feliz esa década. Un hombre realizado y satisfecho, que logró el éxito en todo lo que quiso.

Nuestra relación se vio facilitada por la privilegiada situación económica de Tereza, quien me acompañaba en los viajes a Italia y Estados Unidos. Se sentía como en casa en cualquier parte del mundo y eso me encantó. La vida con ella era perfecta. No era diario ni todos los días. Pasamos algunos meses del año juntos. No nos cansamos de la compañía del otro, no nos aburrimos. La distancia protegió nuestra relación en todos los aspectos. Fueron períodos vigorizantes, en los que me recuperé de los enfrentamientos en Polonia y me dieron seguridad. Me confesó que, cuando me conoció, había sentido mucha curiosidad: según Zera, conocía mis pensamientos sobre el amor y el sexo y me creía sexualmente ingenuo. Fue una curiosidad que tuve el placer de satisfacer.

Gocé de gran prestigio con Pablo VI y le ayudé a redactar muchas de sus encíclicas en un momento en el que soplaban los vientos del Concilio Vaticano II pidiendo cambios en la Iglesia, que comenzaba a moverse en un mundo globalizado. Hubo movimientos en Occidente que pedían la liberalización del aborto, el movimiento feminista, la guerra fría y la carrera espacial y armamentista y hubo problemas en América Latina, un territorio que ganó visibilidad en Roma y donde vive la mayor población católica del mundo... Europa, marcada por los problemas de la última guerra y la acción de la Iglesia, sufrió un vaciamiento de creyentes, y las iglesias amenazaron con convertirse en meras atracciones turísticas. El clero era insurgente. Teníamos monjas feministas y ¡sacerdotes involucrados en rituales y creencias de los movimientos de la "Nueva Era"! Pablo VI sufrió numerosos ataques por su política de no liberalización del aborto, de los medios anticonceptivos, de aceptación de los divorciados, en definitiva, de la moral sexual defendida en su pontificado y según la tradición. El mundo vivió durante una generación como afrodisíaco, como lo llamábamos. Fue un conflicto muy serio, ya que los pilares de la fe y la moral católicas se estaban convirtiendo en polvo entre los jóvenes. Fue el legado de Pío XII, quien me advirtió sobre el cuidado de los niños y jóvenes, al fin y al cabo, en esas mentes estaba la continuidad de la Iglesia. Necesitábamos mantener con ellos la continuación.

Como político, Pablo VI defendió el diálogo con los opositores. Ése era un punto en el que no estábamos de acuerdo. Sostuve que dialogar con todos era fundamental, pero que había situaciones en las que solo la acción resolvería. Este fue el caso de la cuestión soviética y la influencia comunista. En este sentido, Pablo VI me recordó a Adam. ¡Estaba engañado!

En los últimos años de la vida de Pablo VI estábamos muy unidos. Me delegó tareas en el Vaticano. Padeció cáncer de próstata y tuvo problemas cardíacos durante muchos años. Era un hombre frágil y parecía mayor de lo que realmente era. Yo, en cambio, tenía salud de buey, cuerpo atlético y, según los estándares romanos, era joven. Sabía que los cardenales de la Curia me estaban observando de cerca en ese momento y mi nombre era mencionado como papable; sin embargo, había un obstáculo enorme: yo era extranjero. La Iglesia no había elegido a un extranjero desde el siglo XVI, desde el famoso Papa Borgia, Alejandro VI. Los cardenales compararon nuestras biografías. Ambos eran estrategas políticos reconocidos, con poderosas conexiones internacionales, carismáticos, guapos y apasionados por las mujeres. Temían los escándalos. Mi vida oculta no estaba completamente oculta para algunos de ellos y querían a alguien a quien pudieran manipular y no causar problemas en ese momento tan delicado.

Consolé a Pablo VI en los últimos años de su vida. Yo era "un pastor de tierra", polaco, eslavo. No había manera de cambiar eso. Se podría trabajar en mi biografía, pero no en mis orígenes. El clero romano no me aceptó.

Murió el Papa y se reunió el cónclave para elegir a su sucesor. Obviamente, eso me interesaba. Nunca había trabajado con ese propósito, pero, como la oportunidad estaba frente a mí, ella era buena y me interesaba, la quería. Tuve el apoyo de la Iglesia estadounidense y alemana, y eso pesó mucho. La tradición y el clero romano; sin embargo, todavía pesaban más. La universalidad de la Iglesia fue solo de nombre cuando se la llamó católica. En aquella época ella era, ante todo, romana.

Yo y el grupo que me apoyaba sabíamos que querían elegir una figura que se volviera popular, carismática y manipulable, pero no querían romper la tradición ni renunciar al poder centralizado; querían elegir a un italiano. Era una cuestión de ira, de nacionalidad, porque vivimos en una Europa que aun se recuperaba del caos de la Segunda Guerra Mundial y bajo la guerra fría, dividida entre Oriente y Occidente. Un mundo dividido entre comunismo y capitalismo. De todos modos, ese fue un período de divisiones, y la Iglesia también estaba dividida. Entre las renovaciones previstas estaba la abolición del Papa italiano.

Luego eligieron al patriarca de Venecia, el cardenal Luciani. Era una figura sencilla, sin ambigüedades, un miembro sí, patético y carismático del clero italiano. Era un sacerdote reacio a la política, interesado en el periodismo. Era completamente torpe, torpe, un hombre sin ningún tipo de sofisticación. Ni conocía el Vaticano más que un turista laico y acabó teniendo una corta vida en Roma. Se tomó unas vacaciones en Venecia para morir en Roma. Después de las elecciones, se desesperó. No se acostumbró a la función burocrática, ni siquiera sabía dónde estaban los distintos departamentos de la Curia y para qué servían. Ni era jefe de Estado. Fue tan estúpido que, en la segunda semana de su reinado, los cardenales romanos ya estaban arrepentidos y admitieron en los pasillos que habían cometido el error de elegir Papa a Peter Sellers. Compararon a Luciani no con el actor, sino con el personaje que lo había hecho famoso: el cómico inspector Clouseau, de la película La Pantera Rosa. Él fue aplastado por la responsabilidad del cargo. La sentencia de muerte se pronunció cuando declaró públicamente que Dios, Todopoderoso, tenía más de mamá que de papá.

La Providencia, o el azar, salvó a la Santa Madre y a la Curia. El torpe Luciani murió antes de cumplir un mes de reinado, uno de los más cortos de la historia. Después de este desastre, ellos mismos volvieron sobre su camino. En un breve cónclave, sin discusiones, obtuve 103 de los 106 votos necesarios. Mis compañeros prácticamente me animaron.

El clero polaco celebró conmigo. Mi primado regresó, era mi tema, pero la lucha social en nuestra patria había transformado nuestra relación a lo largo de esos turbulentos últimos dieciocho años desde 1960 hasta aquel octubre en el que alcancé la cima de mi carrera.

Cuando me presenté al mundo como el nuevo Papa, millones de personas me desconocían. Estaba rompiendo una tradición de más de cuatrocientos años, algo nuevo. El clero de la Curia por debajo de los cardenales quedaría asombrado. Para los políticos polacos yo era muy conocido y, en ese momento, debí parecerles un ángel vengador vestido de blanco. ¿Qué podían esperar ahora que me había convertido en líder mundial? Yo era inalcanzable para ellos.

El servicio secreto ruso nunca pudo explicar cómo se produjo mi elección. Lo atribuyeron a la interferencia del gobierno de Estados Unidos y a la connivencia del clero alemán-Americanos - no estaban del todo equivocados -, pero confiaron ciegamente en la fuerza de la tradición y en los rumores que la Iglesia buscaba un renovador y no hicieron nada para impedir mi ascensión. Para ellos mi perfil no era el de renovador; era un líder centralizador, conservador y sanguinario.

La Iglesia amenazaba con hundirse en un caos generalizado y estaba desgobernada y tambaleante. El orgullo y la necedad de un grupo lo habían llevado al borde del abismo. Desde Pío XII, ella estaba luchando, todavía soñando, todavía en el umbral de una era no realizada de gracia y vigor renovado. Necesitaba recuperar poder, popularidad e influencia.

Lo sabía y este contexto me dijo que, cuando fuera anunciado como nuevo Papa, el mundo me recibiría con miedo. Muchos no me conocen; otros exactamente lo contrario. Por eso solo pude saludarlos diciéndoles: "¡No tengan miedo!"

CAPÍTULO XXXIX

MI REINADO

El Papado consagró mi carácter. Fue un período de grandes logros personales. ¡Satisfecho!

Implementé mis estándares de trabajo polacos, mi marca y mi estilo personal en Roma. Ordené la renovación de la residencia de verano con la instalación de piscina, sauna y gimnasio, similar a la propiedad de Tereza, aun más lujosa. Llamé a todos mis sirvientes de Cracovia, incluido el equipo de monjas que se encargaban de las labores domésticas, y comencé a moverme por esa Iglesia ingobernada, lejos de su estructura. Demostré que había sido un buen aprendiz de Pío XII, honré la estructura de la Iglesia que él creó, además de utilizar la dramaturgia, que hice mucho mejor que él.

Me convertí en una celebridad, una estrella pop de la Iglesia. A la cámara la llamé nematográficas y fotográfica. La prensa oficial y la prensa laica en particular estaban equipadas con la historia de mi mito, y cada aparición mía era una apoteosis. ¡Qué fácil era eso!

Nadie cuestionó al hombre que declaró al mundo "¡No tengan miedo!" Pudo ser recibido meses después por un millón de personas en la Plaza de la Victoria de Varsovia, donde, dentro del sistema comunista, invoqué el poder y las bendiciones del Espíritu Santo sobre esas personas. La multitud respondió con un coro bien ensayado y las campanas de las iglesias repicaron en toda Polonia. ¡Fue una demostración poderosa! O simplemente como un año después, 75.000 jóvenes en Estados Unidos me recibieron gritando: "¡Te queremos!" Y ese grito resonó en todo el mundo. En los lugares a los que llegué fui recibido con demostraciones de devoción ilimitada. Nadie puso en duda la espontaneidad de aquel monumental teatro.

Cuestionaron y criticaron mis constantes y largos viajes. Dijeron que el Papa debía permanecer en Roma, proteger a Roma, y yo respondí que ya no era pastor de un pueblo ni de una tierra, como lo había sido en Polonia;

yo era el pastor universal. ¿Cómo podría dejar de viajar si en cada lugar al que llegaba la gente me recibía dando gracias a Dios por mi llegada? Sintieron mi interés, mi voluntad de visitarlos, de conocerlos. Católicos y no católicos se presentaron en masa, multitudes atraídas por la monumental ceremonia. Entonces, les dije a estos críticos que los obispos de Roma ya no deberían considerarse simplemente sucesores de Pedro, sino que también deberían suceder a Pablo, quien estaba en un constante movimiento propagandístico del cristianismo.

Los fieles me adoraban, por eso el clero no se opuso a mí. Le di a la iglesia la era de gracia y renovación que tanto había esperado.

También mencioné la era de la prosperidad financiera. Había creado más santos que todos mis predecesores juntos desde los primeros días de la iglesia. Nuestro banco actuó con libertad y pronto los romanos comprendieron que solo mi discurso era puritano y conservador. Mis ojos eran sumamente tolerantes con todo y con todos, y conocía la importancia del dinero. Esto aseguró que tuviéramos una cómoda relación de vecindad. Me puse por encima del clero y lo protegí, por eso él me aceptó.

Impuse el orden y goberné con firmeza. Muchos se sorprendieron al encontrarme trabajando sin vestimenta eclesiástica o luciendo fuera de forma – con la sotana abierta, el pecho al descubierto, sin el solideo y los zapatos que odiaba –. Bebía cerveza, vino, champagne, comía lo mejor y los invité a compartir la mesa conmigo. Como jefe de Estado promoví reuniones durante cenas y almuerzos. Ese era el verdadero. Lo religioso y toda la historia creada a su alrededor fueron una representación. Fue mi personaje ahora a escala global. Lo más real en él era su devoción a María.

Por eso, mientras mi salud física me lo permitió, viajé y promoví ceremonias monumentales. Demostré que tenía razón al decir que así venceríamos al comunismo, y lo hice.

Como Papa polaco, protegí mi tierra y, desde Roma, seguí actuando en el tema, en algunos casos oponiéndome al Primado, como cuando en los años 1980 las huelgas de Solidarnosc alcanzaron su punto máximo. Se reunieron para celebrar una misa alrededor de la cruz que se había erigido en honor de los muertos en la huelga de Gdansk en 1970. Estaban en huelga y protestando.

El Primado les pidió que volvieran al trabajo, porque temía a las tropas soviéticas estacionadas en las fronteras de Polonia, y a la mañana siguiente yo grité desde Roma que no. Que deberían seguir haciendo huelga y resistiendo hasta que se cumplan sus derechos. El clero polaco volvió a apoyarme y le escribí al líder soviético recordándole que violaría varios tratados internacionales y lo persuadiría a retirarse del agua por invadir Polonia. Apoyé a Solidarnosc y casi me cuesta la vida. Los soviéticos éticos no habían actuado para impedir mi acceso al Papado, pero podían actuar para sacarme de él. Sufrí un atentado y en los pasillos todo el mundo sabía que el orden soviético estaba en comunión con el gobierno polaco. Suicidarme agotaría la fuente de financiación de la oposición.

Transferí recursos a Solidarnosc a través de banqueros de la mafia. Esto era muy práctico, el secretismo era absoluto, porque si ocurría alguna filtración se sabía que aparecerían colgados debajo de cualquiera de los puentes de Europa.

Ronald Regan fue un gran aliado y un actor excepcional. Trabajamos mucho juntos en público, nos entendimos en privado y emprendimos una cruzada contra el comunismo. Tuve acceso a información del Servicio Secreto estadounidense. Entonces informé a Lech Walessa sobre lo que podía o debía hacer en Polonia. Por otro lado, no he visto ni comentado sobre el despliegue de misiles nucleares de la OTAN en Europa ni las negociaciones para derrocar gobiernos en Centroamérica. En ese momento, mi tierra vivía bajo un imperio de ley marcial, con tanques del ejército en las calles y el viejo y conocido caldero social en ebullición, y seguí jugando. Nunca me pregunté cuántas personas murieron o cuánto sufrieron mis compatriotas y otras personas como resultado de mis acciones. No leo periódicos, solo resúmenes.

Como Papa, trabajé duro por la caída del comunismo, especialmente por la liberación de Polonia del yugo soviético. Esta Alegría es mi propósito de vida, mi acción consciente. Y finalmente Reagan y yo, dos actores, implosionamos el régimen comunista con actos de gran concentración popular y mucha acción de los servicios secretos. Red Code[11], por mis odiados, pero poderosos zapatos, era mi identificación secreta, muy al estilo de las películas de espías de la época. Sacudimos el árbol hasta que cayó.

En 1990 Polonia era libre. Lech Walessa se convirtió en el primer presidente de este nuevo país. El mundo estaba libre del comunismo, la

---

[11] Código Rojo en inglés.

Iglesia vivía su era de gracia y yo me consideraba el hombre más feliz de la Tierra, manteniendo mi vida con Tereza, después de algunas primeras percances con la Curia, resueltos rápidamente con arreglos financieros.

El viento sopló a mi favor hasta que comenzó el declive, provocado por la enfermedad de la que ya no me curé y que culminó en mi último acto.

Hoy me encuentro aquí, escondido, protegido, del monstruo que creé. Entiendo que no sé cuál será mi futuro, pero les digo lo que pensé que respondería a sus preguntas.

Seguramente habría mucho más sobre qué hablar; sin embargo, lo dejo aquí. Siento mi alma libre, aunque no sé de qué. Quizás por sus preguntas incómodas. La sensación de liberación me hace genial. Asomándome por la ventana de la puerta, siempre leo la misma frase escrita en la pared y recuerdo la de su habitación. Te gusta el arte urbano.

Existe una relación entre conocer nuestra verdad interior y la liberación. Aunque digas que este mundo espiritual es el primordial y por tanto nada y nuevo, todo lo siento como novedad. Si hubiera un espejo donde estoy, me miraría y diría: "¡No tengas miedo, Lolek!"

¡Adiós!

P.D: Una copia va para tu amigo José Antonio.

CAPÍTULO XL
LA SOLUCIÓN

Estaba meditando sobre la extensa carta de confesión de Lolek, cuando sentí la presencia de Georges. Él estaba parado en frente al gran ventanal que daba al jardín de la institución, me sonrió y preguntó:

- Vine a decirte que más tarde tendremos una reunión con el asesor sobre el caso Lolek. ¿Has terminado de leer su carta autobiográfica?

- Gracias. Sí, terminé. Seleccioné el texto y lo adapté a mi trabajo. Sin embargo, se podía oler sexo y sangre en sus páginas. No he plasmado en la narrativa un mínimo de reflexión sobre toda la violencia, la muerte, el dolor y todo el sufrimiento que causó. Lolek se limitó a reconocer sus miedos y sus necesidades de amor como causantes de algunas actitudes en su vida afectivo-sexual. El resto fue un texto prolijo y forzado, por usar el mismo lenguaje, repetitivo y resbaladizo en la intención de responder a sus preguntas. Rápidamente se convirtió en una autobiografía, en la que contaba sus logros y se elogiaba a sí mismo.

- Estoy de acuerdo contigo. Y la expresión de la vanidad que él pelea. Lolek está cubierto de sangre y sufrimiento, pero no se da cuenta. No cuestionó las repercusiones de sus actitudes, sus ideas y, por no decir, sus acciones. Fue el cerebro detrás de miles de muertes de civiles en Polonia y muchos países, inculcando acciones para destruir el comunismo y destruyendo gobiernos. Mira, él no dijo que liberáramos a la gente. No noté ninguna preocupación social real. Fue una guerra filosófica. Provocó y agravó situaciones de caos social; sin embargo, no se privó de nada. Al contrario, buscó y logró una vida cómoda y privilegiada. Las consecuencias de sus acciones repercutieron en la vida de millones de personas sin rostro, sin identidad para él. El comunismo era enemigo de la iglesia, y se convirtió en su obsesión destruirla mediante el teatro monumental, el mismo mecanismo utilizado por los nazis para llegar al poder. Se puede decir que se había convertido en una "cuestión de honor", en el sentido más vulgar y lugar común que tiene la expresión. Yo diría: magnífico. La vieja combinación de orgullo, vanidad y egoísmo produce actitudes, engañar, manipular los sentimientos de las personas, utilizar el estado irreflexivo de la mayoría en beneficio propio, presentarse como líder, salvador y conductor de almas, predicando ideas tontas de moralidad externa. En particular, tener otro procedimiento, el extremo opuesto de lo que predicaba. A esto se suma la cuestión de África y, por qué no decirlo, una acción contraria a la salud pública en todo el mundo entre sus seguidores sobre el tema de la prevención de la propagación del virus VIH. Y todavía tenemos la explotación de la fe y el cultivo del estado de ignorancia de millones de personas. ¡Y, no hizo mucho!

- Bien, ahora está lúcido, ya que los disturbios cesaron tras su muerte. Está aislado, fuera de la vista de quienes lo amaban y de quienes lo odiaban. Fuera del alcance de sus víctimas enojadas y de aquellos que imploran sus bendiciones. Está endurecido, Georges. Las actividades que le diste pusieron su pensamiento en un camino de equilibrio y permitieron que las crisis cesaran. ¿Cuánto tiempo permanecería así? ¿Que estas intentando hacer?

- ¿Yo? No sé. Hablaré de esto en la reunión, José; sin embargo, no veo cómo mi trabajo puede ayudarle a avanzar en este momento.

- No presenta los problemas que planteamos inicialmente, ¿verdad? - Cuestioné.

- No. No tiene doble personalidad, traumas ni heridas emocionales. No sufre íntimamente por sí mismo ni por los demás. Tuvo mucho miedo durante años, en una etapa delicada.
Sin embargo, después de la reencarnación, superó su miedo convirtiéndose en un agresor. Con el paso de los años, el orgullo se

convirtió en el duro escudo que lo rodeaba. Bloquea la conciencia y las expresiones emocionales constructivas. Se perdió y carga con un inmenso orgullo, que sospecho fue muy bien cultivado en su pasado espiritual, porque surgió en la existencia que comentamos en gran tamaño. El orgullo actúa sobre el alma humana de forma similar a la fascinación. Está fascinado por sí mismo y, como hemos visto, rechaza la reflexión, en cambio cuestiona la conciencia. Lolek desarrolló su intelecto, eso es innegable, pero ¿qué hizo con él? Levantó la herramienta contra el Creador y golpeó a muchas de sus criaturas. Si yo tuviera que evaluarlo en una escala moral, diría que está en las etapas iniciales y con muchos compromisos. Y trabajar durante siglos - declaró Georges, seriamente.

Me di cuenta que lamentaba ese "diagnóstico del estado del paciente", porque era sinónimo de sufrimiento por delante, sin perspectiva de aprendizaje a corto plazo.

Pensé en cuál sería la referencia para Lolek. Mantenerlo con nosotros sería albergar un polvorín a punto de explotar en el entorno social. Tendría un potencial desastroso. En nuestra institución o en cualquier otra, el problema sería el mismo. Entendí la tristeza de Georges.

Me sorprendió entrar a la oficina de nuestro asesor y encontrarme frente a un espíritu de aspecto femenino vestido con ropa romana antigua. Agradable apariencia, expresión serena y noble, mirada inteligente. Ella sonrió mientras me miraba, cuando Ricardo me hizo un gesto y le dijo quién era.

- Soy Alessa. Tenía curiosidad por conocerlo. Ricardo me habló de ti. Haces trabajos que me interesan mucho - me dijo.

Sonreí y respondí:

- Ya sabes quién soy y a qué me dedico aquí. Tienes una ventaja, Alessa.

El asesor interrumpió nuestra conversación y nos invitó a sentarnos. Finalmente, aclaró:

- Alessa ha sido la mentora de Lolek durante algunas vidas. Desde que lo trajeron aquí, ella ha mantenido un estrecho contacto conmigo, por lo que sabe cómo hemos trabajado con su protegido.

- Mi pupilo rebelde - corrigió Alessa de manera comprensiva y acrítica -, se ha perdido seriamente en esta existencia. Desde que fue nombrado obispo, nuestra relación ha sido muy distante. Se oponía a todos mis consejos, a todas mis advertencias, y ni siquiera durante el sueño físico era posible acercarse a él, pues sus pasiones lo conducían a verdaderos antros de sexo y política. Contra la voluntad y la fuerza no hay aprendizaje posible. Me dejaron esperar y, con pesar, ver qué hacía con la oportunidad de la reencarnación. Lleva siglos luchando contra la vanidad y el orgullo. Este carácter autoritario y centralizador lo adquirió a través de experiencias militares y en ellas también desarrolló la vanidad, la necesidad de ser idolatrado. En sus últimos años estuvo involucrado en mandos, batallas y luchas políticas. ¡También me gustaba escribir! Marco Aurelio y Sun Tzu inspiraron su vida mental repetidamente en la última oportunidad. Afortunadamente, no aprendió la esencia de las conexiones que estos espíritus querían enseñarle e hizo un uso muy material de ellas, lo que; sin embargo, sirvió para despertar su gusto por la literatura y las artes. Así mejoró sus dotes artísticas. Cuando reencarnó en Lolek en una familia humilde, alejada de las cuestiones político-militares y compuesta por gente pacífica, todo estaba planeado para que se inclinara a mejorar su sensibilidad, dedicándose al Teatro, las Artes y la Dramaturgia. Lo estás conociendo y has hecho un sólido análisis de su personalidad, por lo que entenderás que el propósito de la encarnación de Lolek fue trabajar y desarrollar la sensibilidad, sentimientos, virtudes y valores morales, por ello, todo el énfasis se le dio al teatro. Nuestra propuesta, la mía y la de él, era bastante sencilla: el foco estaría en trabajar el desarrollo emocional. La soledad familiar estaba prevista y fue un intento más de concientizar, reflexionar y despertar empatía con el sufrimiento ajeno. Sería un dolor que afila el talento, promueve la reflexión sobre la vida, busca trascender las cuestiones materiales.

Tiene un pensamiento extremadamente místico y le fascina la materialidad del misticismo, una cuestión de afinidad. Bien, creo que todo el mundo comprende que mi protegido es un caso típico de quiebra de reencarnación, de desvío del camino, de dejarse llevar por tendencias que conviene transformar. Le doy la bienvenida nuevamente, en la misma etapa de evolución moral, pero con mucho compromiso añadido.

- Estoy feliz de conocerte - dijo Georges - Tu presencia me tranquiliza. Confieso que el presente y el futuro de Lolek me angustiaban. No veo cómo puedo ayudarle a liberarse de esta rigidez emocional provocada por el orgullo. Estaba fascinado por sí mismo y se creía un ganador. Logramos sacarlo de la crisis de angustia provocada por la recepción de las vibraciones emitidas por los encarnados que lo "idolatraban", que lo "santificaban" y establecían un culto. Es consciente que sufre crisis como consecuencia de lo que él mismo construyó y que este ámbito tiene el resultado de haberse convertido en un mito; sin embargo, esta conciencia es frágil. Se limita al propio bienestar. Se adhirió a mis propuestas solo para aliviar el sufrimiento inmediato causado por las crisis. Es el único "inconveniente" que reconoce y desea trabajar. El resto, Alessa, es tan superficial que diría que no logré nada más que construirme una imagen clara de sus problemas personales. Lo siento mucho; sin embargo, admito que no puedo ayudar a tu protegido. Ni siquiera se reconoce como alguien que necesita ayuda.

- Sí, lo sé. Te agradezco lo que hiciste, tu voluntad de ayudar y tu honesta caridad al admitir la imposibilidad del momento. Tenemos suficiente experiencia para reconocer que ciertamente hay mucho trabajo por hacer. Y él quiere conocer la propia conciencia.

- ¡Por supuesto! - Asintió Georges.-· Pero necesitas saber: ¿cuáles son tus planes inmediatos para él? Porque yo tengo un problema grave: no puedo ponerlo con los demás pacientes y mantenerlo encerrado es absurdo. No ayudaría en absoluto a su evolución. La repercusión del mito no cesará rápidamente, ya que existen adoradores y exploradores interesados en mantener la leyenda. Las crisis volverán, no hay forma de evitarlas. El sufrimiento por sufrir tampoco genera evolución.

Alessa sonrió; sin embargo, sus ojos oscuros expresaban tristeza y complexión. Entendía el dilema de Georges y ya había discutido el problema con el asesor de la institución.

- La solución es obvia. Me veo a mí misma en la obligación de promover una reencarnación obligatoria de mi pupilo. Será necesario poner en práctica la llamada de Jesús: *"Si tu mano o tu pie te es ocasión de pecar, córtalos y échalos lejos de ti; porque mejor te es entrar en la vida manco o cojo, que teniendo dos manos o dos pies, seréis arrojados al fuego eterno."*[12] Será la continuación de las condiciones en las que terminó la última existencia. Renació brevemente con grandes dificultades de expresión física y mental.

- La bendición incomprendida, la prisión física - murmuré mirando a nuestro consejero -. Un tiempo de aislamiento, de reflexión para el espíritu, del reinado de la necesidad de sumisión. Desarrollar la humildad en la dependencia de los demás.

El brillo húmedo en los ojos almendrados del consejero reveló su disgusto[13] por esa decisión, pero suspiró, extendió su mano, tocando suavemente la mano de Alessa y dijo:

- Me compadezco de su dolor. Eres sabio y fuerte. Es lo mejor para él, dado el desastroso resultado de esta existencia. ¿Que estás intentando hacer? ¿Hay algo en lo que nuestro grupo pueda ayudarte?

- No. Solo tengo que agradecer a todos por su ayuda. Los llevaré al Refugio del Sufrimiento. Allí le espera la próxima reencarnación, que será pronto. Bajo guía del espíritu bondadoso del Padre Pío, con quien recientemente vivió la materia, el trabajo que empezaste continuará y espero pueda agregar un poco más de

---

[12] Mateo 18:8.
[13] Los buenos espíritus no encuentran placer en el sufrimiento. No es el sufrimiento lo que genera evolución, es el aprendizaje. El sufrimiento es la consecuencia de no aprender.

conciencia antes de tu regreso. El traslado está acordado. Nos iremos después de esta reunión.

Serio y pensativo, Georges sacudió la cabeza y finalmente

- Tenemos algo más algas con qué lidiar, ¿lo sabe Lolek? ¿Necesitarán mi presencia?

- No – respondió Alessa -. Es mi trabajo. Gracias por la ayuda. Lo único que puedo hacer es autorizar el trabajo de José Antonio. Confío en el trabajo del grupo. Será de gran ayuda para recuperarse.

La razón de Lolek es la reflexión de los lectores sobre estos "fenómenos mitológicos." Poner fin al mito, revelar a la criatura y al Creador. Promover la madurez y la reflexión en todos. Será de gran ayuda para mi trabajo y una prueba para que Lolek sea vista tal como es: sin máscaras. Termínalo, por favor.

Asentí con la cabeza. La reunión terminó y Georges y yo nos marchamos. Días después puse fin a la historia de Lolek. Ya no estaba en nuestra institución. Mi trabajo estaba hecho, pero era imposible no reflexionar sobre su destino.

¡Que aprendas a ser dócil! ¡Que Dios te bendiga! Un día, en el futuro, será un espíritu redimido por todo lo que ha hecho y vivido.

José Antonio.

Grandes Éxitos de Zibia Gasparetto

Con más de 20 millones de títulos vendidos, la autora ha contribuido para el fortalecimiento de la literatura espiritualista en el mercado editorial y para la popularización de la espiritualidad. Conozca más éxitos de la escritora.

Romances Dictados por el Espíritu Lucius

La Fuerza de la Vida

La Verdad de cada uno

La vida sabe lo que hace

Ella confió en la vida

Entre el Amor y la Guerra

Esmeralda

Espinas del Tiempo

Lazos Eternos

Nada es por Casualidad

Nadie es de Nadie

El Abogado de Dios

El Mañana a Dios pertenece

El Amor Venció

Encuentro Inesperado

Al borde del destino

El Astuto

El Morro de las Ilusiones

¿Dónde está Teresa?

Por las puertas del Corazón

Cuando la Vida escoge

Cuando llega la Hora

Cuando es necesario volver

Abriéndose para la Vida

Sin miedo de vivir

Solo el amor lo consigue

Todos Somos Inocentes

Todo tiene su precio

Todo valió la pena

Un amor de verdad

Venciendo el pasado

Otros éxitos de Andrés Luiz Ruiz y Lucius

Trilogía El Amor Jamás te Olvida

La Fuerza de la Bondad

Bajo las Manos de la Misericordia

Despidiéndose de la Tierra

Al Final de la Última Hora

Esculpiendo su Destino

Hay Flores sobre las Piedras

Los Peñascos son de Arena

Otros éxitos de Gilvanize Balbino Pereira

Linternas del Tiempo

Los Ángeles de Jade

El Horizonte de las Alondras

Cetros Partidos

Lágrimas del Sol

Salmos de Redención

Libros de Eliana Machado Coelho y Schellida

Corazones sin Destino

El Brillo de la Verdad

El Derecho de Ser Feliz

El Retorno

En el Silencio de las Pasiones

Fuerza para Recomenzar

La Certeza de la Victoria

La Conquista de la Paz

Lecciones que la Vida Ofrece

Más Fuerte que Nunca

Sin Reglas para Amar

Un Diario en el Tiempo

Un Motivo para Vivir

¡Eliana Machado Coelho y Schellida, Romances que cautivan, enseñan, conmueven y pueden cambiar tu vida!

Romances de Arandi Gomes Texeira y el Conde J.W. Rochester

El Condado de Lancaster

El Poder del Amor

El Proceso

La Pulsera de Cleopatra

La Reencarnación de una Reina

Ustedes son dioses

Libros de Marcelo Cezar y Marco Aurelio

El Amor es para los Fuertes

La Última Oportunidad

Nada es como Parece

Para Siempre Conmigo

Solo Dios lo Sabe

Tú haces el Mañana

Un Soplo de Ternura

Libros de Vera Kryzhanovskaia y JW Rochester

La Venganza del Judío

La Monja de los Casamientos

La Hija del Hechicero

La Flor del Pantano

La Ira Divina

La Leyenda del Castillo de Montignoso

La Muerte del Planeta

La Noche de San Bartolomé

La Venganza del Judío

Bienaventurados los pobres de espíritu

Cobra Capela

Dolores

Trilogía del Reino de las Sombras

De los Cielos a la Tierra

Episodios de la Vida de Tiberius

Hechizo Infernal

Herculanum

En la Frontera

Naema, la Bruja

En el Castillo de Escocia (Trilogía 2)

Nueva Era

El Elixir de la larga vida

El Faraón Mernephtah

Los Legisladores

Los Magos

El Terrible Fantasma
El Paraíso sin Adán
Romance de una Reina
Luminarias Checas
Narraciones Ocultas
La Monja de los Casamientos

Libros de Elisa Masselli
Siempre existe una razón
Nada queda sin respuesta
La vida está hecha de decisiones
La Misión de cada uno
Es necesario algo más
El Pasado no importa
El Destino en sus manos
Dios estaba con él
Cuando el pasado no pasa
Apenas comenzando

Libros de Vera Lúcia Marinzeck de Carvalho y Patricia

Violetas en la Ventana
Viviendo en el Mundo de los Espíritus
La Casa del Escritor
El Vuelo de la Gaviota

Vera Lúcia Marinzeck de Carvalho y Antônio Carlos

Amad a los Enemigos
Esclavo Bernardino
la Roca de los Amantes
Rosa, la tercera víctima fatal
Cautivos y Libertos
Deficiente Mental
Aquellos que Aman
Cabocla
El Ateo
El Difícil camino de las drogas
En Misión de Socorro
La Casa del Acantilado
La Gruta de las Orquídeas
La Última Cena
Morí, ¿y ahora?
Las Flores de María
Nuevamente Juntos

Libros de Mônica de Castro y Leonel

A Pesar de Todo

Con el Amor no se Juega

De Frente con la Verdad

De Todo mi Ser

Deseo

El Precio de Ser Diferente

Gemelas

Giselle, La Amante del Inquisidor

Greta

Hasta que la Vida los Separe

Impulsos del Corazón

Jurema de la Selva

La Actriz

La Fuerza del Destino

Recuerdos que el Viento Trae

Secretos del Alma

Sintiendo en la Propia Piel

World Spiritist Institute

www.ingramcontent.com/pod-product-compliance
Lightning Source LLC
LaVergne TN
LVHW041753060526
838201LV00046B/984